中国人民大学非营利组织研究所
公域合力管理咨询有限责任公司
康晓光 冯利 主编

OBSERVATION REPORT ON THE THIRD SECTOR OF CHINA

2014 中国第三部门观察报告

社会科学文献出版社
SOCIAL SCIENCES ACADEMIC PRESS(CHINA)

中国扶贫基金会资助

编写说明

本报告由中国人民大学非营利组织研究所与公域合力管理咨询（北京）有限责任公司共同完成。报告由康晓光和冯利领导与指导的编写小组执笔完成，编写小组其他成员主要是中国人民大学非营利组织研究所的博士生、硕士生以及公域合力管理咨询（北京）有限责任公司的工作人员，包括胡楠、周扬明、许文文、韩沛锟、陆稀云、章一琪、陈南方，陈南方、董雪同时担任编写小组的助理工作。

本报告的编撰工作历时九个月，从确定选题到最终形成文稿，经历了复杂的过程。本报告中的总报告、分报告、典型案例均以小课题研究的方式进行，每篇文章写作时基本采用的工作逻辑与工作流程为：(1) 确定研究目的；(2) 根据研究目的设定研究内容；(3) 针对研究内容进行文献研究、综述；(4) 针对研究内容，在文献研究的基础上，建立分析思路、分析框架；(5) 针对研究内容与分析框架的要求，设计覆盖所需信息的调查方案；(6) 按照调查方案，实施田野调查，获取所需经验资料；(7) 分析一手资料与二手资料；(8) 进行汇总、撰写。每篇文章从立意到撰写提纲，直至形成文稿，编写小组均进行了反复讨论与论证。各篇文章执笔人如下：

第一部分　总报告

公益领域："行政化"与"去行政化"的双重变奏　　冯　利　章一琪

第二部分　分报告

公益组织公信力危机及应对　　冯　利

中国社工：专业教育与职业化发展严重脱节　　许文文

序

2013年是中国改革开放35年来的一个反思反省年份。20世纪80年代奠基并形成的改革框架的潜力近乎消耗殆尽，“威权政府”+“市场经济”的东亚独特经济发展模式的优势已经不大，特别是过去10年尤其是最近五六年来国营企业和地方政府两个“经济主体”的双重过度膨胀，使资源配置偏离了市场经济的“有效性、有序性”原则，即生产要素（资本、劳动、土地、自然资源、环境容量、储蓄、创新）通过完全竞争的机制向出价更高的经营主体流动，从而使资源的稀缺性得到充分计价，资源因而配置到更加高效的经营主体，生产要素利得通过要素所有者市价分配回流到要素所有者，政府则通过税赋的筹划来取得收入，以建立适于产业结构系统优化和国际竞争的税赋体系和公共利益支出体系，这一体系的建构还须通过社会变革和政治变革所逐步形成的理性约束机制有序进行。而过去五六年政策导向的失误，导致中国资源配置的低效与无序。主要原因是片面强调国营的主导性，政策层面上政府长期角色迷失，忘了自己是政权受托管理者，从而应通过税务收支筹划来扮演自己的公共利益导向角色，而不是通过垄断资源形成产权经营收入来扮演市场主体角色。可是过去10年突然上升的税务收入（从过去年均2万亿～3万亿元增至年均9万亿～10万亿元）使政府变得空前富有，从而导致公权力急剧膨胀，发展阶段性加美国推动的人民币升值和外汇储备幻觉更加剧了这种公权力膨胀，国企利用低成本银行贷款和国债及外汇储备大规模扩张。很多地方强制收回民营资源办国企，地方政府直接用收储土地抵押急剧增加负债经营城市办国企，以致政府从土地取得的经营收入节节攀升，几乎跟正税平分秋色，以致政府在维护社会的公平与正义上有所欠缺。由于经济上扭曲了资源计价机制，大量的国营企业通过角色混淆将垄断资源压低计价，使自己公司的损益表体现为大量利润，造成划时代的公共政策帮助国营公司形成虚拟财务报表的现象，这反过来进一步加剧资源的无效无序流动，公权力日益膨胀失衡，腐败和寻租空间日渐扩大，经济结构日益粗放，产业升级未能实现，经济发展陷入一种恶化的两难境地。中国铁路总公司和中石油案例，绝不是一种偶然，而是这种资源计价与配置方式的必然结果。在政治和社会上，非竞争性贫富分化日益严重，基尼系数日渐居高，社会冲突事件频繁，政府双手按 100 个跳蚤空前繁忙，加之公共利益导向角色有时缺位，经常响应缓慢或响应错位，导致公信力受损，社会蕴藏着痛苦与不安。

通过各种形式的讨论、互动与评析，2013 年 11 月召开的十八届三中全会，对中华民族近几年特别是 2013 年的反思和反省，作了一个总结：必须通过深化改革，来破解中国经济与社会发展的僵局。改革的方向是：要让市场在配置资源中起决定性的作用，从而消除那些虚拟报表和膨胀的公权力心理；要让民营企业和资产拥有平等的按市场计价的资源配置权和财产保护权，从而形成平等的竞争主体，以保障资源配置的充分竞争，从而保证配置的有效性和有序性；要让农民作为一个产权主体，拥有平等的市场准入权和资产收入权与发展分享权，从而启动中国内需和就业，使经济发展获得新的源泉与动力；要通过社会改革、去行政化、税赋改革与司法公正改革、反腐监察来推动政府向现代治理的公共利益导向型政府转变，放弃全能型政府的模式，从而促进产业升级、再振经济和社会和谐转型。十八届三中全会的决定，明确了中国未来十年深化改革的方向，让我在前行的道路上看到了山重水复迷谷之中的曙光。

在这一反省的过程中，政府与社会各界的精英与先驱，并非停留在批评和舆论层面上，也在进行着行动的探索与互动，在寻求破解和突围的方法。国务院于 2013 年 3 月颁布了《国务院机构改革和政府职能转变方案》，进一步强调要把更多的职能转让给市场和社会，政社分开，政府从繁杂的事务中解放出来。先后有 19 个省、市政府响应取消主管部门，实现除政治和宗教之外的公益组织直接登记。广东社工委探索官办社会组织的去行政化。云南省通过与公益界的讨论和互动最后与民政部联合举办了社会管理创新座谈会并出台地方法规，宣布政府退出公益募捐市场，行业协会去行政化并允许一业多会，政府购买服务公开化、程序化等。公益组织内部进一步通过雅安救灾的行业自律行动，基金会行业透明指数，公益传播培训与安平大奖，联合立法倡议，全国律师协会首次发布律师行业社会责任报告，杭州将企业社会责任纳入政府标准等，来推动行业规则建设和能力建设。公民责任进一步彰显与互动，如以实名举报刘铁男为典型特征的网络反腐，一些律师、叶海燕及中山大学艾教授相继发起网络行动对海南小学生遭性侵案件进行援助，网络对“唐慧妈妈”的援助推动强制劳教制度的终止，席卷全国的“光盘行动”，广东环卫工人的和平理性罢工开启政府与公众的对话先例，全民关注水污染的网络行动，四川彭州石化和昆明安宁石化的公众问责与和平抗议等。特别是昆明石化项目通过市民和平抗议、政府理性对话处理和专业 NGO 的深度依法理性问责，正在探寻一条官民和平文明对话与合作理性解决大型污染公共事件的道路。这些探寻的方法和心路历程，对当下的效果呈现也许并不巨大，但对于行业先驱和精英们的技巧积累和心理成熟，对于新一代人公益观念的影响和激励及最终卷入，对于一个“基层社会自治”+“现代型政府治理”的和谐社会的发育、成长从而和谐平稳转型，却是无法跨越的，意义重大且深远。

康晓光教授和冯利博士主编的《中国第三部门观察报告（2014）》正是在这样的大历史背景下形成和出版的。

《中国第三部门观察报告（2014）》的主报告，对公益领域大家热衷讨论的去行政化命题进行了梳理和廓清。公益组织的去行政化是相对于中国公益组织的双重管理体制而形成的历史结果进行改革的诉求，而双重管理体制则来源于政府对社会的行政而非法治的管理理念加“老干部发挥余热型”的公益组织产生机制，这种发生机制跟宪法赋予的公民为公益而依法自由结社形成公益组织的发生机制背道而驰，因此今天到了必须改革的时候，这个解决方案就是“去行政化”。

可是去行政化涉及这个领域中众多的所谓“事业单位”的干部和职工，他们享受着无人可以取缔的二政府职员的身份即铁饭碗或称心理安慰，还享受一定的“级别”，这种身份和级别让他们既能在政府、国企、事业单位之间调来调去谋求晋升，又拴上了一个没人动得了的就业保险，还能用市场的方法满足自己的一些灵活偏好。去行政化说到底就是要触动这一庞大系统中人的观念、习惯方法和既得利益。康晓光教授和冯利博士从理论上解析和廓清了公益领域“去行政化”和“行政化”多年来的双重变奏，以及这种变奏之后的深层原因，对政府政策设计者、行业领袖和专家学者思考破解行业面临的这一重大且艰巨的难题，具有重要的启迪作用。

《第三部门观察报告（2014）》的分报告选取了四个主题：第一个主题是公益行业对公信力危机的应对，始自“郭美美”风波的公益组织公信力危机仍在蔓延，很多机构并不能正确认识这种公信力危机对行业的冲击和负向影响而幸灾乐祸，隔岸观火，也有很多机构缺乏公信力危机的正确应对策略而把小事酿成大事，这是当下影响行业与公众良性互动和行业健康发展的重大问题。第二个主题是中国社工专业教育培训的严重滞后，以及这种滞后的深层机理，还有这种滞后对行业的人才供给和行业的运行水平的不利影响。第三个主题是我国城镇流动人口的公共服务均等化。中国已有上亿农民工及其部分家属成为长期住在城里的流动人口，这种情况达十数年甚至二十年，如何通过政府主导并与企业和 NGO 协作为这部分人提供均等化的公共服务，成了一个世纪大难题，也蕴藏着巨大的发展潜力，关键是如何形成正确的公共政策理念和导向，去影响企业和支持 NGO 的工作，形成良好的协作机制，以推动城市化基层社会的平稳和谐转型，这是我们面临的巨大挑战。第四个主题是中国彩票公益金在设计、彩票发行、管理成本控制、彩票公益金运用等方面存在的问题及改革方向，如果能改变理念和方法，将彩票公益金管理水平提升并将其投入到通过公益组织用于社会建设而不是政府行为，对公益产业的发展将产生难以估量的影响。这几个分报告选题切中行业发展的关键部位，视角独到，分析深入简约，有透视感。

2014 年报告的典型机构选择了中和农信 17 年的坚守，从无到有做到为 18 万户贫困妇女提供 18 亿微小贷款以促使她们自立、脱贫、致富的故事，以及它接下来为百万客户提供百亿信贷的梦想。典型项目选择了南都资助草根组织的银杏伙伴计划对新青年的吸引和影响。典型人物选择永在创新路上、永不疲倦的邓飞用移动互联网推动新公益事件，以及几十年运用国际先进理念并与本土情况相结合以推动参与式资助的何进的资助之道。典型事件则选取全国水污染网络问责以推动利益相关方参与公共利益处理和公共政策制定的探索，彰显自媒体时代公民对公共利益的高度关注，对公共空间构造的高度参与意识，以及利用移动互联网进行网络式自由结社的探索和这种探索对新时代公共空间构造模式的冲击。

总之，康晓光教授和冯利博士在履行他们的承诺，进行一年一度的调查与笔耕，同时也在记录公益行业成长的脚印和足音。我期望行业不仅从他们年复一年的耕耘中看到我们行业成长的年轮，而且能从中收到创新撞击的脉冲，吸取同行的经验教训和营养，受到理性思考与逻辑推演的启迪，窥见未来趋势和节奏的历史警示之声。如是，则中国扶贫基金会同行业共成长并助有识之士共同圆梦的心愿足矣。

何道峰

2013 年 11 月 20 日于北京奥临小区秋水斋

目录

Contents

第一部分　总报告

第二部分　分报告

第三部分　典型案例

典型机构

第一部分

总报告

公益领域："行政化"与"去行政化"的双重变奏

一　导言

近年来，在中国公益领域，"去行政化"的呼声日趋高涨。"行政化"成为公益界的意见领袖们批评的对象，公益领域的"行政化"与"去行政化"也成为许多研讨会的核心议题。

公益领域的行动主体应是民间力量，公益行为应基于自愿原则，但在中国并非如此。一些民间公益组织不能享有法定的权益，一些资源受到垄断和控制，公益的民间性难以体现，诸如此类的现象孕育了公益行政化的概念。吊诡的是，与之相反的进程同样存在。

2010 年 7 月 29 日召开的中英慈善立法研讨会上，国务院法制办公室副主任郜风涛指出，要通过制定慈善法，进一步明确慈善组织应当享受的税收优惠和对慈善财产依法进行管理使用的权利保障机制，解决一些地方和部门出现的行政干预慈善法律关系、损害慈善组织和捐赠人权益的问题。[①] 2012 年 2 月 6 日《学习时报》刊登了《推动现代慈善事业健康发展——民政部李立国部长答本报记者问》一文，称公益慈善组织的本质属性是民间性，应该由民间机构和社会人士依据法律法规设立和运作。[②] 2012 年 3 月 26 日人民网的一篇报道提到李立国部长接受记者采访时说："这几年对公益慈善组织的税收减免政策在不断发展，以前，对企业向公益慈善组织捐赠的免

---

① 法制网，http://www.legaldaily.com.cn/bm/content/2010-07/30/content_2215598.htm?node=20734。

② 转引自中国经济网，http://www.ce.cn/macro/more/201202/06/t20120206_23046059.shtml。

税，是个惠制，在中央层面只优惠了二十多个基金会。现在实行了普惠制，全国性基金会有200多个，除个别不符合条件外（如年检不合格、评估等级很低），都享受了税收减免的优惠，体现了支持和促进作用。"[①] 2013年3月13日，民政部部长李立国表示，社会组织管理制度改革之后，政府向社会组织转移职能的范围、步伐、力度会加大加快，会把一些事务性管理和公共服务职能转移给社会组织，这有利于提高政府的行政效能。[②] 2013年3月17日李克强总理谈到政府职能转变时讲：转变职能是厘清和理顺政府与市场、与社会之间的关系。说白了，就是市场能办的，都放给市场。社会可以做好的，就交给社会。政府管住、管好它应该管的事。[③] 2013年7月18日，民政部和云南省政府联合举办的“推进社会建设创新社会组织”座谈会上，云南省政府表示，云南省的政府部门将退出公益慈善募捐市场，除发生重大灾害外，政府不再参与社会募捐。云南是全国首个明确作出此类规定的省份。[④] 这一系列政府动态表明，公益领域的“去行政化”正在与“行政化”同步进行。

但是，上述动态并不表明公益领域正在一面倒地进行着“去行政化”的改革，也不表明“去行政化”的进程能够持续顺利地进行下去。30年来，我们一再看到旧的“行政化”去了，新的“行政化”又来，或者“再行政化”又出现了。可以说，在中国的公益领域中，30年来“行政化”与“去行政化”并肩而行，上演着令人目眩的“双重变奏”。

尽管眼下对“行政化”和“去行政化”的讨论很热闹，但是大多属于简单的现象罗列，是“头痛医头，脚痛医脚”式的政策建议，甚至有时是情绪性的宣泄，缺少理性的分析和系统深入的研究，更没有高质量的学术产出。这种状况显然不利于“去行政化”的顺利进行。

为了更有力地推进公益领域的“去行政化”，亟待澄清一些基础性的问题：

1. 公益领域“行政化”的表现是什么？“行政化”的实质又是什么？

2. 什么造成了“行政化”，或“行政化”的根源是什么？

3. 什么在推动“去行政化”，或者说“去行政化”的动力是什么？

---

① 转引自人民网，http：//sj. shufe. edu. cn/structure/cjsk/zt_ 94596_ 1. htm。

② 人民网 - 人民日报，http：//lianghui. people. com. cn/2013npc/n/2013/0314/c357322 - 20783136. html。

③ 引自中国广播网，http：//www. cnr. cn/gundong/201303/t20130317_ 512170045. shtml。

④ 引自中国网，http：//finance. ifeng. com/a/20130719/10212796_ 0. shtml。

4. 改革开放以来，"行政化"与"去行政化"呈现什么样的趋势？具有什么规律？"去行政化"的内涵是什么？

本文尝试对上述问题进行初步探讨。

二 "行政化"的表现及实质

30年来，尽管一直强调"法治"，强调"依法行政"，但是"权大于法"的积弊并未根除。"权大于法"首先表现为"行政主导立法"。政府特别是主管部门主导相关立法是现阶段中国立法的基本特征。调整公益行为的法律、法规、文件，从提出动议到制定文本再到审批，均由政府特别是主管部门掌控。尽管政府也会听取相关实务工作者和研究者的意见，但是来自社会的主张仅仅作为政府决策的参考，最终决定权完全掌握在政府手中。政府对公益领域的管理仍属于"行政控制"，而不是"依法管理"。

可以说，中国公益领域"行政化"的实质是"行政控制"，主要表现为"政府越位"和"歧视性执法"。

1. 政府越位

实际上，中国政府已经明确提出了"法治政府"的理念和目标，要求行政机关不能自由采取行动，而只能在法律授权的范围内采取行动。2004年7月1日正式施行的《中华人民共和国行政许可法》对政府行为进行了规范，以保护公民、法人和其他组织的合法权益，维护公共利益和社会秩序，保障和监督行政机关有效实施行政管理。但是，在公益领域中，"政府越位"仍屡见不鲜。

在公益领域中，"政府越位"指政府行为"无法可依"，主要表现为政府直接向社会募捐、政府干预公益组织资金的使用和政府干预社会组织的内部治理。

（1）干预社会募捐及捐款使用

虽然《公益事业捐赠法》规定，"国家鼓励自然人、法人或者其他组织对公益事业进行捐赠"，"捐赠应当是自愿和无偿的，禁止强行摊派或变相摊派"，"公益性社会团体受赠的财产及其增值为社会公共财产，受国家法律保护，任何单位和个人不得侵占、挪用和损毁"，但由于该法又规定在发生自然灾害时，县级以上人民政府及其部门可以接受捐赠，政府部门则借此发起慈善捐赠活动，甚至要求公益组织上缴社会捐赠款。政府部门表面上的合法行为变异，行政性要求很多企事业捐款，形成行政强制摊派，引起被强捐者反感，挫伤其捐赠积极性。与此同时，因政府少有向公众交代，信息不对称、不透明，被强制捐赠的人不明善款去向和用途。

政府越位进行强捐，有的通过官办组织进行，做得“冠冕堂皇”。《南方都市报》2013 年 5 月 18 日的消息称，江苏阜宁县委办下发特急通知文件，要求各级机关、社会团体、企事业单位干部职工等为当地红十字会捐款，此举在网上遭到质疑。近年来在江苏盐城，这类“强捐”现象颇为普遍，较早可追溯到 2004 年。一般情况下，涉及的县市会以文件形式要求各级干部向红十字会捐款，措辞不一，但均规定具体金额，不局限于阜宁一县。① 2013 年，陕西省神木县免费医疗模式试图以政府主导的慈善基金会的形式继续发展。而此前神木县政府通过政府发文、县领导负责、派出所等基层单位执行、地毯式派捐（广泛暗示如不捐就有后果）等方式，从本地商业企业那里“筹集”43 亿元（计划目标 100 亿）成立民生慈善基金会，一举成为中国“最大的非公募基金会”。事实上，陕西省府谷县等相邻地方的政府早已开始模仿其做法，要以政府摊派的方式成立类似的由政府控制的“超级基金会”。例如，陕西省府谷县政府趁年关给煤老板设“鸿门宴”，拿下捐款 13 亿。神木县这种通过成立民生慈善基金会瞬间筹集财政外资金的做法，对那些经济上富裕、民间资源丰富的地方政府来说，是一个示范，更是一种诱惑。② 民政部原部长、中华慈善总会创会会长崔乃夫曾对地方政府用行政手段向企业强行摊派捐款的“慈善风暴”十分反感和痛心，说：“这是对慈善事业的破坏!”③ 而通过这些办法筹集的资金只对上负责，不对下负责，绝大多数会按照政府要求直接打给援助地区，结余的善款却没有及时以救助项目等方式实施，几乎都沉淀到官办公益组织的捐款账户上，大量的社会捐款变成“呆滞款”，既没有让慈善资金高效运作，又没有创造社会价值。例如，红十字会为中央一级单位，其会长为副部级，它几乎成为各级官员“退居二线”的人事平台；成为政府财政资金购买服务“自收自支”的融资平台；成为躲避“三公消费”继续肆意挥霍的浪费平台；成为“钓鱼式”收取会费、强迫征订和购买期刊书籍的敛财平台。④

---

① http：//news. xinhuanet. com/politics/2013 - 05/20/c_ 124734804. htm.

② http：//gongyi. cn. yahoo. com/ypen/20130526/1754246. html.

③ 徐永光：《回归民间　让慈善发光》，《中国报道》2011 年第 12 期。

④ 参见《深圳市慈善会改革与发展调研报告》。

甚至，政府不通过官办组织直接强捐。2008 年汶川大地震 760 亿元民间善款中，有 80% 以上的捐赠或者直接捐给了政府部门，或者通过少数慈善机构进入政府部门。2010 年 4 月，民政部发布了《关于做好玉树 4.14 地震抗震救灾捐赠工作的通知》，提出"民政部协调两个总会和其他基金会将所募资金统筹用于灾区抗震救灾和恢复重建"，暗含了对募集资金进行统一管理的意图。7 月，民政部、国家发改委、监察部等五部门联合发布《青海玉树地震抗震救灾捐赠资金管理使用实施办法》，提出 13 家全国性公募基金会募集的善款，需要汇缴拨付到青海省政府、青海省红十字会、青海省慈善总会的专用账户中，由青海省方面统筹安排使用，这意味着在制度上公募基金会对所募集的资金已经没有任何支配的权力，取而代之的是地方政府对所募资金的完全使用权。事实上，自 1998 年抗洪救灾开始，每次全国性救灾活动中的民间捐赠，均需"集中归口"，或上缴民政部，或上缴中国红十字会总会及中华慈善总会。一位全国性基金会秘书长接受人民网采访时说："我们在灾后重建中，还有什么权利？善款的最终投向，怎么向捐赠人交代？""这都是做慈善的底线问题！"[①] 早在 2008 年汶川地震之后到当年 11 月，全国捐赠的资金为 652.5 亿元，其中政府直接受捐的约 379 亿元，约占 58%，中华慈善总会、中国红十字基金会两个系统受捐 35%，其他公募基金会受捐约占 6%，政府直接受捐比例高于公益组织受捐比例。

玉树善款汇缴事件引起各方争议，迫于业界态度明确的反对，2013 年 4 月民政部在网上发布了两份有关芦山赈灾的文件，《民政部关于高效有序做好支援四川芦山地震灾区抗震救灾工作的通知》和《民政部关于四川芦山 7.0 级强烈地震抗震救灾捐赠活动的公告》，与此前历次大型赈灾不同，此次并未限定接收捐款的单位，也没有要求公益慈善组织将接受的捐赠汇缴给政府部门。在汶川地震、玉树地震发生后，民政部就善款善物的接收、管理下发过一系列文件。这些文件的重要内容，就是指定接收善款的单位。此次两份文件并未限制各家公益组织接收或募集善款的权利。其中要求，各级民政部门要依法履行对救灾捐赠活动的监管和指导，对已开展募捐活动的公益慈善组织和接收捐赠的单位，指导其按照《民政部关于规范基金会行为若干规定（试行）》、《民政部关于完

① 人民网，http://news.163.com/10/0803/00/6D4EHAUA0001124J.html。

善救灾捐赠导向机制的通知》的要求，做好信息公开、资金使用、反馈和汇总统计工作。

2013 年 7 月 18 日，云南省民政部和云南省政府联合举办推进社会建设创新社会组织座谈会。会上，云南省公布《关于大力培育发展社会组织加快推进现代社会组织体制建设的意见》、《云南省公益慈善事业促进条例》、《政府向社会组织购买服务暂行办法》以及《2013 年省级政府购买社会组织服务目录》（第一批）4 份文件，并公开向社会征求意见。其中云南公开宣布“政府退出公益慈善募捐市场，除发生重大灾害外，不再参与社会募捐”。[①]

捐款是建立在自愿基础上的，通过行政指令搞强捐，伤害公民的合法权益，既不合法也有违道义，有评论称某地“被权力劫持的‘一天一元捐’无关慈善，只涉公权摊派，只会严重挫伤公众的慈善热情。在此地，善款往往是一笔糊涂账，公众不知道钱花到了哪里”，“行政强捐是公权对私权的赤裸裸绑架，暴露了权力无边界的一面”，“在很多地方，政府部门越位将权力之手伸进公民的口袋。权力无边界，政府就可能随意而为。社会的任何一个领域，都有可能成为权力的逐利之所”。[②] 而在过去的若干年中，中国公众的大量钱财却一直在被政府运用行政权力和行政命令以各种“捐赠”之名强制性地收到囊中，政府甚至不接受公众问责，从而大大破坏了公益逻辑和民间捐赠意愿。

（2）干预公益组织内部治理

在实际操作中，由于一些政府部门对政府职能和公益组织功能的界定不清晰，双重管理体制几乎将所有重要权力都赋予了业务主管单位，而且政府规定，只有党政机关及其授权的机构才能担任业务主管单位。业务主管单位几乎掌握了法律赋予公益组织理事会的全部重要权力。在这种治理结构下，公益组织的主要管理者由业务主管单位任命，并对组织的重大决策作出决定。政府习惯于将其主管的公益组织视为“二政府”，越权安排其行政工作，干涉其内部事务。比如，《基金会管理条例》虽然没有规定基金会“组织机构”理事会成员构成中需有政府官员或业务主管单位选派人员，但在实际操作中这却成为一条不成文的规定。一些公益组织的理事长及秘书长的任免权控制在政府手中。人事任免主要以政治觉悟作为考核

---

① http://www.chinanews.com/df/2013/07-19/5059668.shtml.

② http://www.ahwang.cn/xawb/html/2011-09/02/content_120071.htm.

和选拔指标。由于我国特殊的国情和双重管理的制度设计，大量从政府部门脱胎出来的官办组织或由政府创办的组织，其主要领导职务由政府部门的领导或政府机关改革分流出来的官员担任，或者由其指派、选派或任命。政府或者对公益组织的决策进行控制，或者通过派人参与理事会或监事会工作监督公益组织。一定程度上讲，这是一种越权行为，政府对公益组织进行监督可以通过合法、正常的程序和途径，依法办事，无需靠政府官员参与组织的具体事务来控制和监督。这的确能保证公益组织政治上的安全，方向上的正确，但会妨碍其作出更为有效、正确的决策，影响其完全依据自身使命以及所回应的社会需求而作出正确的决策，公益组织的独立性和民间性受到影响。当然，也有一些业务主管单位对其主管的公益组织管理比较"松散"，但这只是建立在该公益组织没有越轨的基础上，如果该公益组织从事一些政府比较敏感和厌恶的事情，如进入政治权利维护领域，政府可以随时行使业务主管单位的职权，要求民政部门对其进行清理整顿。相对来说，在这方面我国未注册的民间公益组织的内部治理及其重大决策反而较少受政府控制。

2. 歧视性执法

歧视性执法覆盖了公益组织从"登记"到"人事"到"组织运营"的方方面面。具体表现大体可分为三组：第一组，体现在登记环节，主要是限制民间公益组织获得合适的法人身份；第二组，体现在内部建设环节，主要是在人事待遇方面给予官办组织各种优待；第三组，体现在组织运营环节，在募捐、准入、税收优惠、财政支持、外部资源获取诸方面优待官办公益组织，同时限制民间公益组织。

（1）登记

在我国现有法律框架下，社会组织登记必须找到业务主管部门，即"挂靠单位"。据统计，我国在民政部门登记的社会组织为 45 万个，备案的社区组织 25 万个，而实际存在 300 万个左右，① 也就是说，未登记的"黑户"数倍于合法组织。双重管理体制使得民间组织找"婆婆"难，一些知名的民间组织，如梁从诫创办的自然之友②、王行娟创办的红枫妇女热线、

---

① http：//epaper. qlwb. com. cn/html/2011 - 07/09/content_ 156451. htm？ div = - 1.

② 自然之友于 2013 年 11 月 14 日转型为非公募基金会，名称为北京自然之友公益基金会。

谢丽华创办的农家女、田慧萍创办的星星雨自闭症儿童教育机构等，在社会上活跃了十几年、二十几年，仍面临注册困难。一些创始人从黑发熬到白发，乃至怅然西去，都仍然无法获得公益组织的合法登记。在中国，成千上万的民间人士和草根组织在没有合法登记的情况下“非法行善”。例如，立人乡村图书馆的李英强从 2010 年就开始忙着注册的事儿，因为政策不明确，直到 2011 年依然是“非法”身份。他说：“这比注册一个公司要难得多，注册公司的政策和流程相对透明，在规定的工作日内就会有答复。社会组织的注册要麻烦很多。”

根据 2013 年 3 月 15 日公布的《国务院机构改革和职能转变方案》（以下简称《方案》），行业协会商会类、科技类、公益慈善类、城乡社区服务类四大类社会组织可直接登记。此前多地已进行了直接登记的探索，约有 19 个省份开展或试行了社会组织直接登记，取消业务主管单位审批。广东省民政厅 2012 年 7 月 3 日下发《关于进一步培育和发展行业协会商会的实施意见》，突破“一业一会”限制，允许跨区域组建、合并组建和分拆组建行业协会商会，使得更多的行业协会可以开展活动。早在 2011 年 11 月，广东省民政厅即提出，从 2012 年 7 月 1 日起，除特别规定、特殊领域外，将社会组织的业务主管单位改为业务指导单位，社会组织直接向民政部门申请成立。这是我国首次在社会组织领域取消“双重管理”的地方改革。当然，“特别规定、特别领域”是指什么，并没有明确（云南即将实施的新政，指出了具体是指政治法律类、宗教类社会组织①）。2013 年 4 月至 9 月，北京、天津、安徽、贵州、湖南、南京、青岛等地先后响应《方案》，对四类社会组织实行直接登记制度。政府通过直接登记制度降低了能够承接政府转移公共服务职能的社会组织获得合法身份的门槛。然而，门槛降低面向的是“不捣乱”、“听话”的民间公益组织。绿色和平入驻中国多年，一直在为注册一事奔走、努力，至今却仍未获得“牌照”。实际上，各地执行具体标准时灵活操作，即便是四大类组织也不一定能够如愿注册。例如，有报道指出，在广东寻求登记注册的社会组织，尽管现在没了“挂靠单位”这道门槛，民政部门会找其他理由，比如“名字不好”之类，甚至连一些社会组织工作人员不会讲广东话也可以成为理由。② 对于已经放开的几类组织，还

① 《瞭望》，http：//www. gd. xinhuanet. com/newscenter/2013 -08/26/c_ 117086761. htm。

② http：//news. 163. com/11/1012/09/7G5H4GUM00011229. html.

没有落实到程序上，而对其他类别的公益组织并没有放开。广东省民间组织管理局局长方向文曾对《南方日报》记者说，事实上存在多少社会组织，确实不知道。根据前几年广州做过的相关调查，仅广州未登记的各类组织就有6000多家，已登记的只有4000多家。[①] 这表明一大部分民间组织的确被拦在了外面，难以合法开展业务。一定程度上讲，这是一种"再行政化"，或者新的"行政化"。

就基金会而言，2004年国务院《基金会管理条例》出台，私人和企业可以创办非公募基金会，这是一项重大的制度突破，它使得社会力量创办的公益组织可以获得"非公募基金会"这一合法身份。截至2013年9月13日，我国非公募基金会已逾2000家。公益领域中，形成了公募和非公募两类基金会。但是，没有政府背景要想设立公募基金会仍然很难。

在其他国家，政府无权区别对待社会组织，政府赋予社会组织以法人地位，不是取决于政府的喜好，而是取决于这些社会组织成立的动机及运作实质，即是否正规、是否民间性、非政府性、非营利性、公益性以及是否基于志愿。政府承认公益组织作为一种独立的社会组织，享有独立的人格、独立承担责任和管理组织，其实质是对公益组织独立自治权利的法律确认。同时，其他国家政府强调宽进，降低登记门槛，简化登记程序，强调"事中"监督和事后奖惩。

我国政府限制民间组织获得合法身份，控制自发性组织的成立，控制其以合法的身份代表民意开展业务，限制了公益领域的活力，并且减少了公益领域内部、特别是公益组织之间的竞争，民众在数量有限的公益组织之间进行选择，而不是在充分自由竞争的情况下选择，竞争程度不高，社会资源的利用效率就不会高。业界普遍认为，目前公益慈善领域创新不足，效率低下，与此不无关系。"几枝独秀"，没人去跟它们竞争，它们不需为生存努力改善自我、完善自我，令公众并不看好中国的公益慈善状况及前景，以为公益慈善领域等于低效、信息不透明乃至财务丑闻，伤害公众对中国公益的信心。如果整个公益领域以官办为主，由其主动或控制社会的声音，难以发出民间声音，民间自主性就难以实现。行政控制的重心不应是准入的控制或门槛的控制，而应一视同仁地还公益于民间。当然，

---

① http://news.163.com/11/1012/09/7G5H4GUM00011229.html.

一旦成为公益组织，同样有义务接受来自政府及其他利益相关者的过程监督和结果监督。

（2）人事——给予官办组织事业单位编制和办公便利

政府给予官办组织事业单位编制、办公条件等特殊权利。这些组织大多隶属于党政部门，甚至有些组织的负责人和办事人员具有国家公务人员身份，有国家事业单位的编制和拨款。例如，我国最大的慈善组织中华慈善总会，所属的各级慈善机构均为事业性编制，专职工作人员的编制和工资由国家编委核定，基层慈善组织完全依附于地方行政机构，有的与政府部门一套人马、两块牌子。这种情况下，干得好干不好无所谓，能不能升迁不是取决于业绩，而是上级领导怎么安排。由于选拔这类人员主要不是视其业务能力，因此很难调动中层人员的积极性，影响机构效率和创新。而中国红十字会拥有副部级的行政级别，同时被列为中央财政一级预算单位，遍布全国的各级红十字会，均被纳入行政或事业编制，接受全额或部分财政拨款，负责人多由同级政府任命，人员参照公务员管理，享受公务员待遇。红十字会如参照公务员管理，《红十字会法》规定只有内部监管（向理事会报告）和政府监管（接受人民政府的检查监督），并未规定要向公众公开，没有“公开透明”这一被普遍认为是公益事业“铁则”的规定。例如，上海市慈善基金会会长陈铁迪的上一个职务是上海市人大常委会主任，该基金会有 20 个副会长，其中有不少在职领导干部。他们的影响力对基金会至关重要。上海市教育发展基金会秘书长阮光明说，该基金会的第一次会议，就是由市领导出面召集上海市各部、委、办、局的认捐会议，第一笔基金 1700 万元就这样落实了。

一些地方政府开始尝试对官办组织进行改革。例如，《深圳市慈善会改革调研报告》指出，将依照“去行政化”与“去垄断化”的大思路，取消深圳市民政局与市慈善会行政隶属关系，市慈善会与市民政局将在职能、人事、财务、资产和办公场地推行“五分开”，实现“政社分离”。深圳市慈善会基金会职能将从市慈善会剥离出去，成立“深圳市慈善基金会”。市慈善会保留行业协会职能的社团法人登记，实现“会会分开”。三方将各自独立办公，改革后的市慈善会用低价租赁协议的方式明确资产权归属后，仍留在现有办公场地。改革后的市慈善基金会根据工作需要安排办公场地，办理合法的场地使用手续，签订场地使用协议。改革后的慈善会将建立独立、高效的现代人事管理制度，改变市民政局“管办一体”的多重角色，深圳市民政局局长不再担任市慈善会的常务副会长兼法人代表，不再拥有市慈善会的人事管理权。在与深圳市民政局人事分开后，按照"改革让被改革者得利"和被改革者自愿选择的原则，现有慈善会人员将分流至改革后的慈善会、慈善基金会以及民政局下属的其他事业单位。同时，三方各自独立办公，改革后的市慈善会用低价租赁协议的方式明确资产权归属后，仍留在现有办公场地。改革后的市慈善基金会根据工作需要安排办公场地，办理合法的场地使用手续，签订场地使用协议。① 上海、北京、大连等地也试水慈善会的"去行政化"和转基金会。②

在人事编制上，地方政府退出的步子较大。基金会管理条例明确提出，国家工作人员不得担任基金会的负责人。但是，基金会、社会团体、民非组织性质的官办组织的理事会许多都有政府官员参与其中。目前，北京按照"新增严控、存量渐退"的原则逐步展开政府官员退出公益组织。相关负责人表示，目前，对于近两年新注册的社会组织，民政部门在登记审批时严控公务员，基本实现了没有党政机关公务员、参照公务员法管理的事业单位人员担任重要职务，"去年登记的市一级社会组织有 100 多家，基本都没有公务人员进入任职"。③ 对于现有社会组织中仍存在公务员任职的，由于社会组织换届有的是三年，有的是四年，所以全市公务员退出社会组织没有一个确切的时间表，但到各个组织换届选举时，"民政部门将会严格控制公务人员进入候选人名单"。目前已有社会组织通过换届选举实现了公务人员退出，"不过比例还不是很高"。④

（3）运营

A. 募捐——限制公募权

公益组织的公募权是指合法注册的公益组织机构向社会公开募集资金的权利，将所募得的款项主要用于公益目的和组织行政运营。公募权关系到组织的长远发展，然而，中国大部分公益组织长期以来一直饱受无公募权之苦。公募权成为稀缺资源，属于公益慈善界的"特权"，主要是官办组织具有公募权。对于绝大多数无此"特权"的公益组织来说，要生存下去，资

---

① 《深圳市慈善会改革调研报告》。

② 《深圳慈善会"去行政化"改革方案成型》，http：//www.21cbh.com/HTML/2012-7-20/zOMDY5XzQ3ODMzOQ.html。

③ http：//edu.people.com.cn/GB/88733/135264/17672317.html.

④ http：//epaper.jinghua.cn/html/2012-04/14/content_779734.htm.

金成为一道难以逾越的障碍。

目前对社会募捐作出明确规定的全国性法规有三部，分别为《公益事业捐赠法》、《基金会管理条例》和《国家自然灾害救助应急预案》，均明确规定，拥有社会募捐资格的机构只有公募基金会、慈善总会和红十字会。这造成大量资源集中在少数组织手中。由各级政府和有关部门创办的一千多家公募基金会、数千家慈善总会和两千多家半官半民性质的红十字会，垄断了全国90%以上的慈善捐赠资源，这些捐赠资源很大一部分又受政府控制。特别是发生自然灾害时，政府规定社会捐款只能捐给民政部门、红十字会和慈善总会，捐款由政府统筹安排使用。

在这种情况下，民间个人、公司或社团从事公益慈善事业，基本上只能通过在具有公募资格的组织下设二级专项基金的方式募集资金，开展业务。曾经作为非公募基金会的“壹基金”就是典型的例子。这些专项基金不仅要向所挂靠的公益组织上缴管理费用，而且办理手续非常麻烦。

此外，具有公募资格的组织之间也不平等。早在1993年，《红十字会法》正式将红十字会规定为社会团体法人，各级党政部门通过行政手段干预捐赠市场，强制规定只能向红十字会等少数公益组织进行捐赠。2008年5月31日，国务院办公厅紧急下发《关于加强汶川地震抗震救灾捐赠款物管理使用的通知》，各级红十字会、慈善会等具有救灾宗旨的公募基金会可以救灾名义向社会开展募捐活动，接收救灾捐赠，没有救灾宗旨的公募基金会以救灾名义开展募捐活动，应经民政部门批准，未经批准已经开展募捐活动的公募基金会要及时到民政部门补办审批手续。其他社会组织接收的救灾捐赠款物应当在公告发布后15日内转交给县级以上人民政府民政部门或其委托的社会捐助接收机构、红十字会、慈善会等具有救灾宗旨的公募基金会。具有公募资格的机构很多，而政府往往在大灾之后再次明确指出只有几家公益机构具有公募资格，这是一种在区别对待公益基础上的再次区别对待。例如，玉树地震后，民政部以下属民间组织管理局评级为依据，发文确认了只有15家可展开救灾募捐的社会团体和基金会。人民网发表评述说，这是大灾发生后的一贯做法。[①]

2010年1月，《江苏省慈善事业促进条例》获得通过，并于当年5月1日起正式施行，成为我国第一部地方性慈善法规。第二部地方法规出现在湖

① http：//news. 163. com/10/0803/00/6D4EHAUA0001124J. html.

南省，2010 年 11 月 27 日湖南省通过了《湖南省募捐条例》（以下简称《条例》），自 2011 年 5 月 1 日起施行。《条例》规定，不符合条件擅自面向社会公众开展募捐活动的，由县级以上人民政府民政部门责令停止违法行为、限期返还募捐财产，可以处违法募捐财产价值一倍以下的罚款；募捐财产不能返还的，由民政部门责令将该财产交由合法募捐人管理。公募权依然严格控制。

2012 年 5 月 1 日，为解决民间慈善募捐无法可依的问题，广州市出台了《广州市募捐条例》，其中第五条设定了六类社会募捐主体，在原有基础上扩大到慈善公益类的社会团体、民办非企业单位和非营利的事业单位。其中，将民办非企业单位扩大为募捐主体，是一项在全国具有首创性的改革措施。它从制度上鼓励民办非企业单位的发展，为民间组织提供了与官办组织公平竞争的环境。当时，有评论乐观地认为，由红十字会、慈善会、公募基金会垄断的公募格局宣告放开，这一举措被称为全民公募时代来临。然而，广州允许草根组织申请开展特定的公募活动时有相当程度的限制，特别是"属地管理"、"募捐时限"、"跨界筹款"的说明，使得草根组织开展公募时难以操作。例如，通过网络进行的募捐，肯定会涉及"跨界"，这在一定程度上又在限制公募权的使用范围。草根组织开玩笑说，从网络募来的外地的钱要不要，能不能要？

B. 准入——限制民间组织的活动领域

政府不仅对公益组织的登记注册进行限制，对公益组织的活动领域也多有干预。

其一，政府对于维护公民政治权利及其他权利等在政治上可能挑战政府的"敏感类"公益组织持否定态度，采取极为谨慎、甚至压制的手段。2011 年，中央综治委副主任、中央政法委秘书长周本顺曾公开发文，称"社会管理不能落入'公民社会'陷阱"。对于劳工维权类草根组织，党和政府部门的领导更多是亮起"红灯"，表示出防范和管制的态度。在外来务工人群聚集地深圳，劳工维权类草根组织遭受的打压引人瞩目。2012 年 2 月，深圳市春风劳动争议服务部被房东单方终止租约，协商期间，遭遇断水断电，机构招牌被拆除；3 月，深圳市圆典工友服务部被工商、消防等多部门连番检查，并很快收到房东提前终止合约的通知；4 月，深圳市打工者中心受到不明身份人员的监视和干扰，随后房东单方面提前终止合约；5 月，深圳市青草工友服务部同样被消防等部门检查，并很快遭房东提前解约驱逐；6 月，时代女工服务部在房东施压未成后，工商部门以未经注册为由要求时代女工服务部立即停止工作或搬迁；8 月 8 日，手牵手工友活动室遭西乡消防部门突击检查。至此，深圳市的十余家劳工维权草根组织中，仅有小小鸟打工热线风平浪静。在诸多如出一辙的剧情里，深圳市的劳工维权草根组织们不知道自己将迎接怎样的命运。由外来打工者张治儒创立的深圳市春风劳动争议服务部的前身是深圳市外来工协会，当时该协会因响应广东省人大代表提议，两次发起维护外来打工者权利的“取消劳动仲裁处理费、减轻外来工维权成本”的万人签名活动，后遭深圳市民政局取缔。由于外来工权益保障涉及劳资关系、当地利益、人权等问题，一旦政府给予实质性的支持，就等于在倡导这样的活动和目标。同时，政府也要承担相应的责任和风险。

其二，政府对官办组织开放的领域更多，而将民间组织排斥在外。例如，2012 年全国人大常委会通过的《民事诉讼法》修正案，引入了公益诉讼制度，该法第 55 条规定：“对污染环境、侵害众多消费者合法权益等损害社会公共利益的行为，法律规定的机关和有关组织可以向人民法院提起诉讼，目的在于支持公众的环境维权行动。”这对“有关组织”看似是一个福音。然而，2013 年 6 月，十二届全国人大常委会第三次会议对环境保护法修正案草案第二稿进行审议，其中的“环保公益诉讼原告只能是中华环保联合会以及在省、自治区、直辖市设立的环保联合会”条款，却引发社会强烈关注。公益诉讼主体缺位可以说是中国初显雏形的公益诉讼制度的最大问题，新环保法试图纳入中华环保联合会在一定程度放开了环保公益诉讼领域，然而，正在审议的环保法修正草案规定环境公益诉讼主体将来有可能只限定为中华环保联合会一家，将环保领域的其他组织、个人都排除在环保公益诉讼领域之外。这对公益领域来说，貌似在“去行政化”，却又出来了新的“行政化”。

C. 税前扣除资格——只赋予少数公益组织以捐赠税前扣除资格

虽然《公益事业捐赠法》第二十四条、二十五条规定，公司、其他企业、自然人和个体工商户依照本法的规定捐赠财产用于公益事业，依照法律、行政法规的规定享受企业所得税方面的优惠，但是，能为捐赠者提供减免税发票的公益组织并不多，而且不同的公益组织，享受的优惠也不同。

早在 2004 年，具有全额免税资格的公益组织少之又少。据报道，2000～2003 年，国务院先后出台了一系列 100% 税收抵扣的条例条款，规定向中华慈善总会、中国残联、红十字会、中华健康快车基金会、孙冶方基金会、见义勇为基金会等11家基金会捐赠可以全额免税。随着时间的推移，在公益领域盛行的特权，开始由中央下放至地方。2005年12月29日，上海市地方税务局下发《向上海市慈善基金会的捐赠所得税税前扣除问题的通知》。规定，本市企业、事业单位、社会团体和个人等社会力量，向上海市慈善基金会的捐赠，准予在缴纳企业所得税和个人所得税前全额扣除。2005年1月1日之后的捐赠均可享受该优惠。[①] 根据这一政策，捐款人可凭上海市慈善基金会开具的"赠款专用发票"到各区县税务部门办理免税登记，个人也可以将"赠款专用发票"交给所在单位的财务部门，由财务部门代为办理。2008年2月18日新修订《中华人民共和国个人所得税法实施条例》后，年初海南省赋予享受公益救济性捐赠税前扣除政策资格的七家社团和基金会为：海南慈善总会、海南省青少年希望基金会、海南南海研究基金会、海南省见义勇为基金会、海南大学教育基金会、海南金光助学与环保基金会、海南省李惠智教育基金会，它们均具有一定的实力和政府背景。这使得企业捐赠时为了获得如此优惠，只能在这几家组织之间进行选择，通过这种"筛子"，捐赠资金自然汇到这些主要是官办的组织手中。这种特权不仅使企业选择公益组织的余地狭窄，更限制其捐赠兴趣，与此同时又遏制捐赠资金流入民间组织。之后，财政部和税务总局对免税资格采取个案认定的范围继续扩展，2010年扩展到44家，后扩展到69家，只赋予69家组织享有捐赠扣除的资格。即便扩展后，仍然存有歧视性。例如，其中仅有中国红十字会等22家具有捐赠税前全部扣除的资格，其余组织只享有3%（财税〔2008〕160文件，财政部国家税务总局民政部《关于公益性捐赠税前扣除有关问题的通知》中将企业通过公益性社会团体或者县级以上人民政府及其部门，用于公益事业的捐赠支出，提升为年度利润总额12%以内的部分，准予在计算应纳税所得额时扣除）。当一家企业同时面对拥有全免资格的机构和没有任何税收优惠的机构时，无疑会选择前者。这必然导致某些地区一家机构独大而其他组织特别是民间慈善不断萎缩的结果。[②] 并且，2013年3月8日由财政部、国家税务总局、民政部公布的148家"获得2012年度公益性捐赠税前扣除资格的公益性社会团体名单"中的民间组织并不多。

① http：//finance. sina. com. cn/roll/20070119/02591165433. shtml.

② 凤凰网公益频道，http：//gongyi. ifeng. com/gundong/detail_ 2011_ 06/10/6933703_ 0. shtml。

注册过的民间公益组织仍然领不到捐赠发票的现象普遍存在。陕西零贰玖公益服务中心理事长孔斌说：自 2012 年 6 月 4 日机构就注册成功，截止到 2013 年 2 月，仍然不知道捐赠发票长得什么模样，那么企业捐款基本上想都不用想了，因为企业是需要用发票来走账的，没有企业的相对大额捐助，对公益组织的影响非常大。①

D. 免税资格——赋予少数公益组织免税资格

国际上，公益组织或非营利组织是否具备免税资格，不是取决于其与政府的关系或者政府内是否有熟人，也不取决于其是否有雄厚背景或资金实力，而取决于其活动类型和收入类型及其组织结构、治理、问责是否达到税务机关要求的标准。例如，澳大利亚联邦税务局对非营利组织的免税具有管理权，对其免税资格实施认定，要求非营利组织每年自我评定是否属免税之类，税务局可以对非营利组织的状态进行审查和审计，以保证非营利组织自我评价的正确性。而在美国，则由美国国税局对非营利组织免税资格实施认定。据美国国家慈善统计中心（NCCS）、基金会中心和美国劳工部的统计数据，截至 2012 年 6 月，在美国国税局（IRS）获得免税资格的非营利组织有 156 万多个。其中，公共慈善机构有 96 万多个，私人基金会有 9 万多个，还有 49 万多个其他类型的非营利组织。凡经由美国国内税务局查实并赋予免税资格的美国非营利机构，均可得到所得税、财产税、失业税等的全额免除。其中所得税免税是指具有免税资格的非营利机构，在经营与他们的非营利目标相关的事业中的获利，可以免除税收。财产税免税是指这类机构所拥有的土地、房产等机构资产，可以免除土地税和房产税。失业税免税是指这类机构无须交纳其他机构的雇主必须按人头向政府缴纳的失业保障税。除了联邦税法外，美国各州对非营利机构还自设了一些优惠税种。例如加利福尼亚州税法规定，对于获得免税资格的非营利机构，还可免除消费税。②美国税法对享受免税待遇的非营利组织作出界定：最易获得免税资格的组织是以慈善、宗教、科教、文化或公众安全为目的的非营利组织；比较容易获得免税资格的是为雇工利益而建立的组织；其他获得免税资格的非营利组织还包括一般会员组织、友爱团结组织以及以互助和合作为宗旨的组织。其他

① http：//www. loongzone. com/forum. php? mod = viewthread&tid = 155942.

② 《非营利组织税收征免的国际性比较》，http：//blog. sina. com. cn/s/blog_ 3f278e070100nzs2. html。

非营利组织若要获得免税资格，则必须通过美国国内收入局的组织测试和运行测试。

公开资料显示，2011 年度获得非营利组织免税资格的单位中，广东省级的有 94 家，广州市级的有 24 家。以上名单当中，九成以上是有官方背景或企业背景的社团，如各地的慈善会、行业协会以及企业的基金会等，民间公益组织的身影屈指可数。截至 2013 年 9 月 30 日，在广州市注册登记的民间非营利组织共 3116 个，其中，从事公益服务类的为 45 个。而广州地税局资料显示，2011 年公布获得免税资格的民间非营利组织仅 27 个，其中从事公益服务类的仅 3 个，免税申请成功率不足 7%。①

目前虽然我国税法明确规定了非营利组织具有免税资格，但实际上，非营利组织获得免税资格较为困难。2008 年 1 月 1 日，《中华人民共和国企业所得税法》和《中华人民共和国企业所得税法实施条例》生效。《企业所得税法》第 26 条明确规定："符合条件的非营利组织的收入"为免税收入；《实施条例》第 85 条规定："符合条件的非营利组织的收入不包括非营利组织从事营利性活动取得的收入，但是国务院财政、税务部门另有规定的除外。"已经注册的非营利组织需要主动申请免税资格，但是申请过程通常较为困难。尚未获得免税资格的公益组织几乎都要按照与企业相同的标准缴税，25% 的企业所得税和 5.5% 的营业税无疑是他们的沉重负担。

在公益界活跃、并且账目公开透明的广东省汉达康福协会（下称汉达）在 2012 年没得到免税的资格。2012 年 12 月中旬，汉达召开"透明公益汇报会"，向捐赠人和社会公众全面汇报一年来的工作情况与成效，同时公布各项目收支账本。会上数据显示，2012 年汉达的服务支出为 341.7 万元，而截至去年 11 月，汉达的捐赠收入结余 61 万元。汉达对外联系人张宝辉告诉记者，除了年度一次性的汇报会之外，在汉达的官方网页上，定期有财务报表更新。汉达还因为账目清晰透明而获得了壹基金"透明典范工程"评奖。虽然汉达一直在"晒账单"，在财政透明方面也得到民间评估机构的认可，但多次申请免税资格却一直没成功，因而每年都需要缴纳约 20 万元的所得税。对此，张宝辉感到疑惑："汉达是在省民政厅注册的服务麻风康复者和患者的民间组织，并没有营利性的项目，而且财务信息从来都是公开透

① http：//news.xinmin.cn/domestic/2013/01/09/18053880.html.

明的，大家都能看得到，为什么还拿不到免税资格呢？”①

此外，如果不具备税前扣除资格，非营利组织也就不能获得购买捐赠发票的资格，在这种情况下，非营利组织如果要给捐赠人出具发票就只能去税务局购买附有营业税的发票，而营业税与其他流转税加起来，税率超过6%。

E. 财政资金——为官办组织提供大量资金支持

政府给予官办组织以巨大的财政及行政支持。占据了绝大多数中国公益捐赠资源的红十字会，依然享有其他公益组织所没有的巨大的体制资源及财政拨款。红十字会改革的纲领性文件强调：各级政府要加强对红十字事业的组织领导，并要加大对红十字事业的财政投入。政府对官办组织给予的这种特权，使得官办组织对政府高度依赖，即便有大量捐赠资金来自社会募集，但是却包含有行政命令、行政摊派或行政引导，这些组织经济独立性差，公众自筹资金能力也弱。

同时，政府开始增加对民间组织的财政支持。2013 年 9 月国务院发布《国务院办公厅关于政府向社会力量购买服务的指导意见》，指出“十二五”时期，政府向社会力量购买服务工作在各地逐步推开。政府向社会力量购买服务的内容为适合采取市场化方式提供、社会力量能够承担的公共服务，突出公共性和公益性。教育、就业、社保、医疗卫生、住房保障、文化体育及残疾人服务等基本公共服务领域，要逐步加大政府向社会力量购买服务的力度。到 2020 年，在全国基本建立比较完善的政府向社会力量购买服务制度，形成与经济社会发展相适应、高效合理的公共服务资源配置体系和供给体系，公共服务水平和质量显著提高。2012 年、2013 年中央财政均安排 2 亿元左右支持社会组织参与社会服务，将资助社会组织开展社区服务、养老服务、医疗救助、灾区群众救助等领域的社会服务活动。② 不仅在中央政府层面，地方政府也积极增加对民间组织的财政支持。2010 年以来，北京市社会建设工作领导小组连续三年使用社会建设专项资金购买社会组织服务项目，累计投入近 2 亿元，购买社会组织服务项目 1029 项。其中，2010 年出资 4000 多万元，购买了近 300 项服务；2011 年出资 5000 万元，购买 363 项服务；2013 年出资 8000 万元，预计购买 500 项公共服务项目。2013 年北京

① http://news.xinmin.cn/domestic/2013/01/09/18053880.html.

② 《2013 年中央财政再出 2 亿元购买社会组织服务》，http://stj.sh.gov.cn/Info.aspx?ReportId=63d90f83-562a-42e6-9a2c-81b9b6bcc65d。

市购买社会组织服务重点依然围绕社会基本公共服务、社会公益服务、社区便民服务、社会管理服务、社会建设决策研究信息咨询服务5个方面，在类别上新增城乡一体化建设、外来人口公共服务、社会体制改革、城市精细化管理、现代社会体制改革等5个研究类项目，共计45类。① 以养老服务为例，上海市政府于2004年将居家养老服务补贴经费正式纳入政府财政预算，建立起与社区就业服务相联系、“政府购买服务”的补贴制度；2006年，上海仅居家养老政府补贴一项就支出9000万元。而南京市鼓楼区则采取了政府出资、加大财政投入、购买非营利组织服务的方式。鼓楼区2003年出资15万元，购买了100位老人的居家养老服务；2004年纳入财政预算，出资35万元，购买220位老人的居家养老服务；2005年投入100万元，通过购买针对性生活照料、上门探访和安康通呼叫三种方式的服务，受益老人达930人；2006年，政府购买服务的资金预算增至120万元，为1300位居家老人提供服务援助。在湖南省长沙市天心区，政府出资为社区一些孤寡老人购买社会服务。辖区内分散供养的“三无”（无劳动能力、无经济来源、无法定赡养人）老人，享受低保且生活特别困难的老人，每月享受政府100～300元不等的服务补贴。②

然而，我们看到，政府购买并没有普惠民间组织，而是更多给了官办组织。广东省市均公布了具备承接政府职能转移和购买服务资质的社会组织目录，从中难见草根组织身影。2012年6月，广东省民政厅下发《关于确定具备承接政府职能转移和购买服务资质的社会组织目录的指导意见》，规定社会组织应具备的资质条件分为必要条件和优先条件，其中必要条件包括合法身份、完善治理结构等，优先条件包括评估等级在3A以上、具备免税资格等。2012年12月19日，珠海市民政局公布第一批目录，95家有资质的社会组织中，行业协会和商会69家，占72.6%。2012年8月28日，佛山市政府网公布了首批社会组织目录，57家有资质的社会组织中，行业协会组织46家，占80.7%。

F. 外部资金——严加控制海外资金

政府对民间组织的海外资源采取严格控制态度。受这一管控影响最大的是草根组织，因为一些草根组织的主要资金来源于海外。这些资金包括来自

---

① http：//beijing. qianlong. com/3825/2013/01/25/2821@8470929. htm.

② 《走向嵌入型监管：当代中国政府社会组织管理体制的新观察》，http：//www. chinareform. org. cn/society/manage/Practice/201108/t20110819_ 119246_ 2. htm。

港、澳、台地区和国外的资金。它既包括海外基金会、民间组织、国际组织以及外国政府机构对中国非营利事业的捐赠，也包括海外民间组织对中国非营利事业的直接参与。众所周知，大部分民间组织没有公募资格，与企业合作并不多，中国国内大部分企业愿意与大型基金会合作，这些组织又难以获得政府资助或政府购买机会，境外资金在中国民间组织收入来源中扮演一个什么样的角色，不言而喻。2007 年爆发全球金融危机以来，各国政府都开始意识到加强对跨国资金流动进行有效监管的重要性。打着防止境外的热钱以非营利捐赠的名义流入国内从事商业投资活动，严控国家金融体系风险的名义，2009 年 12 月，国家外汇管理局出台了《关于境内机构捐赠外汇管理有关问题的通知》（汇发〔2009〕63 号）（国家外汇管理局，2009），对国内各类机构接受和进行国际捐赠行为进行了专门规定，要求境内机构须开设捐赠外汇账户办理捐赠外汇开支，并向银行提交相关文件后方可办理外汇入账。该通知还具体区分了不同类型社会组织办理外汇入账的具体手续。外汇管理局的这一规定，无疑标志着中央政府对规范境内机构接受外汇捐赠行为管理的决心。《国家外汇管理局关于境内机构捐赠外汇管理有关问题的通知》（汇发〔2009〕63 号）规定捐赠方和受赠方要现场公证捐赠协议，这是不现实的；该文件要求草根组织从银行提款时要出示“境外非营利性机构在境外依法登记成立的证明文件”也是不可行的，很多境外非营利机构注册为企业，难以证明其为非营利组织，何况很多捐款直接来自于境外企业。此外，政府的其他诸多限制使在华国际 NGO 生存环境艰难，有的机构干脆就退出了中国，留下的在华国际 NGO 在资助草根组织时也是困难重重。例如，《云南省民政厅关于对在滇境外非政府组织开展备案事项的公告》（2010 年 2 月 9 日）规定国际机构在华活动需“经业务指导单位审查同意”、“与我省有关组织（公益性事业单位、社会团体、基金会、民办非企业单位）合作”，从而基本断绝了工商注册的草根组织得到资助的可能。

三　“行政化”的根源

公益领域“行政化”的“深层根源”是行政权力不受制约，而其“直接根源”是政府维护自身利益的意志和能力。

政府首先要维护自己的政治权威，为此政府有限制独立的民间组织发展的倾向。其次，政府有追逐经济利益的倾向，除了合法的税收之外，还会觊觎不断膨胀的公益资源。再次，政府还要保护"自己人"的利益，这就要优待官办公益组织。同时，作为既得利益者，官办公益组织也会想尽办法维护自己的既得利益。最后，计划经济时期遗留了大量的官办社会组织，它们的转型、消化都需要时间，有些还要继续生存甚至持续发展，这种情势客观上要求政府在一定时期内对其给予优待或特殊支持。这一切是时下公益领域"行政化"的直接根源。当然，在背后支撑它们的是压倒一切的行政权力。

1. 维护政府政治权威

"政府"并不是一个抽象的概念，现实中的政府是由一群活生生的人组成的，而且组成政府的公务员就其个体来说与常人也没什么本质上的差别，在一般情况下，也都有逐利的"理性经济人"倾向。不仅政府成员有"理性经济人"倾向，政府本身也可以合理地视为有"理性经济人"倾向。

政府维护自身政治利益是造成公益领域行政化的最主要原因。政府担忧，公益领域的独立、自主以及发展壮大，民间组织的壮大和作用增强会削弱政府的权威和地位，削弱政府对社会的约束和控制。因此，政府会对那些非官办、"不听话"的组织采取歧视性的行政控制，尽可能在保证其安全的情况下维持公益领域的运营。

一贯秉持强政府、政府控制一切理念的历史惯性使得政府必须对公益事业进行主导。因为慈善组织既有提供社会服务的功能，也有组织公民挑战政府权威的潜力，是公民集体行动的工具。因此政府从政治权力出发，必然要遏制挑战政府权威的存在，必然要进行管理。一方面，在该类组织存在上下工夫；另一方面，当该类组织存在之后遏制其功能的发挥。

为了维护自身的权威，政府必然要凭借自己的优势地位，针对公益组织进行管控，以达到"为我所用"的目的（既利用社会组织的服务能力，又限制其挑战能力）。从总体上看，今后我国社会组织在经济社会发展中的作用会扩大和加强。政府已明确指出，建立健全中国特色社会主义社会管理体系的根本目的是"巩固党的执政地位、维护人民根本利益、保证国家长治久安……确保改革始终沿着中国特色社会主义方向前进"。中央综治委副主任、中央政法委秘书长周本顺在《求是》发文《社会管理不能落入公民社会陷阱》，提到四个"根本不同"，即"中国与西方国家根本不同的政治制度、根本不同的社会制度、根本不同的国情、根本不同的发展阶段"，这四个根本不同决定了中国的社会管理体系一定不同于西方的社会管理体系。周本顺旗帜鲜明地指出："创新社会管理，要充分发挥我们的政治优势和制度优势。党委领导、政府负责、社会协同、公众参与的社会管理格局，是我们政治优势、制度优势的具体体现，是加强和创新社会管理的根本，要大力加以完善。一定要站在巩固党的执政地位、维护国家长治久安、保障人民安居乐业的高度，切实解决社会管理中与新形势不相适应的问题，防止误信、误传甚至落入某些西方国家为我们设计的所谓'公民社会'的陷阱。……在我国，培育、发展社会组织，一定要制定好行为规范，事先设好'安全阀'，防止一些别有用心的社会组织繁殖起来。"

然而，公益领域"去行政化"的呼声异常高涨，政府看到，一定程度地"去行政化"有利于政府与民间组织关系的规范化、减少腐败现象的发生和增强民众对政府的信赖感。这一点在地方政府身上表现得更加明显。改革开放后，随着中央和地方关系的调整，地方政府的自主性增大，利益主体地位凸显。在利益的驱动下，一些地方政府积极探索"去行政化"改革的思路和方法，形成了区域性、多元性的改革模式。①

2. 扩大政府经济利益

改革开放后，中国启动了市场化的改革。越来越多的社会需求对传统的、与计划经济体制相适应的、由政府提供公共物品的模式提出了挑战。政府为了减轻自己的财政负担，开始设立官办公益组织。因此，利用社会组织满足社会需求，当时对于政府来说是一种明智的选择，能够减轻财政负担。但是，只有在保证垄断政治权力的前提下，权威主义政府才会允许社会组织存在与发展，并利用它们来满足社会需求。因此，在利用社会组织提供公共服务时，政府或是支持"无害的组织"，或是支持社会组织的"无害的行为"。

随着市场经济的进一步发展，政府逐渐发现公益事业能帮助政府获取大量利益。一方面官办组织会协助政府完成政府分内应尽的职责；另一方面，借助政府背景，获得大量资源，它们成了共生关系。业内人士指出，1998年中华慈善总会加入国际联合劝募协会后，并没有按照国际联合劝募的规则，将募集到的资金用来支持民间慈善组织，相反更习惯在慈善会系统或政府系统内部消化这些募集的资源。②

---

① 孙发锋：《中国民间组织"去行政化"改革的动力和阻力》，《理论月刊》2012 年第 10 期。

② http://www.china-gad.org/Infor/ShowArticle.asp?ArticleID=6441.

但是，当官办公益组织过于臃肿，又因管理不善或腐败问题频繁给政府声誉带来麻烦时，政府开始产生甩出财政包袱和理清与政府的瓜葛的诉求。"去行政化"使公益组织与政府在财务、利益上彻底脱钩，有利于减轻财政负担，恢复政府形象。地方政府因此也愿意进行"去行政化"改革的尝试。

3. 官办公益组织维护既得利益

事实上，在社会上一直呼吁公益领域"去行政化"的同时，大量官办既得利益者强烈反对，甚至"去行政化"遭遇"抱团"阻力。它们是公益领域"行政化"的既得利益者，从自身利益获得而言，几乎没有"去行政化"的动力。政府为官办公益组织带来的好处显而易见：政府拨款，行政职务和待遇，因政府背景而带来的大额捐赠（一些大额捐赠者本身处在整个利益链条的一端，官办公益组织能够为其协调领导关系，在重要场合可以有领导出面，表明政府支持态度，能协助其开拓市场，为其带来金钱买不来的政治效益、社会效益和经济效益）。而政府也乐意为之，这样安全，"肥水不流外人田"，官办公益组织做的事大多是政府要做的，又不会给政府捣乱，不会挑战政府。王云从制度变革对变革者是否经济的角度解析了既得利益者缺乏变革动力的原因：只要制度变迁得以进行，新的制度均衡并不只是使制度变迁的实施者获利，在制度内的人都可以因此而享受到一定的外部性，并不需要为此而担负成本。这样，非政府组织就没有进行制度变迁的激励机制，即使现存制度带来的行政性问题有很多弊端，也不会产生诱致型的变迁。此外，现存制度内活动的非竞争性存在着很多既得利益者的利润分享，这些既得利益者会对现有制度有很强的路径依赖性，制度变迁更加难以进行。①

1994 年中华慈善总会开"慈善会"之风后，尽管为中国慈善事业作出了贡献，但是背后强大的行政权力为之带来了垄断资源，遏制了公益系统公平竞争，致使资源不能在公平竞争的情况下得到高效利用。与红会系统不同，慈善会系统没有行政编制。尽管慈善总会当时是在"无一分财政拨款，无一个行政编制，无一位政府在职官员"的情况下成立的，但官办的色彩并不因此而减弱，在各地方慈善会那里，这种色彩更加浓厚。这些慈善会大多数是由各地民政部门发起成立，很多甚至直接隶属于民政部门的一个处室

① 王云：《论非政府组织的去行政化》，《天水行政学院学报》2011 年第 4 期（总第 70 期）。

或科室。当地方慈善会借助着这些特殊身份进行行政劝募时，其天然具有资源垄断性。

中国扶贫基金会是个特例。改革开放后，中国政府开展了大规模的扶贫工作。当时，海外一些企业表示愿意支持中国扶贫事业，从原则上来说，政府不能直接接受捐款，所以中国扶贫基金会就在这样的背景下诞生了。初创时期，机构的官方色彩很浓，这样的角色定位也给基金会的运作带来了不利影响。此外，再加上资金的短缺，中国扶贫基金会急需改革。2000 年，中国扶贫基金会正式向主管部门写报告，要求取消基金会的国家行政事业编制，改为民间社团编制，建立新的人事管理制度，实行全员招聘制和干部竞争上岗制，取消行政级别，打破“铁”饭碗。与此同时，中国扶贫基金会靠自己的项目品牌和机构的公信力面向全民募款，而不是靠行政力量自上而下摊派，强捐。扶贫基金会获得的捐款每一笔都完完全全来自捐赠人的自愿。同时，中国扶贫基金会注重公信力的培养与提升。从官办慈善组织转变为真正意义上的民间组织，中国扶贫基金会在运营中引入竞争和考核机制，大大提升了基金会运营的效率。其人力资源制度、行政管理制度、财务制度、品牌和项目管理制度等，可以为其他慈善机构，特别是为公募基金会提供参考，为整个公益领域展示“去行政化”的前景。

4. 历史积弊

新中国刚成立时，政府接管之前遗留的慈善组织和机构并进行改组，以公办机构取代原有的组织。而在计划经济时代，公益事业长期处于停滞状况，除了邻里之间或亲人之间非组织化的公益行为外，民间组织化的公益销声匿迹，社会需求主要靠政府主导来满足。直至改革开放后，公益活动才开始复苏，公益组织开始出现，但此时的公益组织多“形似神不似”，官办色彩浓重，成为计划体制下各级政府部门的延伸，等同于执行行政政策的政府机关的某个部门。多年来政府统领社会主观性强，慈善官办气息浓烈，官办组织定位不清，组织结构、社会功能和行为模式也似政府部门。政府继续沿用计划经济时代下的模式管理社会，设置公益慈善组织，甚至将公益慈善组织的办公室直接设立在政府机关之中。时至今日，一些慈善机构骨子里还是地地道道的行政组织。随着市场经济体制的不断推进，市场领域开始产生，但是，公益领域并未形成，因为政府一直未将“公益地盘”让出来，民间公益活动未能顺畅地进入。改革开放后，新型的社会组织与政府之间免不了会有一定的矛盾，官办慈善被诟病，"官场习气"带入慈善行业导致效率低下、管理松散、不透明甚至不规矩。"郭美美"事件曝光后，有评论认为，仍然用一个计划经济时代形成的僵化的、集中的体制去管理一个越来越开放、多元的社会，在这种情况下，不产生冲突，不产生危机才怪呢。红会的危机说明了行政化的管理体制和社会自治要求之间的冲突。①

四　"去行政化"的动力

基于对公益领域"行政化"的表现、实质、根源的分析，可以构造出"去行政化"的含义和目标。简而言之，"去行政化"的含义和目标为：第一，建立合理的公益文化。这是"去行政化"，也是建立理想公益事业的前提。第二，在合理的公益文化的指导下完善公益立法。这又有赖于建立一套健康的立法机制。第三，政府依法行政，杜绝"政府越位"，管好自己该管的事，不管自己不该管的事。第四，政府依法行政，杜绝"歧视性执法"，对所有公益组织一视同仁，彻底实现"普惠制"。

那么，"去行政化"的动力来自哪里？或者说，谁来推动"去行政化"？

从现实和逻辑上看，"去行政化"的动力来自"行政化"的受害者。

首先，"行政化"的最直接的受害者是民间公益组织。因此，民间公益组织理所当然地成为反对"行政化"、推动"去行政化"的生力军和急先锋。

其次，"行政化"的最终受害者是公益事业的受益者。所谓"公益事业的受益者"，不仅包括公益事业的直接受助人，也包括出钱的捐助者和出力的志愿者。他们都对公益事业有需求，而政府的供给无法满足他们的需求，于是形成了公益需求与公益供给之间的鸿沟。正是这种鸿沟形成了来自社会的"去行政化"的压力或动力。从长期来看，这是不断增长的、不可抗拒的、终极的力量。可以说，公益事业的受益者，或者说公众，构成了"去行政化"的最深厚的社会基础。

最后，政府也是"行政化"的受害者。民间公益组织的功能就是满足社会的公益需求，但是"行政化"遏制了它们的功能，从而加剧了公益供给的不足。而公益供给不足会损害政府的合法性和有效性，进而损害政治稳

---

① http：//finance. ifeng. com/news/special/caizhidao120/.

定，再进而损害政府的根本利益，因此政府也有动机推动公益领域的“去行政化”。实际上，这就是近年来政府推动公益事业“良性改革”（或“去行政化”改革）的深层原因之一。

归根到底，“去行政化”的动力都会归结到社会大众，此处着重描述来自公众的“去行政化”动力。

1. 公共需求无法满足

经过30多年的改革开放，我国在私人产品领域供给方面取得了举世瞩目的成绩，由此，我国由温饱型社会向发展型社会转变，社会矛盾发生了深刻变化。一国的人均GDP从1000美元向3000美元的过渡时期，也是该国公共需求迅速扩张的时期。我国正处在从一般温饱社会向全面小康社会加快发展、从传统农业社会向工业社会加速转型的关键时期。从1978年至20世纪90年代中期我国城乡居民恩格尔系数的变化说明，我国城乡居民将会有更多的支出用于与自身发展相关的公共服务上，我国公共需求将进入一个全面快速增长期。随着社会的发展和时代的进步，公众的社会需求呈现多样化的发展趋势。根据自身发展的需要，公众个体化的需求不断增加。公众的社会需求也从“底线型”向“发展型”转变，人们已经不再满足于解决温饱问题，而是希望增强自己能力，不断提高生活质量。公益领域的行政化发展倾向将在很大程度上妨碍自身功能的发挥，不利于满足多样化的社会需求。

从我国社会矛盾的变化趋势看，全社会全面快速增长的公共需求开始形成新时期改革发展的新的动力和压力。公共需求的全面增长与公共产品供给的短缺以及公共服务的不到位，已是一个相当突出的问题。由于体制转轨和经济社会转型的双重压力，我国的公共服务和公共产品的供给严重短缺，两者的不相适应已成为我国经济社会发展的突出矛盾和主要问题。这主要体现为：①由于收入分配差距比较严重，并有不断扩大的趋势，广大社会成员对缩小收入差距、实行社会再分配的基本公共需求比以往任何时期都更为强烈。②义务教育、公共医疗已成为当前多数社会成员重要的公共需求，并且比以往任何时候都要突出。教育、医疗费用的过快增长，远远超出居民家庭可支配收入的增长速度，并已成为多数家庭的沉重负担。③在我国经济社会转型时期，就业和社会保障已成为全社会重要的公共需求。我国面临着巨大的就业压力。④公共安全越来越成为全社会成员普遍的公共需求。在我国经济转轨进程中，社会秩序重建滞后，信用普遍缺失，各类市场尚不规范，政府的市场监管职能还远未到位。因此，生产安全、卫生安全、食品安全等方面的问题还比较突出。⑤随着利益关系的变化，合理的、正当的利益表达和利益诉求开始成为广大社会成员，特别是弱势群体的公共需求。

这些公共服务的需求使得政府出于追求自身权威性和合法性的目的，在一定程度上必须考虑公共利益，考虑在新的形势下如何建设社会，以及如何进行社会管理。周永康对中国现有的社会管理体系建设情况的评价是"初步形成了中国特色社会主义社会管理体制。……我国社会管理与我国国情和社会主义制度总体上是适应的"。创新社会管理的大背景是："目前社会管理领域存在的问题还不少，特别是发展中不平衡、不协调、不可持续问题依然突出，地区之间、城乡之间的发展差距以及部分社会成员之间的收入分配差距依然较大，统筹兼顾各方面利益难度加大；随着改革开放的深入和社会主义市场经济的发展，长期以来在封闭半封闭环境和计划经济条件下形成的社会结构发生了全方位、根本性变化；人们的思想意识、价值取向、道德观念多元多样多变，公平意识、民主意识、权利意识、法治意识、监督意识不断增强，共享改革发展成果的愿望日益强烈，这些都给社会管理提出了新的要求，公益领域'去行政化'成为政府以及公益领域的重要课题。"

2. 社会大众觉醒

国民经济自改革开放以来连续创造高速增长奇迹并仍然在继续创造着奇迹。当中国越来越富裕的时候，经济因素已不再是中国慈善事业落后的理由，相反它已成为慈善事业获得大发展的有利因素。而贫富差距的持续扩大，使得需要帮助的群体规模高居不下，公益领域日益宽广、福利需求无止境时，社会因素显然十分有利于公益事业的发展。面对严峻现实，市场经济影响下的社会力量开始壮大，独立自主权利意识开始觉醒。与此同时，社会氛围正在改良中，公众对发展慈善事业的期待日益提升，不仅低收入阶层或弱势群体希望通过慈善公益事业的发展来获得社会帮助，而且先富起来的人们以及有能力帮助他人的人亦需要有回报社会的正常途径。公众有能力并且希望能够在公益事业中自主、自愿地贡献自己的力量，维护自己的权益，并与行政化的力量，特别是强制性的和歧视性的力量抗衡，如民间公益组织不断向政府、向社会争取合法从事公益事业的权利和更多的资源；一些个体力量开始采用微公益形式加入到公益事业当中，对行政化的公益事业形成冲击；学者、媒体开始提出公益事业"去行政化"的观点，呼吁进行改革。公益事业"去行政化”成为全社会共同的议题。百人论坛上，徐永光怒指如今的慈善体制为“不伦不类、人格分裂，不思改革、固守利益，自甘堕落、麻木不仁，拖累行业、伤害社会，再不开刀，误国误民”。① 中国越来越需要持续、高速、健康发展的公益慈善事业，需要独立、透明、专业、高效的公益组织，但需求和现实之间存在巨大差距。而解决这一差距的唯一途径，就是赋予所有的公益组织以发展壮大的平等权利和机会。同时，赋予公民自由的选择权。一个完善的公益领域，不仅需要有钱的机构，还需要更多扎根在社区、为社会提供方方面面差异性服务的民间组织，形成“有钱出钱，有力出力”的局面。

我国关于公益领域的公共舆论、文化和价值观已发生了重大变革。人们对官办组织的信任度下降，希望公益领域能够独立、自主，摆脱行政化，要求公益领域能够实现维护社会权利的自由。“郭美美”事件发生后慈善捐赠数额的骤减已充分说明，中国红十字会等公益组织已经严重透支了社会公信。2013 年 9 月 21 日，中民慈善捐助信息中心发布的《2012 年度中国慈善捐助报告》显示，我国社会捐赠总量（含我国接收国内外社会各界的款物捐赠）共计约 817 亿元，相当于人均捐款约 60.4 元，不过该数字只占去年人均可支配收入的约 0.25%。与 2011 年度相比，全国接收捐赠额减少 28 亿元，同比减少 3.31%，连续两年下降。数据显示，全国各级红十字会系统接收社会捐赠 21.88 亿元，占全国捐赠总量的 2.68%，与 2011 年相比下降了 6.79 亿元，同比下降 23.67%，这也是红会接收捐赠总额连续两年来的下降。② 民政部社会福利与慈善事业促进司副司长徐建中说，导致捐赠总量下降的原因除了全球经济形势持续低迷、重大自然灾害的减少等，一个重要原因则是受到“郭美美”“问责风暴”的持续负面影响。此外，捐赠人的权利意识也开始觉醒，盲目捐赠的行为大量减少。③

对此，何道峰说：所谓的不信任，不是针对某几个组织，而是不信任政府长期包办、垄断公益行业。为了应对公信力公共舆论挑战，雅安地震发生 72 小时以后，42 家基金会共同发起中国基金会 4.20 救灾行动自律联盟。何道峰说：“想要改变整个公益要改变自己。”参加自律联盟的基金会承诺将全程公布接受拨付和使用捐款的情况，接受捐赠人和社会的监督，接受政府的监管，承担一

① 《徐永光：是时候对慈善体制开刀了！》，http://gongyi.qq.com/a/20130603/006288.htm。

② 《2012 年度中国慈善捐助报告》，http://gongyi.sohu.com/20130922/n386952529.shtml。

③ http://gongyi.sohu.com/20130922/n386952529.shtml.

切相关的法律责任，用透明度来重拾民间对公益慈善组织的信心。①

作为既得利益者的官办组织，它们也开始进行"去行政化"改革。这是因为组织的准入机制、人事任免、资金来源和项目运作都在很大程度上受到行政力量的影响。因此，官办公益组织在日常运行中受到诸多方面的约束，这大大制约了官办公益组织在提供服务过程中功能的实现。在行政化的发展方式下，官办慈善组织既没有绩效方面的压力也不需要承担过大的风险，因此会忽视自身的能力建设。现阶段，我国的官办慈善组织不论是在资金筹集还是在项目运作方面，能力都还有所欠缺，这就迫切需要解决官办慈善组织行政化发展的问题，让其对自己的行为负责。②

随着互联网的飞速发展，现实世界对公益的需求与日俱增，越来越多的人参与公益活动，除了现实世界的多种公益组织，各种各样的网络公益形式发展很快。现在网络已经让世界变平，人们足不出户就可以把自己的知识和心得跟别人进行交换，整个过程中规避了繁杂，取而代之的是简单、有效的公益行为。当前网络公益已起步，正在升温而走向正轨。从长远来看，网络公益的优势将随着社会公益制度的完善、大众公益理念的跟进以及网络媒体自身的权威影响力的巩固，逐步得到释放。"网络的应用使得原本垂直的控制管理系统被交错纵横的网络关系打乱了，组织化公益不再是公益的全部，免费午餐、微博打拐——随手拍解救乞讨儿童、青少年白血病救助行动、大爱清尘……这些进行得如火如荼的活动被人们赋予了一个温暖而亲切的名字——微公益。"微公益影响着、改变着人们的公益观念，悄然地改变着中国的公益格局，乃至中国的政治、经济以及人们生活的方方面面。"③ 依托互联网的互动性、无地域限制特点，以及网络在团结和凝聚个体参与公益活动方面具备的天然优势，中国正逐步搭建起一个低门槛、透明化、方便快捷且高效互动的网络公益大平台，从而导致公益事业产生深刻的变革。

五　"行政化"与"去行政化"的双重变奏

30 年并不算长，但是纵观这 30 年的变迁，还是可以发现一些变迁的脉

① 何道峰：《想要改变整个公益要改变自己》，http：//gongyi. qq. com/a/20130916/006182. htm。

② 王佳煜：《官办慈善组织去行政化研究》，《现代营销》（学苑版）2013 年第 5 期。

③ 《"微公益"的变革力量》，http：//finance. ifeng. com/news/macro/20130411/7888692. shtml。

络和趋势。

改革开放最初的十几年，直至 1989 年之前，“去行政化”是公益领域的主旋律，主要表现为打破原来的行政管理体制。其间，就政府的作为而言，“破”多于“立”。

1989～2010 年，一系列管理制度建立起来，奠定了政府管理体制的基本框架。这一时期，“行政化”压倒了“去行政化”。

2011 年以来，在“加强社会管理创新”的旗帜下，“行政化”与“去行政化”并行，选择性地“控制”与选择性地“放松”并举，限制社会组织挑战功能的“行政化”与利用其“服务功能”的“去行政化”齐头并进。政府愈加重视社会组织，积极探索管理办法，大力加强制度建设，而且管理能力大幅度提升，并提出了“党委领导，政府负责，社会协同，公众参与”的整体蓝图。① 这一时期，政府主动地、自觉地“立”压倒了“破”。

可以说，在中国的公益领域中，30 年来旧的“行政化”去了，新的“行政化”又来，或者“再行政化”又出现了，“行政化”与“去行政化”并肩而行，上演着令人目眩的“双重变奏”。

但是，总的来看，改革开放以来，总的趋势还是“去行政化”，尽管在这个总趋势中“行政化”现象此起彼伏。

为什么会这样？

前文分析指出，社会和政府是支配公益领域“行政化”与“去行政化”的两大基本力量。大体说来，社会的立场、态度和实际作用是始终如一的，那就是抗拒“行政化”、推动“去行政化”。但是，政府的态度和作用却是矛盾的，它既是推动“行政化”的力量，又是推动“去行政化”的力量。当政府搞“行政化”时，它与社会存在冲突；搞“去行政化”时，它与社会团结一致。在现实中，政府与社会的每一次“短兵相接”几乎都以政府胜利告终。就一时一事来看，政府的“行政化”不可遏制。为什么每一次较量几乎都以政府的胜利告终？这是因为，在改革之前的全能主义体制中，政府具有压倒一切的优势。在渐进式改革中，虽然经历了广泛的自由化，在政府与社会的力量对比格局中，尽管政府的相对优势有所下降，但仍然保持了绝对优势。但是，从长期来看，有两个“趋势”不容忽视。其一，与改革开放之前相比，社会的力量已经得到了巨大的提升。更为重要的是，这种

① 2011 年中央发布的《十二五规划纲要》。

“趋势”是政府无法控制的，甚至就是它自己在无意识中参与制造的。其二，在改革开放过程中，尽管政府始终保持了“绝对优势”，而且至今仍然拥有“绝对优势”，但是“相对优势”却在不断下降，而社会的“相对优势”却在不断上升。

上述分析，并不表明公益领域的“去行政化”进程能够持续顺利地进行下去。实际上，2011 年以来，变化的趋势愈加模糊，难以预测。也许行政主导、官办公益组织占据压倒性优势的格局将长期存在。但是，我们可以抱持一种谨慎乐观的态度面对未来。

第二部分

分报告

公益组织公信力危机及应对

公益组织的公信力（accountability）是指外界对组织的看法、评价、信任、好感，是组织留给外界的印象。公益组织与各个利益相关者有着深层的关联度，利益相关者包括受益者、捐赠方、投资者、政府、企业、媒体、志愿者、公众。因此，人们又将公信力简单地定义为“获得包括公众在内的利益相关者的正面评价”，或者“组织在社会上被公众接受和信任的程度”①。公信力是公益组织的无形资产。

随着新媒体技术的普及，公众权利意识日渐增强，公众参与、监督公益事业的热情日渐高涨。公益组织与公众的关系越来越紧密。公众不仅关注公益资源的投入和去向，也关注吸引、拥有和使用公益资源的公益组织的运营目的、运营方式、运营过程和运营品质。公众掌握的信息和亲身感受决定公众对公益组织的看法、评价、信任度、认可度；而后者又反过来决定公众是否支持公益组织，以及支持的程度。公益组织的公信力议题成为公益组织与公众及其他利益相关者之间不可回避的重要议题。

近年来，公益组织的公信力面临挑战，更使这一议题成为普遍关注的焦点。一些公益组织出现的账目不清、弄虚作假、盈利、挪用资金、暗箱操作等各种各样的“丑闻”，引发公众等利益相关者对公益组织的信任度下降，对公益组织诚信的担忧和对公益组织信心的滑坡。一些公益组织与公众之间的关系变得紧张起来，公益组织及整个公益领域陷入窘境。

最严重的是，公益组织存在的种种问题引发公益组织的公信力危机，公

---

① 康晓光主编《非营利组织管理》，中国人民大学出版社，2011，第146页。

益组织以及公益领域、政府主管部门在公信力危机面前显示出“无力”、“无奈”、“无方”，甚至有些近乎“自杀”、“他杀”的应对方式，不仅使公益组织公信力危机升级、频发，还使公益组织、公益行业，乃至中国遭遇严重后果。当然，我们也看到公益组织公信力危机爆发产生了积极的影响，包括公益组织、公益系统/领域以及社会主动、被动地解决自身问题，化害为利。

公益组织的公信力危机为何会发生？为何频发？为何不断升级？公众与一些爆发公信力危机的公益组织的关系日渐紧张，公益组织应对公信力危机是否得当？存在哪些误区？这些在何种程度上加剧了公信力危机？对公益领域的负面影响和正面影响是什么？如何突破公信力危机盲点？如何变危机为转机？这些问题值得业内人士深入探讨。

一　公信力危机爆发的可能性

由于公益组织有承担问责的义务和责任，因此，公益组织有被挑战的可能性。

公益组织为什么有承担问责的义务和责任？

20 世纪 80 年代，全球非营利组织激增，非营利部门扮演的角色越来越重要。与此同时，在全球范围内掀起一个重要议题：政府要向选民交代，企业要向所有者、投资者及股东交代，非营利组织是否需要交代？需要向谁交代？当时最为典型的一个问题是：世界银行和国际货币基金组织这样的组织，它们获得了富裕国家的资金（包括资助及贷款）支持，向发展中国家提供援助，这些组织应该接受其资金提供者和投资者，或者向它们所帮助的人和国家问责吗？答案是：必须的。

事实上，问责的内涵在不断发展中。

早期，问责的概念强调问责是一方对另一方承担的说明的责任。问责（accountability）源自拉丁语的 accomptare（to account，说明），是 comptare（to calculate，计算）的前缀形式，而后者由 putare（to reckon，估计）衍生而来。在 13 世纪诺尔曼英格兰人使用之前，该词本身并没有在英文中出现。account-giving（说明）的概念有古老的记载，与早先为古代以色列、巴比伦、埃及、希腊以及之后的罗马发明的“治理”、“借贷系统（制度）”有关。[①]其中的语义为，有借贷行为时，借款人对贷款人负有解释说明的责任。

现代，问责的概念延伸为另一方对一方的期望。即，“问责”一词与期望或说明行为的承担有关。“说明行为”被作为社会学行为进行研究，曾出现在1968年由Marvin Scott、Stanford Lyman和Stephen Soroka撰写的一篇有关“Accounts”（说明）的文章中。其实，早在1956年，J. L. Austin在一篇题为“为借口辩解”（A Plea for Excuses）的短文中，就以“借口”作为“说明行为”的例子。

今天，问责的概念得到了升级，问责概念中不仅包括责任承担，还包括一方对另一方承担责任过程及结果的惩罚或奖励。2005年，一些非政府组织签署了“问责宪章”。世界共同信托组织（One World Trust）发布了《全球问责报告》（涉及时间周期2006~2008年），尝试衡量全球组织对其利益相关者问责的能力。世界银行曾对行政问责（administrative accountability）给出了定义，认为行政问责是政府官员要通过它就其行政决策、行政行为和行政结果进行解释和正确性的辩护，并据此接受失责的惩罚。“问责”除强调一方的“说明”责任外，还强调对行为过程和行为结果承担责任。

康晓光提出了非营利组织基于权利的“问责观”。他在《非政府组织问责：政治、原则、创新》[②] 一书前言中提出：“非营利组织既然享受了权利，就要承担责任，就要对利益相关者负责，就要对自己的所作所为做出交代，就要接受利益相关者的询问和评估，并接受相应的惩罚和奖励。”

因此，目前“问责”被简单地定义为组织向其利益相关者交代，并接受惩罚或奖励。它预示着更大的权力之权利，在这种意义上，那些提出问责的人有权得到问责对象的回复，并有权力对不好的行为实施惩罚。问责并不一定要理解成必须拥有正式的能力或惩罚的权力，它也可以理解为道德的谴责或舆论。[③]

由此可见，公益组织有被利益相关者挑战的可能性，并且，利益相关者

---

① 维基百科。

② 〔美〕丽莎·乔丹、〔荷兰〕彼得·范·图埃尔主编《非政府组织问责：政治、原则与创新》，康晓光等译，中国人民大学出版社，2008。

③ 〔美〕丽莎·乔丹、〔荷兰〕彼得·范·图埃尔主编《非政府组织问责：政治、原则与创新》，康晓光等译，中国人民大学出版社，2008，第45页。

有“挑战”公益组织的权利。

利益相关者会从三个层面向公益组织发起挑战，这三个层面即是公益组织公信力危机爆发的可能性：内部、系统/领域、外部（见表1）。

表1　公益组织公信力危机爆发的可能性因素

层级	公益组织公信力危机爆发的可能性因素
内部	公益目的不纯
	财务管理混乱
	非公允关联交易
	效率、效果差
	内部反馈机制阻塞
	透明度低
系统/领域	与系统内公信力低的组织有一定的关联
	系统/领域自律状况差
外部	与公信力低的政府部门有一定关联
	与公信力低的企业有一定关联
	政府监管不力

1. 内部

（1）公益目的不纯。当公益组织被作为谋取私利的平台或工具时，公益组织必然遭遇公信力危机。这是公益组织面临的公信力危机中最为严重的危机，也是利益相关者们最不能容忍的问题。2002年，“中国妈妈”胡曼丽被“美国妈妈”推上被告席，“中国妈妈”私吞孤儿募捐款事件爆发，组织创办人被指私吞善款，拿来当生财工具，慈善家借慈善组织行敛财之实。1989年由胡曼丽先后创办的丽江民族孤儿学校和丽江妈妈联谊会成为关注焦点。2007年胡曼丽辞去丽江民族孤儿学校校长职务，轰轰烈烈的“中国妈妈”私吞募捐款事件并未淡化。在美国妈妈联谊会的努力下，2010年4月13日、6月30日、8月27日，财团法人海峡交流基金会为此事三次致函海峡两岸关系协会，要求调查胡曼丽私吞慈善款一事，海协会已经承诺进行专案调查。①

（2）财务管理混乱。公益组织需有效地对其财务进行管理，严格按照捐赠人意愿，努力遵守《民间非营利组织会计制度》。通常，公益组织的

---

① 云信网，http：//news. ynxxb. com/content/2010 - 10/21/N93197355054. aspx。

财务管理容易出现几个方面的问题：财务记录不准确、不及时；财务审计不及时；缺乏第三方专业机构审计；善款乱用、挪用；善款收支与预算之间出现重大误差；善款未按捐赠人意愿支出等。对公益组织来说，财务问题是极为敏感的问题。例如，中华少年儿童慈善救助基金会“48亿巨款神秘消失”事件使儿慈会面临公信力危机。2012年12月10日，网络举报人周筱赟微博举报，中华少年儿童慈善救助基金会2011年的账目上，一项“支付的其他与业务活动有关的现金”金额为47.5亿元，远远高于当年接受捐赠收到的现金8000多万元。周筱赟怀疑基金会可能存在洗钱行为。当晚，儿慈会发文澄清，由于财务人员的重大失误，账目中一项本应为4.75亿元的金额被写成了47.5亿元。然而，周筱赟随后发了两条微博，一条名为“小数点点错了，你信吗?”，另一条是“中华儿慈会在说谎吗?”，公益组织以为很简单的财务问题，却引发了公众对其公信力的质疑。

2011年4月15日，网友肖雪慧转发微博，贴出一张付款单位为“上海市卢湾区红十字会”的餐饮发票，这张标注消费了9859元的发票一经公布，很快被上万博友转发，卢湾区红十字会“天价餐”事件进入公众视野，上海市红十字会次日下午公开表示，“卢湾红十字会高额餐饮费”并非社会各界捐赠的救灾救助款，系公务活动消费，人均消费水平明显高于标准。[①] 卢湾红十字会公信力受到质疑。

公益组织挪用善款，是公信力出现危机的一个较为普遍的问题。汶川地震后，百余名艺术家义拍筹款8472万元定向捐给中国红十字会总会，2013年4月25日，一名捐款艺术家在微博中称，定向捐给青城山的善款，至今青城山没收到，“善款不知所终”。尽管红会在其后的公开说明中表示，这些善款用于“博爱家园”项目，虽未按指定项目使用，但与捐赠人意愿总体一致。公众对红会再次产生不信任感。

此外，公益组织的财务需经过审计，并向利益相关者提交财务报告。大型机构有能力聘请独立审计公司审计，小机构虽请不起独立审计公司，但可以做自我财务报告。一点疏忽，都易引发危机。

（3）非公允关联交易。“关联交易”是个专业术语，很多人并不了解这一术语的内涵，仅从字面意思去解读它，往往误解或误判。实际上，关联交

---

① 腾讯新闻，http：//news. qq. com/a/20110416/000629. htm。

易是个中性词，根据我国新会计准则规定，关联交易指在关联方之间转移资源、劳务或义务的行为，而不论是否收取价款。关联交易的重点在于“合法性”和“公允性”。[①] 公益组织与商业组织建立伙伴关系无可厚非，但在涉及对公益组织名称、标志、形象的使用时，需在合作前与商业合作伙伴形成公开、透明，并且不会对公益组织造成任何负面影响的协议内容。徐永光在“公益组织与商业合作”研讨会上说，“公益是做好事，商业是把事做好，二者如果规范合作，结果就是把好事做好”。“公益与商业并非水火。”[②] 当然，公益组织的非公允关联交易容易引发质疑。例如，“郭美美”事件使“红会现关联交易疑云”，河南宋庆龄基金会面临“资产迷局”。公益组织在发生关联交易时，如果把握不好，易被指责，甚至引发公信力危机。

（4）效率、效果差。公益组织不能满足于资金是否合理合法使用（如是否按捐赠意愿支出），资金使用的效率和效果不尽如人意，也存在引发公信力危机的可能性。公益组织发展到一定阶段，人们不仅要看到捐款是如何使用的，也要看捐款使用的效率和效果。例如，所建校舍应验收合格；所购营养午餐应符合学生成长需要；所进行的培训应有助于直接改善接受培训的人的能力；所执行项目不仅能使直接受益者受益，也能使间接受益者受益；项目能够产生超越项目直接产出的良好的项目效果及影响（如人们的意识转变，行为转变，体制变革）。企业考量投入—产出，公益组织也一样。中国之声《新闻纵横》报道，一位北京听众致电中央人民广播电台 400 - 800 - 0088 新闻热线，反映“2012 年，他们公司通过中国红十字（基金）会捐赠 31 万元援建河北省承德市的一所博爱小学，但红十字（基金）会并未按约定时限将这笔款项打到学校的账户，本该三个月完成的支付，用了半年时间”。结果，媒体以“30 万援建善款迟到三个月，红基会执行效率低引质疑”为题，将红基会推到公众面前。致电者甚至疑惑地说：“动个手指头就能完成的转账为什么要拖半年之久？”[③]

（5）内部反馈机制阻塞。内部反馈机制主要指“内部人举报”制度，以及内部是否有正规或非正规的交流渠道，或者内部是否有可供员工发现机构问题并可以提出问题进而得到反馈的渠道、制度、机制。如果公益组织内

---

① 转引自《京华时报》，http：//news. xinhuanet. com/gongyi/2011 - 12/26/c_ 122486512. htm。

② 转引自《京华时报》，http：//news. xinhuanet. com/gongyi/2011 - 12/26/c_ 122486512. htm。

③ 引自中国新闻网，http：//gongyi. sohu. com/20130122/n364269011. shtml。

部设立“内部人举报”制度，则有助于公益组织自查、自省，问题可以内部消化。内部举报人不是给组织捣乱，制造麻烦，而是组织的自我“净化器”、公益维护者及组织自我完善的必备机制之一。当内部反馈机制阻塞，内部人发现机构存在问题，却没有有效的传达通道，就可能会对机构失望，而将内部问题外部化，即所谓的“内部人爆料”，向公众披露，给公益组织造成难以收拾的局面。

（6）透明度低。公益组织的透明度主要指公益组织及时、主动地向利益相关者汇报准确、易懂且便于利益相关者了解机构所有信息的程度，也指公益组织使利益相关者实施其知情权的程度。它既包括财务信息，也包括项目实施信息，还包括管理信息、治理状况等。不同的利益相关者对公益组织信息披露感兴趣的方面不同。例如，捐赠方或资助方关注资金使用后及时向其汇报资金使用的情况及效果；公众的“胃口”则多样，他们需要了解公益组织的方方面面，需要公益组织提供便于其随时了解信息的便利通道，比如所捐的钱用在哪里、受益者具体情况。2004 年爆发的“付广荣事件”显示出公众对“付妈妈儿童村”透明度的质疑。媒体连续披露儿童村透明度匮乏，质疑儿童村的方方面面。首先，2004 年 5 月 16 日新华网辽宁频道报道《“付妈妈儿童村”生存状况调查》。接着，5 月 20 日报道《付妈妈办“黄”一家烈属护理院》。5 月 26 日报道的《沈阳阳光儿童村事件再调查：十问付广荣》向公益组织提出了最核心的几个问题：儿童村的性质是什么？儿童村产权究竟是谁的？儿童村到底收到多少扣款？进账和出账有没有明确的财务记录？有多少用在孩子们身上？儿童村的生活到底怎样？业务员拉捐款有 10% 的提成，儿童村有没有从事营利性活动？谁来对儿童村进行监管？儿童村今后如何发展？[①]

中民慈善捐助信息中心发布的《2011 年度中国慈善透明度报告》显示，84% 的受调查公众对公益慈善组织的信息公开状况表示不满意，只有 8% 的受调查公众表示满意。“慈善透明”这一行业和专业问题进入公众视线，成为年度中国最大的社会热点问题之一。[②] 可以说，公益组织的透明度几乎成为挑战公益组织公信力的“头等大事”。[③]

① 徐双艳：《从胡曼丽、付广荣事件看中国民间组织现状问题对策》，武汉大学政治与公共管理学院，http：//db. sdxlib. gov. cn/detail？ record = 260&channelid = 39407。

② 转引自《新京报》，http：//www. oeeee. com/a/20111230/1036285. html。

③ 英国公益组织为了追求高透明度，甚至最大化的透明，基本要晒出自己的资产状况及财务状况，可谓“全裸”公益。

2. 系统/领域

（1）与系统内公信力低的组织有一定的关联。由于这种关联很容易使利益相关者，特别是公众产生联想，对公益组织很不利，其声誉容易受到牵连。2012 年 12 月 25 日，网友在新浪微博发布了一组图片，曝光成都市红十字会募捐箱里发霉的善款，随后“成都红会管理混乱，缺乏责任心”、“成都红会善款发霉引发信任危机”的报道在全国各大媒体铺开。成都红会面临的公信力问题加剧了整个红会系统的公信力危机。任何一家地方红会的公信力问题，都会波及红十字总会的公信力，而红十字总会的公信力也会波及地方红会。甚至，中国红十字总会本来与中国红十字基金会是两家单位，公众因不知其区别，而对中国红十字基金会也产生不信任和质疑。

（2）系统/领域自律状况差。系统内自律状况差，特别是“重口号，轻行动”的行业自律状况，较难避免公众对公益组织的不信任。2006 年夏，广东乐昌遭受台风灾害，许多民众绕开慈善机构自发地奔赴受灾地区进行实物捐赠，捐赠者选择直接捐助救助者的举动引人深思。上海市卢湾区红十字会发生“天价餐”事件后，上海市红十字会决定，向全市红十字系统通报批评卢湾区红十字会在公务接待活动中的铺张浪费现象，并要求全市红十字会系统要厉行节约，用勤俭办一切事业的精神做好红十字事业。这一状况不仅仅存在于某个系统，整个公益领域的自律状况都相对较差，成为公益组织面临公信力危机的可能性因素。

3. 外部

（1）与公信力低的政府部门有一定关联。“中国妈妈”事件被指福利组织与当地政府及相关监管部门存在一定的关系。被“美国妈妈”告上被告席的就有云南省丽江地区行署审计局、中国银行丽江支行，它们被控渎职。[①] 当然，该事件中，公益组织本身也被控存在一定的问题，而事件本身又涉及公信力不佳的地方相关部门，更加剧了该组织的公信力危机。

（2）与公信力低的企业有一定关联。公益组织是非营利性组织，企业是追求利润最大化的组织，企业为公益组织带来的资源固然重要，但公益组织在与企业进行合作时需要首先保证公共利益不受损，不能成为企业营利的工具。无论在知情还是不知情的情况下，公益组织一旦与公信力低的企业有

---

① 云信网，http：//news. ynxxb. com/content/2010 - 10/21/N93197355054. aspx。

关联，通常易引发公众质疑和挑战。2011 年 8 月爆发的“无锡尚德诈捐门”使得中华慈善总会陷入公信力危机，后中华慈善总会承认自己监管有缺失(对合作企业行为关联并不清楚)，退出活动支持单位。中华慈善总会秘书长刘国林说，事件爆发前的“8 月 12 日晚上，我才知道，捐赠方、大赛主办方和执行方三者是捆绑在一起的”。[①]

(3) 政府部门监管不力。政府部门监管不力容易在其他利益相关者心目中造成非常恶劣的印象，他们会认为公益组织在这种情况下很容易出问题，而出了问题，又不知找谁去“告”，进而认为公益组织容易在“无人管”的情况下为非作歹，肆意妄为，从而产生对公益组织不理性的认识、误解，加剧公信力危机。当然，政府部门监管不力客观上的确为公益组织犯错提供了空间。英国政府则尽可能不给公益组织提供任何犯错的可能。例如，英国法律规定，公众只要支付一定的费用，就有权获得公益组织的年度账目和财务管理报告。公众可对善款使用进行监督，如有不满或不理解，可向慈善委员会投诉。公众对其信息披露的要求甚至堪比上市公司，这迫使公益组织力求建立高度透明的信息披露体系，大大缓解公益组织因透明度低而面临的公信力危机。英国慈善委员会是政府主管民间公益事业的独立机关，慈善委员会监督管理和规范慈善组织的行为，对慈善组织内部治理、投资行为、财务管理、审计制度等提出具体要求和标准，负责监督公益组织的公信力。

当公益组织接受其利益相关者必要、足够的问责并有令人满意的表现时，有利于其获得利益相关者的认可、信任，以及良好的评价。否则，就存在爆发公信力危机的可能性。

公益组织的公信力与问责是个双向的概念，英文对应的是同一个词 accountability，这好似硬币的两面，公益组织的问责程度越高，公信力越强；反之，问责程度越低，公信力越低。

二 公信力危机升级的可能性

公益组织对公信力危机应对不力，可能使危机升级。

---

① 刘国林表示，每年中华慈善总会的捐赠任务繁重，机构人力严重不足。中华慈善总会对于此次事件过问不够，责任不到位，需要改进。新华网，http：//news. xinhuanet. com/fortune/2011 -08/18/c_ 121878990. htm。

公益组织的公信力危机升级表现在：处于危机中的公益组织持续、频繁地被“盯”，被“曝”，甚至蔓延整个公益领域；社会关注度不断上升；持续时间长；难以消退；危机管理越来越难。“郭美美”事件之后，红会又遭遇了几起公众挑战，2013 年四川芦山发生地震后挑战频发，就连红会社会监督委员会及其成员也受牵连；中华少年儿童慈善救助基金会还未在第一轮“小数点点错”事件后平息公众质疑，又曝成龙基金会“卷入儿慈会洗钱事件”。公益组织公信力危机一波接一波，危机不断升级。中国社会科学院社会政策研究中心发布的《中国慈善发展报告（2013）》指出，2011 年源自公众质疑的慈善界公信力“触底”却未在 2012 年“回升”，红会社会公信力的恢复和重建之艰难远远超出想象。牵带出的中国红十字会内部管理的诸多问题，引爆了拥有政府背景的慈善公益组织乃至整个公益慈善界的公信力危机。

公益组织公信力危机升级或加剧的可能性因素主要是危机应对不力。这既包括组织自身应对不力，也包括系统/领域应对不力，还包括相关政府部门应对不力。此外，还有新媒体技术的普及、公众问责意识的加强和对公益组织心理预期高等。后一类因素是相对客观的因素，几乎是不可控的。而前一类因素涉及公益组织、公益行业乃至政府管理部门，属于主观因素，相对而言是可控、可管理的。

以下是三种易引起公益组织公信力危机升级的可能性因素，也是公益组织最易步入的应对误区。

1. 负面心态

公益组织面对公信力危机时，容易出现以下消极被动的负面心态①。

（1）侥幸心理。当事件发生时，总希望公众或爆料者放自己一马，希望或相信自己能够扛过去，希望或相信自己能够等到有利于自己的一面出现。在这种情况下，公益组织面对所发生的事件反应往往迟缓。

（2）鸵鸟政策，闭目塞听，有意无意地回避真相，避重就轻，不敢面对现实。中国商业电讯评论“郭美美”事件中红十字会的心态：“郭美美”事件曝光之初，中国红十字会并非没有积极补救的机会，但它却在第一时间声称没有“红十字商会”机构，更没有“郭美美”其人；随着事件不断发

① 康晓光主编《非营利组织管理》，中国人民大学出版社，2011，第 154 页。

酵，诸多难以撇清关系的蛛丝马迹接连浮出水面，此时再声明暂停商业系统红十字会的活动，已难以自圆其说，反而给公众造成一种前后矛盾自打耳光的感觉。①

（3）推卸责任，寻找各种借口，千方百计地为自己开脱，不肯承认过错，不肯承担责任。

（4）隐瞒事实，不主动向外界通报、揭示事件的真相，或是仅仅通报部分信息。

2. 反应迟滞

“郭美美”事件后，《中国商业电讯》评论说：中国红十字总会7月1日发表声明，暂停商业系统红十字会一切活动。这一举措显然已经有些迟了……此次“郭美美”事件中，红十字会的危机公关完全可以用失败来形容。②

在中华少年儿童慈善救助基金会官网“媒体聚焦儿慈会”一栏下，登载着一篇题为“自媒体时代，公益组织拿什么拯救公关危机”的文章，文章回顾了“官微22小时无回应引爆信任危机”：记者刘虎在实名微博上用“惊爆：儿慈会疑用公款出国考察”等字眼指出儿慈会“极可能非正常使用善款”，并@儿慈会官方微博，要求解释。该微博发出以后，儿慈会官方微博没有及时进行正面回应。该微博直到当晚8点之前，也并没有得到多少关注。当晚8点17分，该微博被有近2万粉丝的《南方周末》记者刘长转发，形成这个事件在微博上的第一个重要新闻爆发点。后有网友转发并评论“盯着”，致使再度转发……至此，该事件逐步得到了更多网友的关注，开始形成一次严重的公关危机事件。③ 笔者认为，由于基金会自身未做到公众期待的全方位信息透明，因此存在爆发公信力危机的可能性，而此次属危机应对不力进而使危机升级。

3. 沟通不力

罗伯特·希斯认为，危机沟通是影响公众认知的重要因素，是危机管理

① 转引自《中国商业电讯》，http：//finance. sina. com. cn/chanjing/b/20110819/110010345488. shtml。

② 转引自《中国商业电讯》，http：//finance. sina. com. cn/chanjing/b/20110819/110010345488. shtml。

③ 中华儿童慈善救助基金会官网，http：//www. ccafc. org. cn/templates/T_ Common/index. aspx？ contentid = 2676&nodeid = 116&page = ContentPage。

的核心。[1] 然而，许多公益组织由于缺乏危机沟通意识，对于危机沟通管理重视不够，或投入不足，或“沟”而“不通”，致使危机不断蔓延，难以终止。朱延智认为，危机管理的第一要务是沟通，第二要务是沟通，第三要务还是沟通[2]，他给沟通以极为重要的地位。

公益组织沟通不力表现在以下方面。

（1）缺乏主要信息发布人。例如，红十字会总会社会监督委员会虽为独立监督机构，但公众认为其为红会的一部分，或者，认为其与红会有着重要关联。在危机事件爆发后，不同的媒体纷纷就是否重启“郭美美”调查一事分头采访社监委成员，成员们未在进行内部商议达成共识后，由信息发布人发布信息，而是发表个人看法，使得媒体钻空子，搞得红会社监委微博先说会考虑重启“郭美美”事件调查，后又更正说其中三位委员提议，还未讨论通过，等等，说辞前后不一。

（2）未及时与受众沟通、互动，出现信息真空。例如，儿慈会 9 人出国考察费用被质疑事件爆发后，官微 22 小时无回应。谣言诞生于信息真空。在危机情境下，如果官方权威信息缺席，就会形成“信息真空”，各种传言、谣言便会填补这个真空地带，形成噪声，干扰有效沟通。[3]

（3）不够了解受众心态，重事实，轻感受。腾讯公益慈善基金会执行秘书长窦瑞刚认为，官微“要说人话，不要说官话”，要放下架子，和网友平等互动，坦诚交流。应与博友互动，不宜仅发布一条八股式的官方新闻稿。

公益组织公信力危机中，公益组织、媒体、公众（及其他利益相关者）三者形成了一个共生系统，在该系统中任何一方沟通出现问题，系统就会出现紊乱和功能失调，如公众出现不稳定及过激情绪和行为，媒体“火上浇油”，公益组织烦躁、焦急。公益组织的各个利益相关者对公益组织应该公开的信息具有知情权，对危机事件的细节具有第一时间获得准确信息的权利，无论公益组织是否愿意，都需冷静地与其保持良好的沟通。

经验案例显示，公信力危机爆发后，公益组织需要把握各种时机控制危机升级，应对越不力，危机升级的可能性越强，如图 1 中的曲线 I，公益组织可以把握的机会有多个，A，B，C……如未把握好改善局面的机会，将使

---

① 罗伯特·希斯：《危机管理》，中信出版社，2004，第 21 页。

② 朱延智：《企业危机管理》，中国纺织出版社，2003，第 159 页。

③ http://blog.sina.com.cn/s/blog.54d10cd011000bft.html.

应对变得越来越漫长，不断延长曲线Ⅰ。相反，如果应对得当、有力，公益组织把握好各个应对机会，A，B，C……将使危机升级的可能性大大降低，如曲线Ⅱ，将逐渐缩短应对的历程，缩短曲线Ⅱ。

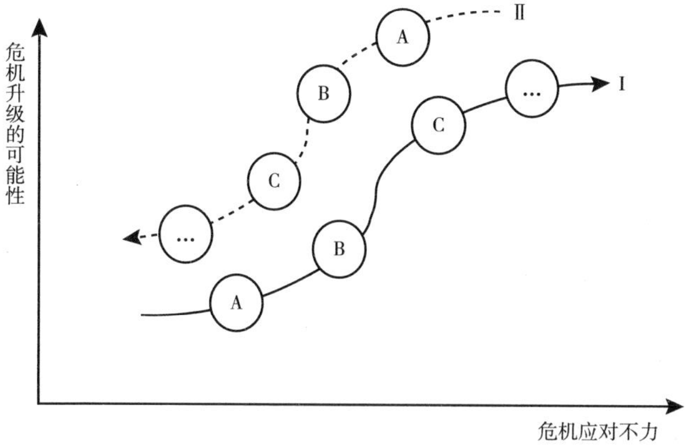

图1　公信力危机应对不力与危机升级可能性的关系

三　公信力危机爆发及升级的影响

公信力危机爆发，意味着公益组织无形资产的流失。公益组织的公信力是日积月累的结果，公信力具有持久的“声誉磁场”效应。当公信力危机爆发，甚至升级，公益组织公信力的丧失就在一夜之间。媒体及学者评价，红十字会总会本是全国人民最信任的官方公益组织之一，但自从“郭美美”事件之后，“红十字会一直闪烁其词依然没有说明清楚问题”，从而直接导致人们对此机构的信任度下降，甚至丧失，虽然事后红十字会总会尝试了大量弥补手段，但危机已经形成。①

1. 公信力危机影响的双重性

维基百科对“危机”的定义为，危机既有“危”的一面，又有“机”的一面，“是有危险又有机会的时刻”。危机具有双重性，应对得好，甚至做好下一轮危机预防，对组织发生危机的可能性进行控制和修正，会产生对

① 《社会公信力与信任危机》，360个人图书馆。

公益组织、公益行业积极的一面。公信力危机有助于改变一家公益组织，还可以改变整个公益行业，甚至改变社会对公益的信念体系，能够迫使公益组织、公益行业，乃至社会反思存在的问题，可以为公益组织的发展提供改变、变革和创新的机会，促进公益领域的制度革新。

（1）危险性。公益组织的生存离不开其利益相关者的支持，公益组织靠信誉吃饭，丧失了信誉就丧失了生存的机会和权利。[①] 公信力是公益组织的无形资产，“易破难立”。一旦建立，将为公益组织带来巨大的好处；一旦破坏，则很难重建。当公益组织的公信力出现危机，“用脚投票”的公众会与公益组织保持距离，持观望态度，甚至放弃、排斥公益组织。丑闻将会对任何组织产生毁灭性的影响，因为这会无可挽回地破坏它们的公众形象和声誉。[②] 公益组织的公信力危机意味着无形资产的流失。

2011 年末，中国红十字会召开的第九届理事会上公布的财务报告显示，当年个人捐款虽然没有详细统计，但有很大的减少，原因之一是“6 月以来遭遇的‘网络事件’引发的信任危机”。更有甚者，整个公益领域的无形资产也蒙受巨大损失，据中民慈善信息中心统计，2011 年 6 月到 8 月慈善组织接收的捐赠数额降幅达 86%。中国社科院社会政策研究中心发布的《慈善蓝皮书》（2013）中的一篇文章摘引了 2012 年 3 月“郭美美”事件之后中国红十字会对部分 10 万元以上的大额单位捐赠人进行的一次问卷调查。该次调查共发出问卷 300 份，回收率仅为 20%，另外，80% 的捐赠人拒绝回答问题。文章称，“为何 80% 的单位捐赠人都不肯回答问题，意味着他们在观望红会发展的态势”。2013 年四川芦山地震之后，红会募集额不仅显示出“寒冬”，并再次响起重查“郭美美”事件的呼声。时间过去两年，红会面临的巨大公信力危机仍在持续，使这家具有国际背景和中国政府背景的实力雄厚的公益领域知名组织蒙受损失，无形资产遭重创。网友评论诸多公益组织的信誉危机认为，失去了公众信任，还有何公益可言？对爱心的亵渎，是对公信的最大贬损。

危机的一大特点是危机具有威胁性。往往由于来得突然，危机具有很强的冲击力和破坏力，要求决策者、管理者在有限的时间里作出决策。处理不

---

① 康晓光主编《非营利组织管理》，中国人民大学出版社，2011，第 146 页。

② M. Gibelman and S. Gelman，“Very Public Scandals：Nongovernmental Organizations in Trouble”，*International Journal of Voluntary and Nonprofit Organizations*，Vol. 12，No. 1，2001，pp. 49 -66.

当，会给公益组织带来巨大的不良影响和后果。巴顿和迈克尔·布兰德均认为危机的负面影响极端显著。例如，巴顿认为，“危机是一个会引起潜在负面影响的具有不确定的大事件，这种事件及其后果可能对组织及其人员、产品、服务、资产和声誉造成巨大的损害”。[①] 迈克尔·布兰德认为，危机使组织各个方面都受到不利的宣传，包括信誉，并且会将组织推入危险境地，“危机是严重意外事件，造成组织的安全、环境或组织、产品信誉被不利宣传，使组织陷入危险边缘”。[②] 危机扩散理论更强调了危机的危险性，它认为危机爆发存在着使组织处于生存危险的可能，认为危机从爆发到造成严重后果会经历危机爆发、媒体效应、形象危机、财务危机和生存危机的阶段。

（2）正面性。公信力危机具有的正面性主要体现在危机爆发后，公益组织、公益行业乃至被波及的整个社会可变害为利，借此进行必要的革新、变革，特别是体制、机制的变革。公信力危机的正面性具体反映在表 2 中，它与表 1 中各种危机爆发的可能性是对应的。

表 2　公信力危机产生的正面性

层级	公信力危机产生的正面性
内部	公益目的纯正
	财务管理规范
	公允关联交易
	效率、效果提高
	内部反馈机制畅通
	透明度提高
系统/领域	与系统内公信力低的组织的关联减少
	系统/领域自律状况改善
外部	与公信力低的政府部门的关联减少
	与公信力低的企业的关联减少
	政府监管加强

在组织内部：

（a）公益目的纯正。20 世纪 90 年代以来，各种公益组织公信力危机频发，特别是打着公益旗号获取私利的组织正在减少，使得这类意图不纯的组

① 罗伯特·希斯：《危机管理》，中信出版社，2001，第 18～19 页。

② Michael Bland, *Communicating out of a Crisis*, London, Macmillan Press Ltd. , 1998, p. 5.

织难以生存。①

（b）财务管理规范。一方面促使组织内部建立财务公开意识，提升财务管理水平（包括配置专门财务人员），建立规范的财务管理制度，弥补财务管理漏洞，增强财务监管意识。一定程度上讲，一些公益组织改善财务管理状况的积极性并不高，但是伴随着公信力危机而来的公众舆论监督，却能对组织造成巨大的舆论压力，组织迫于捐款人根据组织公信力进行选择的现实，进行被动改变。

（c）公允关联交易。公益组织从两个方面着手：一是纠正过往错误，脱离非公允关联交易干系；二是制定严格的非公允关联交易内部管理办法。例如，2011 年的最后一天，中国红十字总会公布因“郭美美”事件备受争议的商业系统红十字会调查报告。报告称，商业系统红十字会内部管理混乱，部分负责人利用其双重身份，在项目运作中进行关联交易。中国红十字会总会根据调查结论，决定撤销商业系统红十字会。② 2013 年 6 月 9 日，红会社监委内部会议决定，严禁利益输送，保证监督的客观与公正。

（d）效率、效果提高。目前，公信力危机在这方面体现的正面推动作用主要是公益组织提升执行力，打造高效团队，并进行项目创新。公益组织从先前向公众单纯地发布捐款走向和额度，到今天关注公益项目实际运作的全过程及其最终能够实现的效果。与此同时，公益组织之间的竞争已不单单是简单地“晒账本”，比拼公益组织是否能透明地花钱，也开始比公益组织能否高效地花钱。公益组织通过工作效率和效果的提升，增强专业性、影响力和公信力。

（e）内部反馈机制畅通。公信力危机爆发对激活内部举报、有效地保护内部举报人，在公共利益和组织自我利益之间进行合理权衡具有一定的作用。然而，目前我国公益组织在此方面表现并不佳，内部人更多的是知情不举。

（f）透明度提升。改善透明度，不仅体现在公益组织进行项目信息“裸报”，还体现在行政成本大幅度披露，以及公益项目执行过程和执行效率、效果的披露。2011 年上海卢湾区红十字会高额餐费事件曝光，红十字

① 随着微公益的兴起，公益目的不纯的行为再次抬头，难监管成为摆在微公益面前的一大问题。当然，微公益类型不属于本文研究范围，笔者认为，微公益是民间非组织化的公益。但微公益可通过网络媒介，使无组织化的行为实现组织化。2013 年 5 月 31 日，广州市民间组织管理局负责人指出，将设立慈善监督委员会监控“微公益”。

② http：//www. china. com. cn/news/shanghui/2012 -01/01/content_ 24305844. htm.

总会即宣布建设信息披露平台;[①] 2013 年 2 月 24 日，红十字会酝酿进行财务制度和信息披露系统改革。[②]

在系统/领域:

（a）与系统内公信力低的组织的关联减少。主要体现为部分组织不愿意继续受系统内某些公信力低的组织“牵连”，而考虑或已经脱离系统，成为独立的民间公益组织。

（b）系统/领域自律状况改善。民间组织内部建立了各种自律倡议协议。四川芦山地震后，由 23 家基金会发起“自律联盟”，作出郑重承诺，“将全程公布接受、拨付和使用捐款的情况，接受捐款人和社会监督，接受政府监管，承担一切相关的法律责任”。这是自基金会中心网成立后，多家基金会再次联合向社会作出的承诺，带头约束自己的行为，主动接受社会监督，给社会以信心。

甚至，作为第三方独立监督机构的定位也由过去相对模糊不清，被迫进行重新定位，发挥独立、监督作用。例如，红会社监委 2013 年 6 月 10 日决定，今后所有社监委委员的监督都采用自愿义务服务形式参与，不再与红会有任何利益关系。

在组织外部:

（a）与公信力低的政府部门的关联减少。一些公益组织由于没有经验，在开展公益项目时因有赖地方政府部门“开道”或开绿灯，给予进入项目的便利，个别会遭遇地方政府“收过路钱”或“雁过拔毛”而引发公信力危机。有时，因公益组织自身缺乏管理经验，或疏于管理，造成个别与地方政府部门合作的项目质量差或项目拖延。危机爆发后，公益组织吸取教训，尽可能对这类地方政府部门避而远之，减少与其的关联，避免对公益资源造成损失。

（b）与公信力低的企业的关联减少。2012 年 5 月末，网友称由 APP 旗下的黄奕聪基金会支持和赞助的 APP 青年公益实习项目“躺着中枪”。原因是，网友通过微博抵制该项目，引发公众对 APP 企业通过公益“漂绿”的质疑。在该事件中，28 家合作的 NGO 中有 12 家宣布退出合作，尽管它们

---

① http://www.40777.cn/topics-59/。事实上，该问题普遍存在于地方红会。早在 2011 年 8 月，记者了解到地方红会信息披露不足，仅网站建设就很简陋，更无信息查询功能。

② http://news.40777.cn/info_38424.html.

比较纠结。APP 青年公益实习本是一个很好的项目，通过项目主办方选出优秀高校生，暑期进入公益组织全程实习。然而，由于该项目由黄奕聪基金会支持和赞助，而 APP 是一家饱受争议的企业，曾多次被国际环保组织绿色和平指证非法伐木、毁坏森林。公益组织不愿意因此受牵连而退出合作。①

（c）政府监管加强。公信力危机爆发推动的政府监管加强表现在两个方面。

一方面，政府部门加强对已有法律法规的执行力度，同时出台相关法律、法规，加强对公益组织和公益领域的监管。2012 年 5 月 7 日，民政部部长李立国表示，要在四个方面促进公益慈善组织健康发展，不断增强慈善行为的公开透明。一是在已有相关行政法规修订工作中增加加强依法监管的内容，并进一步制定规范性文件加强管理。二是及时地、有针对性地制订和发布《公益慈善捐助信息公开指引》。三是进一步落实好 2006 年民政部制定和颁布的《基金会信息公开办法》，同时加强公益慈善组织信息上报、信息披露和公开、信息反馈的平台建设，促进社会组织尤其是公益慈善组织依法依规加强信息公开工作。四是在社会组织的年度检查和周期性评估工作，以及评选“中华慈善奖”等重大事项和活动中，都贯彻公开、透明的基本原则。同时，再修订社会组织相关行政法规，堵塞漏洞。

另一方面，推进“去行政化”机制改革，改变“政府既当裁判，又当运动员”的格局，使有政府背景的公益组织与政府监管部门脱离不清不楚的关系。例如，深圳慈善会 2011 年晒出机构人均年薪，引起市民“顶”、“踩”，当时深圳慈善会解释慈善会采用的是事业单位编制，薪酬标准按照事业单位规定执行，与民办公益组织的薪酬会有所不同。后来，时任深圳市慈善会创会会长、深圳市民政局局长刘润华表示，“深圳慈善会正在机制上进行民间化改革，将逐步脱离其政府色彩”。②

2011 年后，公益组织频发公信力危机事件，我们看到表 2 中危机影响

---

① 《社会与公益》，http：//www. zgshgy. com/bencandy. php？ fid = 41&id = 1338。

② 引自公益慈善论坛，http：//www. loongzone. com/forum. php？ mod = viewthread&tid = 137501。笔者并不认同公益组织薪酬标准应该低的观点，但认同公益组织及政府应有各自明确的定位。政府部门如要扮演好监督角色，对有政府背景、无政府背景的公益组织应一视同仁，不可对不同的公益组织采取不同的监管标准。慈善系统多次公信力危机事件爆发，的确推动慈善“去行政化”改革，这是公信力危机本身具有的正面作用。

的正面性均有体现。2012 年，危机爆发及升级所产生的正面作用越来越明显。2012 年首届中国公益慈善项目交流会在深圳召开，《半月谈》记者曾对百余家公益组织调研发现，经历危机爆发的中国公益慈善组织正处在变革创新的节点：价值理念重塑、发展模式转型、组织形态嬗变、项目创意拓展、监管立法跟进……①

2. 公信力危机影响的相互性

危机还具有相互影响性。公益组织的公信力危机影响具有社会性，某组织出现公信力危机会波及它所在的领域，波及整个公益系统，甚至社会，对社会系统的基本价值和行为准则产生严重威胁。例如，“郭美美”事件后，一些人开始怀疑公益组织、甚至整个中国的公信力。新浪公益 2012 年 5 月 15 日报道，北京市红十字会 2011 年 7 月接受社会捐款 28 笔，总计 154000 余元，而此前三年的月均捐赠额均远在百万元之上。而这种捐赠额大幅锐减的情况在各地红十字会均有出现。《羊城晚报》在 8 月 3 日报道了佛山市红十字会在 2 日公布一年来红十字会医院学校的资金收支情况：“该校共收到捐款 88.6 万余元，但在‘郭美美’事件后，学校未再收到一笔捐款。”此外，深圳红十字会一个月也只收到了一百元的捐款。中国扶贫基金会也表示因为受到“郭美美”事件的影响，2011 年无法按计划完成应筹资 3 亿元的目标。民政部中民慈善捐助信息中心的全国捐赠数据显示，自“郭美美”事件后，公众通过慈善组织进行的捐赠大幅度下降。②

公益组织获得公信力，如同公益组织建立自己的“信任账户”，为自己储备无形资产。无形资产会不断升值。因此，公益组织需不断有意识地为自己的“信任账户”进行储蓄，得到公众认可和支持。然而，当公益组织不断透支自己的“信任账户”，甚至入不敷出时，公益组织的无形资产将出现负值。

因此，公信力危机的应对不仅仅是一家组织的事情，也是系统/领域的事情，是整个社会的事情。建立稳固的声誉是公益组织的最大利益所在。这一逻辑不仅适用于公益组织自身，同样适用于公益系统/领域乃至整个社会。

---

① 搜狐，《中国官办慈善组织去行政化正提速，倒逼体制破冰》。

② 新浪公益，http：//gongyi. sina. com. cn/gyzx/2012 - 05 - 15/094834333. html。

四 公信力危机应对

菲什曼认为危机不仅具有负面结果，还使组织应对危机的时间紧迫、复杂、关联面广，“危机是发生不可预测的事件，组织重要价值受到威胁，组织对外回应的时间较短，沟通情境涉及多方面关系的剧烈变迁”。①

公益组织的公信力危机与其他危机一样，还具有突发性和紧急性，以及高度不确定性。一般来说，公信力危机是在意想不到、没有准备的情况下爆发的，为意外事件。而且，危机爆发的征兆并不明显。无论是网曝上海市卢湾区红十字会9859元餐费，还是河南宋庆龄基金会“善款放贷”、“巨型宋庆龄塑像”，对这两家机构来说，危机爆发都显示出明显的突发性和紧急性。此外，由于危机爆发时公益组织难以完全掌握信息，甚至难以精确估量，再加上随后的衍生和可能涉及的影响没有经验性知识可供分享，存在状态不确定、反应不确定和影响不确定。② 不确定性已成为公信力危机中令人惶恐的特点。

然而，由于舆论是可以控制、可以管理的，因此，外界的看法、评价、信任、好感，也是可以管理的。当然，管理得不好，就会出现难以掌控的局面。

公益组织公信力危机应对（管理）既是一门专业，也是一门策略。就危机管理而言，研究者已经给出极为明确的定义。格林认为危机是“事态已发展到无法控制的程度”，而危机管理的任务是对影响和后果进行“控制”，“尽可能控制事态，在危机事件中把损失控制在一定的范围内，在事态失控后要争取重新控制住”。③ 米托夫和皮尔逊认为，危机管理的关键任务是在抓住危机刚刚爆发的关键时段，迅速采取行动，“收集/分析和传播信息是危机管理者的直接任务”，“在危机发生的最初几个小时（或危机持续时间很长时的最初几天），管理者应同步采取一系列关键的行动，‘甄别

① Donald A. Fishman, “Crisis Communication Theory: Blended and Extended”, *Communication Quarterly*, 1999, 47 (4): 347 - 348.

② Milliken, “Three Type of Perceived Uncertainty about the Environment: State, Effect, and Response Uncertainty”, *Academy of Management Review*, 1987, 12 (1): 133 - 143.

③ 张小明：《公共部门危机管理》，中国人民大学出版社，2013，第34页。

事实，深度分析，控制损失，加强沟通’”。[①] 而罗伯特·希斯认为，危机管理是个全过程，不是在危机发生后才采取行动，而是“对危机事前、事中、事后所有方面的管理”。[②]

如何防范和应对公信力危机，如何进行危机善后处理，是公益组织面对的最重要、也最严峻的问题。

1. 公益组织公信力危机的四种处境

公益组织的危机爆发可能性与危机升级可能性可以组成“公信力危机爆发与升级矩阵”（见图2），在此矩阵中，相应的，公益组织面临的状况分为四种处境，分处于四个象限中。公益组织处于这四个象限的情况分别是：

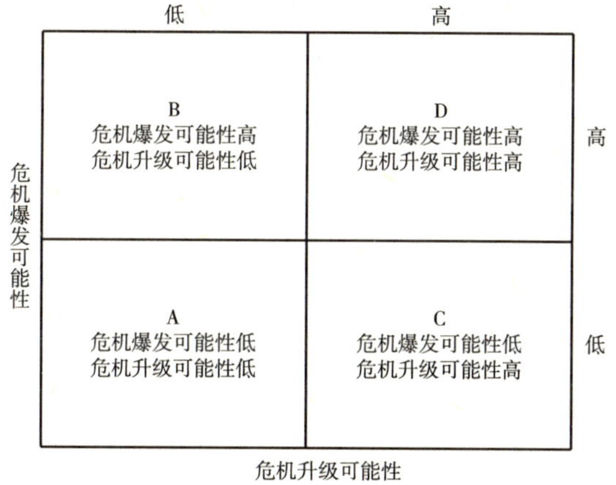

图2 公益组织公信力危机爆发与升级矩阵

（a）A区，安全区。危机爆发可能性与升级可能性均低，低风险，后果轻微、易控。

（b）B区，警惕区。虽然危机爆发可能性高，但升级可能性低，中等风险，如应对有力，可转为低风险，相对可控。

（c）C区，警惕区。危机爆发可能性低，但如应对不力，则易升级，面临中等风险，相对也可控。

（d）D区，危险区。危机爆发可能性与升级可能性均高，高风险，后

① 罗伯特·希斯：《危机管理》，中信出版社，2001，第19页。
② 罗伯特·希斯：《危机管理》，中信出版社，2001，第17页。

果严重，难控制。例如，目前，红会处于这一象限中。

对于公益组织来说，如处于 D 区，则需要通过公信力危机的预防和管理，由 D 区→B 区→A 区；如处于 C 区或 B 区，要尽量由 C 区→A 区，或由 B 区→A 区。公益组织要使自己处于 A 区，或者使自己由 D 区，或由 C 区、B 区而转向 A 区，需要对公信力危机有清晰的认识，需要进行有效的公信力危机预防与管理。

2. 应对原则

不论公益组织处于 A、B、C、D 哪个区中，危机应对的原则是一致的。

（1）认识应对周期

做好危机应对，需要清晰理解危机应对的关键时期。斯蒂文·芬克按危机公关传播将危机分为四个阶段：潜伏期、突发/爆发期、蔓延期（又被称为后遗症期）、解决期。斯蒂文·芬克认为，危机潜伏期是危机最不易被察觉的时期。危机突发期或爆发期是公益组织最难度过的阶段，这一时期的特点是事态发展迅速，甚至急剧恶化。第三阶段是公益组织采取行动的关键时期，一方面遏制危机负面影响，一方面从危机中慢慢恢复。第四阶段是公益组织从阴影中解脱出来，同时防止未来危机的爆发。

笔者认为，危机潜伏期是公益组织存在危机爆发可能性的时期，公益组织需建立风险意识，一方面避免那些可能性因素的存在，一方面做好心理准备。另外，如果第三阶段处理得当，危机则不易升级，将顺利进入解决期；如果解决不当，则可能升级为新一轮的危机爆发，或危机蔓延。此时，公益组织应对危机的成本将大大提高。幸运的话，能够慢慢度过；不幸的话，则可能面对公众的长期质疑，甚至到“公益组织说什么，都不可信”的地步。

米特洛夫提出了五阶段理论，奥古斯丁提出了六阶段理论。前者侧重侦测、预防、控制、恢复、学习；后者同五阶段理论雷同，但增加了“获利”阶段，认为“危机”本身具有双重性，存在获利的“机会”。

（2）端正态度，承担责任

高晓松酒驾事件发生后，他态度诚恳地向公众道歉：“对不起，永不酒驾。”高晓松处理问题冷静，态度端正，赢得了公众好感。公益组织也一样，如存在问题，在公众和其他利益相关者面前表现出“有错必改”的态度和承担责任的实际行动非常必要。上海卢湾区吃“天价餐”事件爆发后，上海市红十字会当日表示，迅速调查此事，次日表示，“并非社会各界捐赠的救灾救助款，系公务活动消费，人均消费水平明显高于标准。目前，超标款项已全部退回”，并决定“向全市红十字系统通报批评卢湾区红十字会在公务接待活动中铺张浪费现象，并要求全市红十字会系统，要厉行节约”，态度非常诚恳，公众对上海市红十字会给予了一定的理解。

成都红会捐款箱善款发霉事件回应比较成功。事件发生后，红十字会社会监督委员会即赴成都进行调查取证，并约谈成都市红十字会、当事公司等，调查后发布其“调查结果与成都红会两日前的声明有些出入，初步显示成都红会确实存在一些问题”。“1、没有承认成都红会应该承担的责任，避实就虚。2、管理混乱，缺乏责任心，出现问题后一味拖延。3、如果涉及到有关违法违纪情况，成都市有关部门正在调查，相信成都市会进行合理处置。”“应该有人承担责任。”①

（3）迅速反应

网友于2013年6月8日质疑中国红十字会总会社会监督委员会个别委员担任委员有关联关系和关联交易。北大副教授金锦萍通过中国红十字会社会监督委员会微博，就该问题当日给出专业说明：“所谓关联交易是指公益组织和其利益关联方之间进行的利益转移的行为。”“我国目前相关法律法规尚无这方面的明确规定，从国际惯例和营利领域的治理经验来看，规制的主要内容有两方面。一者在程序上确立信息披露和规避制度；二者管理交易区分为公允的关联交易和非公允的关联交易。”“不能从委员个人与红会之间存在关联关系就进行有罪推定。”这一说明及时且必要。因为，在这一问题上，大部分人搞不清什么叫关联交易，往往容易因“无知”而乱质疑，给公益组织带来伤害。

（4）掌控信息流

新媒体时代与传统媒体时代最为不同的是具有更为广泛的信息发布者和接受者。一条新闻一旦在媒体发布，无论是官媒还是自媒（如微博、微信），浏览量、传播量及速度远远超出人们的想象。通过信息发布 - 信息扩散 - 信息热议 - 信息爆发 - 信息流行 - 信息升华 - 信息延续，覆盖到大量人群。更重要的是，新媒体具有超强的互动性、传播力、感染力，使得公益组织的活动很容易暴露在公众面前，被大面积扩散，即所谓放大效应。当危机

① 人民网，http：//society. people. com. cn/n/2013/0104/c1008 - 20086297. html。

发生时，有效控制恶性信息的传播成为公益组织的一大任务。然而，最为忌讳的是，公益组织通过行政手段或利用自己的政府背景删除一些网络名人的微博、微信等信息。

对危机信息流的掌控包括：

（a）事先（危机潜伏期）信息及时采集与监控，主要是发现“征兆”和“迹象”，识别“易燃点”，查遗补漏，识别容易引发危机的各种可能性。

（b）事中（危机发生后）信息流的有效分析，产生引导信息走向的方案，发布有利信息，保证信息定向，尽可能在最短时间内扭转被动局面。例如，四川芦山地震后，尽管红会被质疑不断，红会还是每日发布捐款使用方向说明，并同时向公众说明，筹集善款支出会第一时间对外发布，引导公众关注红会正面信息。这一阶段，受众对危机的详细信息本身，以及公益组织就所涉事宜的处理及行动方案极为关注、迫切，受众会通过各种信息传播与扩散通道了解详情，据此作出心理和行为的反应。如果获得的信息客观，公众会逐渐减少对公益组织的质疑。此时，最忌讳的是建立多个通道，而传递的信息彼此矛盾。公益组织需控制、集中信息传递的通道，如召开新闻发布会向媒体、公众发布信息，建立热线电话解答公众疑问。当受众（包括内部员工和外部环境）迫切的信息需求得不到满足时，他们就会猜测、猜疑，强化对公益组织的不信任感。例如，红会“郭美美”事件调查，公众时至今日仍对相关信息存疑。红会社监委 2013 年 5 月向社会公布，6 月 9 日社监委开会将讨论并向社会公布是否重查“郭美美”事件；6 月 9 日，媒体采访社监委委员王振耀，结果是未就此事进行投票。想必，公众对此细节的追究仍然要继续。

（c）事后主要是进行信息反馈。尽管危机结束，但不意味着管理信息的工作终结。公益组织需建立事后信息反馈渠道，解剖事件发生的前前后后，以案例的方式对员工进行培训，提高其风险防范意识。

（5）保持沟通

沟通是公信力危机爆发后公益组织的一大要务，需要做的包括：

（a）指定主要沟通负责人。尽可能控制信息不通过多人传达，需统一口径。否则，由于不同的人对“内幕”了解程度不同，多个沟通人会向外传达不尽相同的信息，甚至可能出现相互矛盾的信息。该沟通负责人类似“新闻发言人”，应确保信息传递准确、前后一致。

（b）明确沟通对象。通常，沟通分为内部沟通和外部沟通。需要与事件关联的“当事人”进行沟通，在理事会层面进行沟通，同时与业务主管单位进行沟通；其次与媒体沟通，与公众沟通。

（c）明确沟通渠道并保证沟通渠道的畅通。

（d）保证沟通的连续性，填补“信息真空”。危机爆发后，除了第一时间发出官方声音外，还需时刻注意舆论动态，作出及时响应，避免出现“失语”。遏制谣言，消除误解，稳定人心至关重要。

（e）建立信息发布机制和与受众的双向沟通机制。前者侧重单向传播，功能以告知为主；后者侧重利用组织传播和人际网络传播，进行面对面的沟通。

沟通要以及时、准确、客观为出发点，但需注意避免过分重事实，而忽略受众的感受。对受众而言，不仅需要真实的信息，还需得到尊重和信任，有互动的感受，有情感交流。例如，儿慈会“小数点点错”事件爆发，尽管儿慈会第一时间发布了官方说明，博友不很满意，原因是博友认为儿慈会太过官方，语气生硬，像政府机构。

（6）修复形象

威廉·班尼特提出的形象修复理论认为，组织最重要的资产是其声誉，因此，就像其他有价值的资产一样，应该从战略高度维护组织的声誉或公众形象。任何组织都必须最大限度地提升其声誉和形象。因此，面临危机的公益组织，需应对恰当，以期获得理解，解除危机。应对得好，不仅修复形象，甚至可收获口碑。应对不当，雪上加霜。形象修复，为公信力增值。

媒体评论认为，红十字会公益形象亟待修复。四川芦山地震再令中国红十字会陷入公信力危机，地震前两天获得的捐款不及壹基金，个别捐赠者在红会捐款箱前“绕道走”。同时，一波未平一波又起，红会被指收下台湾红十字会“买路钱”，又被指红会工作人员戴名表。当然，这些信息第一时间被证实属误传、谣言，但修复红会形象再次增加了难度。同时也显示，红会的公信力和公益形象至今仍未修复。

修复形象的根本前提是端正态度、承担责任。如有错误，需立即承认错误并改正[①]。如果自始至终难以做到，即便迅速反应，采取行动，控制扩

① 社监会委员王泳2013年6月2日的“反省与致歉”博文：关于给赵白鸽会长颁奖一事，作为社监委委员，我没有保持独立性，没有遵守回避原则，特对此事深刻反省并公开致歉！鉴于目前国内法律规定，品牌中国在香港进行商业注册实属无奈之举，也在法律框架之内。但我在接受采访时称品牌中国是香港社团，特对此错误说法予以更正，并诚挚致歉！

散，也只会“越描越黑”，使修复形象难上加难。

（7）自评估

作好危机爆发各个阶段的评估是公益组织预防和应对公信力危机的任务，可以依据表 1 中公信力危机爆发的可能性因素、前述危机升级的可能性，以及应对原则进行自评估，了解自己处于图 2 中哪个区，从而采取不同的应对策略。

（8）理性决策

所谓理性决策就是组织的决策者识别并理性解决问题和理性利用机会的过程和行为。决策者主要的任务是在信息足够充分的情况下，找到可能的行动方案，并从中选择最优方案。当公益组织面临公信力危机时，做到理性决策并不容易。处于危机情境下，决策者要使组织在危机中得以生存，并在有限的时间约束下（作出反应的时间非常有限），面对高度不确定性，尽可能将危机造成的损失降到最低程度，这对决策者来说，具有极强的现实挑战性和决策的不可逆转性。著名政策科学家叶海尔·德罗尔在《逆境中的政策制定》中认为，“危机中作出的决策非常重要而且大多不可逆转”。①

然而，要在完全理性的状态中产生最优方案，几乎是不可能的。因为，人的理性介于完全理性和非理性之间，人本身就是有限理性的，在高度不确定和极其复杂的现实危机决策环境中，人的知识、想象力、计算力是有限的。而且，决策者在危机状态下识别和发现问题时容易受知觉上偏差的影响，容易遭遇不同意见的左右，再加上特殊环境对决策者造成巨大的群体压力，决策者运用直觉往往多于逻辑分析，造成认知能力的有限。当然，可用资源也是有限的。②

此外，决策行为和决策结果还受到决策者的权力范围、素质、专业性、经验、能力、胆识、决心的影响。如果公益组织的负责人（决策者）的权力范围有限，则难以产生真正有利于该组织的理性方案。如一些研究认为，某些官办机构面临的公信力危机的根本原因在于行政色彩太浓，行政干预过多，摆脱公信力危机最根本的做法是进行“去行政化”的改革。但是，组织的负责人并没有如此大的权力，或者他们自认为没有如此大的权力，即便

① 转引自北京太平洋国际战略研究所《应对危机：美国国家安全决策机制》，时事出版社，2001。

② 张小明：《公共部门危机管理》，中国人民大学出版社，2013，第 239 页。

公益组织受行政因素的掣肘，即便他们很清楚“治标不治本”、“长痛不如短痛”，他们仍然难以作出理性决策。此外，决策者如果不了解公益组织，不了解大众及其他利益相关者的心态、情绪和期待，或者缺乏领导公益组织的经验，特别是缺乏领导逆境中成长的公益组织的经验，缺乏处理意见分歧的能力，缺乏果断、大刀阔斧地带领公益组织“痛改前非”、走出逆境的勇气和能力，此时的决策往往容易迷失方向，或容易着眼于眼前利益或渡过眼前难关，缺乏长远战略和规划，未利用危机中的“机”，而仅仅是规避了眼前的“危”。

当遭遇如上决策挑战时，决策者可借助外力，建立决策智囊机构弥补不足，作出对组织相对理性的有利决策。

3. 四种处境的侧重策略

（1） A 区处境

A 区是安全区。此时，公益组织的危机爆发可能性和升级可能性均低，该组织面临的风险低，即便发生有损公信力的事件，负面后果较轻，容易控制。因此，公益组织需要做的更多是预防，深入分析表 1 中哪些可能性因素是组织自身最脆弱、最易引发危机的，并进行相应的管理和控制，同时，做好面对危机爆发的心理准备。

（2） B 区处境

B 区是警惕区。此时，公益组织爆发公信力危机的可能性高，但升级可能性低，组织需要集中精力，一方面保持有效的沟通，一方面采取应有的行动。此时，采取应有的行动最为关键，同时保持沟通、修复形象。需避免由 B 区转向 D 区。通过采取相应的行动和有效的沟通，将风险降到最低，尽可能使组织进入 A 区。例如上海市红十字会在卢湾区红十字爆发“高价餐”事件的处理方式，一方面，第一时间回应，与公众和媒体保持冷静、客观的沟通；另一方面，立即公布整改措施，有效控制了局面。

（3） C 区处境

C 区也是警惕区，但情况与 B 区不同，此时危机爆发的可能性并不高，但升级可能性却高。也就是说，公益组织面临的问题并不严重，容易解释清楚，容易纠正或解决，但需要进行良好的沟通，并避免出现信息真空，控制恶意信息扩散。例如，成龙基金会卷入中华儿慈会“洗钱”事件，成龙基金会迅速回应公众，说明儿慈会“项目表格做错”，由 C 区转向 A 区。

（4）D 区处境

D 区是危险区，对公益组织而言，处于这一区意味着风险最高，随时可能再次出现新的事件。对组织、系统/领域、整个社会来说，都需冷静面对处于 D 区的公益组织所面临的困境。

首先，组织自身要自检所有危机可能发生的因素，做好内部整改。同时保持良好的沟通、控制信息、采取行动、修复形象。涉及制度、体制性问题，需从长计议，“痛改前非”，做好进行长期整改的准备。否则，那些使危机可能发生的因素仍然存在，即便侥幸渡过一次、两次、几次事件，仍然存在危机爆发的风险。

其次，整个领域/行业进行自检，控制危机发生的可能性，并做好自律。

再次，整个社会需应对公益慈善公信力问题和整个社会公信力问题，包括媒体、政府进行正确引导。一些媒体为了吸引眼球，一些自媒体为了增加热点和关注度，而对公益事件恶意“落井下石”，“痛打落水狗”，这是极端不负责任的行为，是对自己、对公益慈善文化，乃至整个社会的价值观的诋毁。

目前，中国红十字总会显然处于 D 区，不仅红十字总会需要有效管理和应对危机，红会系统也需要应对，公益领域也需要应对，整个社会亦如此。此时，最不应该出现的是红会系统集体失语。公益领域集体失语，这样不力的应对，不仅会使红十字会总会长期处于 D 区，难以挣脱出来，也会使整个红会系统遭遇灭顶之灾，如果公益领域不携起手来共同应对，共同打这场重塑公信力的战役，而去“冷眼旁观”，火势迟早会烧到自家。幸运的是，公益界已经意识到这一问题的严重性，在应对公信力危机的实践中日益清醒和理性，更少抱怨，更多改造和提升自我意识，共同采取行动。

结 束 语

墨菲定理（Murphy's Law）认为，凡是可能出错的事必定会出错，指的是任何一个事件，只要具有大于零的几率，就不能够假设它不会发生。鉴于公益组织的公信力爆发的可能性不是零，我们就不能够假设它不会发生。

由于公信力危机的影响具有正负双重性，因此，公益组织既要做好危机预防，避免危机可能性的存在，遏制危机爆发，又要在危机面前保持冷静、理性，不必“谈虎色变”，遇“危”则慌，而应看到“机”的一面。

同时，公信力危机的影响具有相互性。一家公益组织面临公信力危机，其他组织以为事不关己而“隔岸观火”的心态是错误的。公益组织的健康发展离不开良好的发展环境，系统/行业、政府对保障良好的发展环境至关重要，公信力危机又是整个系统/行业的事情。当公益组织发生公信力危机，或存在公信力危机爆发的可能性时，无论是行业，还是政府，都需给予积极支持，切不可严重缺位。慈善会系统着手改革，基金会中心网在四川芦山地震后建立基金会信息披露平台，政府在多次公益组织危机爆发后采取的行动等降低了公益组织公信力危机爆发与升级的可能性，降低了公益慈善发展中存在的风险，改善了利益相关者对公益组织的认识，提升了公益组织的公信力。

应对公信力危机不是一时之功，更不能“头痛医头，脚痛医脚”，需要从体制、机制上避免引发公信力危机的可能性存在。对公益组织而言，预防公信力危机，应对公信力危机，正确认识“危”“机”，突破现有预防及应对的多个盲点，是组织生存、发展无法回避的，也是可积极而有策略地应对的。

中国社工：专业教育与职业化发展严重脱节

一　引言

相较于世界其他国家来说，社工在我国起步较晚，发展还处在初级阶段。虽然近几年，社工发展逐渐得到政府和社会的关注与重视，并取得一定的成效，但仍面临如下诸多问题。第一，社工高流失率问题。据报道，2006年，深圳社工的流失率为8.2%，到2012年，这一数据上升为18.1%。此外，2011年东莞社工流失率也高达19.79%。第二，社工专业学生就业前景不乐观。全国每年培养专业社工人才10000人，但仅有10%～30%的学生选择了或者能够选择对口的社会工作，其他相当部分进入了机关、企业等单位从事不对口的工作，还有部分毕业生找不到合适的工作。第三，社工工资低。目前，除民政部以公务员形式招聘的一部分毕业生可以旱涝保收外，其他的社工职位待遇极低，并且还面临人事编制、户口、住房等问题。据统计，2012年深圳市本科以上一线社工的月平均工资为3500～4000元，而深圳城镇职工平均工资水平为4595元/月。第四，比收入低更加严重的问题是，我国公众对社工这一职业的认识度非常低，加之现阶段社工工作的实际效用并不尽如人意，因此并不被接纳和认可，甚至往往被当成护理或者杂工，社工职业地位更是无从谈起……

面对上述问题，无论是学术领域、社工的实践领域还是广泛的社会公众均对我国社工存在的必要性以及高校设置社工专业并不断扩大招生的合理性产生了质疑。然而，究其根源，本文认为在上述表象问题背后隐藏的并不是“社工必要性”的问题，在我国，社工无疑是必要的，但这种需要如何被满足，即供需关系的问题，是一切问题的症结所在。种种数据和迹象显示，我国社工的专业教育与职业化发展严重脱节。在此，社工的专业教育特指通过在高等院校开设全日制高等教育社工专业而进行的专业教育；职业化发展指社会工作作为一种职业在我国的发展，包括社工岗位的数量、社会工作实务等。

中国社工面临的这一困境是如何产生的？是偶然现象还是必然现象？是永久性问题还是阶段性问题？是否存在解决方案？本文将围绕“中国社工的专业教育与职业化发展严重脱节”这一核心问题深入剖析，以观察中国社工的现在和未来。

二 专业教育与职业发展严重脱节

社会工作作为一种教育专业和社会职业，在中国经历了长期曲折的发展过程，其间曾中断和停顿。改革开放后，社会工作 1988 年正式开始恢复和重建。20 年来经历专业社会工作的恢复和拓展、社会工作实务和职业化探索、推进社会工作制度和体制建设等主要发展阶段，社会工作的专业教育和职业化取得了长足的发展。[①] 成果是可喜的，但问题也是不容忽视的，专业教育与职业发展的严重脱节已成为我国社工人才队伍建设、社会工作事业发展的严重阻力。

1. “落后”的社工专业教育

自 1988 年恢复和重建社工专业以来，无论开设专业的高校数量的快速增长，还是各个高校社工专业的招生规模急剧扩张，都显示出我国社工专业教育的蓬勃发展。然而，在一系列令人欣慰的数字背后，是我国社工专业教育的“落后”，这种“落后”是相对于中国现实而言的。社会工作是一类解决十分具体纷繁的社会问题的职业，是一项与人和社会打交道的工作，因此无论它采用了何种所谓先进的西方工作方法，是否与现实需求接轨是判断其是否“落后”的唯一标准。我国的历史和社工专业教育的发展过程，决定了我国社工专业教育相较于我国现实需求的“落后”局面。

---

① 吴铎、陈良瑾、张昱：《中国社会工作二十年发展状况分析与前瞻》，《中国社会工作发展报告（1988～2008）》，社会科学文献出版社，2009，第 2 页。

（1）重启社工专业教育的美好设想

中国历史上长期是一个农业国，社会结构特征是以生活与生产相重合的家庭为单位、以差序格局交往为人际关系，以及以家族、亲友、邻里为生活共同体，从而形成了家族集团式结构。在这种“生产家庭化而非社会化”及“家族集团结构”的农业社会中，个人对社会的依赖是间接的，而个人直接赖以生存与交往的群体则是家庭或家族而不是社会。① 因此中国历史上并不存在专业的社会工作。

我国历史上的社会工作实务和社会工作专业教育，始于20世纪20年代的上海。然而新中国成立后，在20世纪50年代初高等学校实行的院系调整中，社会学和社会工作专业被取消，专业人员转而从事其他工作。社会工作专业的停顿，与计划经济体制下中国没有民间性专业社会服务机构和社会工作实务有关。②

计划经济时期，政府和企事业单位统包统揽了一切的社会管理与社会服务事务，而体制改革迫使社会服务的职能回归社会与社区，特别是政企分离改革使单位办社会的社会结构开始瓦解。加之，随着现代化的不断深入，传统的家族逐渐被小规模的核心家庭取代，人们依靠亲属群体解困的手段日益削弱，这些条件都呼唤着专业社会工作的出现。在此背景下，1987年，国家民政部为推动社会工作的发展，特邀一批知名的社会学与社会工作的专家学者，以及国家教委等有关部门负责人，在北京马甸举行了社会工作教育论证会，确认了社会工作的学科地位。③ 1988年国家教委首先批准，民政部资助100万元，在北京大学设立社会工作与管理专业，并开始招收该专业本科生。以此为起点，中国社会工作教育专业开始了蓬勃发展的历程。

从社会工作专业得以重新设立的过程来看，无论是政府还是专家学者都对社会工作专业教育的重建持有极其乐观的态度。这种乐观不无道理，经历着一系列基础性的体制改革的中国急需一个可以承接政府下放相关职能的强大的“社会”，而社工将是这个“社会”重要的组成部分。但计划经济体制下的一元化形态决定了中国要经历“社会”从无到有的过程，这时培育“社会”的工作就显得十分必要和紧迫。社工专业的开设将为未来中国即将

① 李晓凤：《社会工作——原理、方法、实务》，武汉大学出版社，2008，第44页。

② 吴铎、陈良瑾、张昱：《中国社会工作二十年发展状况分析与前瞻》，《中国社会工作发展报告（1988～2008）》，社会科学文献出版社，2009，第3页。

③ 李晓凤：《社会工作——原理、方法、实务》，武汉大学出版社，2008，第47页。

出现的对社工的大量需求奠定基础。

从上述背景可以看出，重启社会工作专业的发起者是政府需求，所主要应对的问题是政府在体制改革背景下即将面临的新的需求，自然，社会工作专业工作建设的主导者仍是具有绝对权威的政府。也就是说，社会工作专业的重启主要是基于政府需求和政府的自我美好设想而发生的。

（2）快速移植的专业教育体系

尽管新中国成立前，我国高校曾开设社会工作专业，但30年之后，我国社会工作专业重建工作仍需面临几近一片空白的基础。师资缺乏、课程体系空白、专家对社会工作认识不到位以及迫切的教学压力等难题，使引入西方社会工作专业的教学体系成为了初期人才培养体系建设的必然之选。

为促进中国社会工作的专业化、职业化、规范化建设，政府成立了中国社会工作者协会以及中国社会工作教育协会。建设一个专业教学体系的两大关键是师资和课程体系。在上述两大协会的主导下，中国社会工作围绕着“向西方学习”的策略，采用了“走出去、请进来”、“派遣留学”、“合作办学”等方式，学习西方及港台地区社会工作专业的教学体系，还附以开设培训班的方式，建设社会工作专业的师资队伍，提升师资能力水平。[①] 在课程体系方面，中国社会工作专业教育工作者借鉴西方的教学体系，通过协商和论证设定了社会工作专业的主干课程，共11门。包括：社会学概论、社会心理学、社会调查研究方法、社会工作导论、个案工作、小组工作、社区工作、社会行政、社会政策概论、现代社会福利思想以及社会保障概论。在初期发展阶段，上述方式的确解决了社会工作教学的燃眉之急。

社会工作的终极价值是用科学的手段解决社会问题，而社会问题的种类和性质是极其多元的，与所在区域文化和历史有直接的关系。由于意识到这一问题的重要性，因此向西方学习也不是专业学科重建的全部，中国社会工作教育工作者也开始着手编写适合中国国情的教材，也取得了一定的成果，但尽管如此，纵观中国社会工作的课程设置及教材内容，目前社会工作专业学生学习的社会工作理论及方法仍属于西方或港台地区的社会工作体系，甚至连中国自身的社会工作案例集也屈指可数。

伴随体制改革的深入，政府部门对社会工作专业教育的支持力度也不断

① 史柏年：《社会工作专业教育发展》，《中国社会工作发展报告（1988～2008）》，社会科学文献出版社，2009，第399～400页。

加强，在政府的推动下，中国社会工作专业教育在20年间取得了丰硕的成果。首先，也是最重要的是教育部在专业目录修订后正式承认了社会工作专业，并将它作为一个支持发展的应用性专业，解决了“户口”这一决定命运的大问题。[①] 随后，在中国社会工作教育者的努力下，中国社会工作专业教育已经从无到有，基本迈上了规范的道路。自1988年北京大学社会学系设立首个社会工作与管理专业至1999年，社会工作全日制高等教育在全国稳步发展，30多家高校开设社会工作专业或课程。1999～2008年，受全国高等院校普遍扩大招生以及中央和一些地方政府部门加快推进社会工作职业化进程的促进，社会工作专业教育快速发展，逐步形成了包括大专、本科、研究生层次的专业教育体系。截至2008年，共227所高等院校开设了社会工作本科专业。[②] 每年培养社会工作专业人才过万人。

应当说，我国的社工专业教育体系是一个舶来品，其重建过程是一个通过借鉴西方国家和港台地区的经验，平地起高楼的过程。这一过程成效显著，但这种“快速的移植”也造成了一系列的问题，这些问题涉及课程体系、专业教材、师资力量等，从而影响了专业社工人才的素质。

为更加清晰具体地展示社工专业教育所存在的问题，本文参考了由专业社会工作教育者分别于2004年[③]和2009年[④]所做的以社会工作专业教育体系为主题的问卷调查结果，总结出社工专业教育体系存在的问题：第一，专业师资薄弱。对于我国的高等院校来说，社工是一个新兴的专业，高校没有任何有关此专业的师资储备，在此情况下，开设专业、招收学生，必然会面临师资力量缺乏的问题。尽管经过了近20年的发展，但2004年的调查结果显示，社会工作专业教师现有学位以硕士居多，博士较少，而取得社会工作专业博士或硕士的人数更少。在高校教师的研究领域方面，仅有26%的教师以社会工作为主要研究领域。2009年的问卷调查也显示，社会工作专业或者是相关专业毕业的教师数量不到半数，且教师的学历结构偏低，年龄结构偏年轻。第二，教材质量不尽如人意。教材是教学体系建设中最重要的一环，然而由于教材多从国外引进，或者是该领域教师根据对国外教材的学习

---

① 李晓凤：《社会工作——原理、方法、实务》，武汉大学出版社，2008，第49页。

② 史柏年：《社会工作专业教育发展》，《中国社会工作发展报告（1988～2008）》，社会科学文献出版社，2009，第395～396页。

③ 谭磊、丁建定：《中国社会工作专业教育现状初探》，《青年探索》2005年第3期。

④ 燕蜻、闫钟：《中国社会工作专业教育现状与未来》，《教育理论与实践》2009年第6期。

自己编写的，这种直接借用和转借的方式使目前的社工专业教材在各门课程教材的内容上彼此重复严重，而且与中国实际脱节。2004 年的调查中，高达半数的教师期望拥有更加切合中国实际的好教材。教材凸显了我国社工专业教育“落后”于中国现实的严重问题。第三，实验室建设滞后。社会工作实验室是本专业学生接受操作实践锻炼的重要场所，个案工作、小组工作等专业主干课程的教学只有与社会工作实验室的操作训练相结合，才能取得好的效果。因而实验室的建设对于社会工作专业人才的培养具有重要的作用。目前，实验室建设滞后的情况已经严重制约了社会工作专业的发展。第四，招生层次不高，学生质量不高。根据 2004 年和 2009 年的调查，新兴开设社会工作专业的高校多为理工类院校，其目的更多的是实现学科多样化和提升大学的综合性。因此，社会工作的学生多为报考其他专业失败而获得调剂的学生。从根源上说，这些学生对社会工作没有兴趣，加之社会对社会工作专业认可度低，他们大多在为毕业后的考研转换专业或者应聘非对口专业的工作做准备。

在上述通过“快速移植”建立起来的教学体系下培养出的专业社工人才，在面对纷繁复杂的社会现实时，必将出现各种各样的问题，而这些问题也将与其自身的职业化发展产生紧密的联系。

2. 滞后的社工职业化发展

社工的专业化教育和职业化发展是我国社会工作事业发展的两个侧面，如果说社工的专业化教育是我国专业社会工作者的供给源头（人才培养），那么社工的职业化发展则应该与其需求市场（人才输送），即我国社会对社工的需求直接相关。社会工作在西方国家的发展历史表明，社会工作的专业化教育与职业化发展是相辅相成、相互促进的。社会工作专业的发展提升了社会工作从业人员的技能，从而推动了社会工作职业化；而社会工作职业化给社会工作专业发展提供了实践基地，不断提出社会工作需要解决的现实问题，又促进了社会工作专业的提升。然而，在社会工作专业教育蓬勃发展的背景下，我国社会工作职业化发展却滞后了。

（1）社工职业化发展的历史遗憾

社会工作从萌芽到成熟是一个自下而上成长和发展的过程。各国都是在民间力量自发地成为公共服务的主要提供者后，政府才在此基础上加以整合和规范，从而使社会工作成为一种专业性职业以及公共服务提供的重要制度之一。但是，我国的社会工作则欠缺类似的民间自发过程。[①] 在中国的历史中除在繁荣的大城市，如上海，短暂出现过社工的身影，我国民众的生活并无社工的参与。在计划经济体制下，政府包办一切，生活于其中的民众更是对社工毫无概念。尽管改革开放已经十分深入，政府职能也进行了巨大的转变，但至今我国民众仍保留着凡事找政府的心态，并没有展示出对社工的强烈需求。

传统的中国是以家族为本位的，其社会的基本单元是“宗族”。我国的历史决定了人们习惯了家族内部或邻里之间的自助互助的民间助人系统。[②] 尽管随着工业化进程的加剧，人们依靠家族和邻里解决困难的手段日益削弱，但在很多方面，传统的方式仍得以保留并发挥着重要作用。例如中国独有并普遍存在的爷爷奶奶抚养孙子的现象。

新中国成立后，我国进入了社会主义建设时期。在这一时期，国家实行计划经济与“单位体制”，政府力图依靠正式组织的力量解决所有的社会问题，政府是全部社会资源的占有者，也成了解决各种社会问题的责任人。在“全能政府”的强大行政力量的推动下，以单位办社会的形式，政府与企事业单位包揽了几乎所有的社会管理和社会服务事务。除此以外，政府也逐步建立起了公共福利、劳动保护、医疗保健、生活补贴、特殊保障等方面的公共政策和立法体系。各社会行政部门，例如民政部门、劳动人事部门、卫生部门等分工合作，并与工会、妇联、共青团等组织相互配合，通过行政系统和手段解决了社会福利、社会服务问题。在上述部门中，民政部门是中国社会福利事业的主要行政管理机构，大部分的福利工作都包括在民政部门的业务范围内。由于此种原因，很多人将民政工作称为中国的社会工作。

改革开放所带来的体制改革，打破了单位办社会的格局。以前由单位解决的就业、住房、医疗、养老、儿童、婚姻冲突等问题，被剥离出正式机构。同时，工业化与现代化过程中普遍存在的老龄问题、失业问题、空巢家庭问题、青少年教育等社会问题也愈加显现。加之，随着经济社会的发展，人们的权利意识开始增强。尽管庞大的行政工作体系仍然在社会福利的范围内运行着，上述种种仍然决定了我国对社会工作需求的必要性和紧迫性。然

---

① 刘润华：《以制度创新推进社会工作人才队伍建设——深圳社会工作探索》，《中国社会工作发展报告（1988～2008）》，社会科学文献出版社，2009，第428页。

② 王思斌：《试论我国社会工作的本土化》，《浙江学刊》2001年第2期。

而，中国缺乏民间性组织，缺乏自下而上社工工作发展的历史土壤和环境，这是社会职业化发展进程中的一大遗憾。

（2）社工职业化发展的中国式滞后

我国的历史和政府面临的问题使我国的社工事业发展不可能重复其他国家的模式——民间力量先行，政府整合规范，专业社工职业化和制度化。因此，无论在社工的专业教育还是职业化发展方面，政府的主导推动成为必然。然而，与专业化教育不同的是，职业化发展并不能简单地平地起高楼，它与我国既有的社会管理体系、民政体系、各社会福利部门以及我国居民对专业社工的现实需求紧密相关。也许是因为问题复杂，也许是因为“路径依赖”效应，同样由政府主导推动的社工职业化发展，并未与专业化教育的发展同步启动，出现了滞后。

我国的社工职业化发展正式启动于20世纪90年代中后期，而那时，社工专业教育已经发展了10年。与重建社工专业化教育所采用的“快速移植”西方社工教育体系的策略不同，在社工的职业化发展方面，我国政府则采取了中国式——“区域试点，逐步推进”的方式，由政府主导推进、安排，而不是民间自发。初期的试验主要是在上海和深圳的一些地区进行，进而在北京、江苏、浙江、广东等地推进。农村社会工作实务的试验主要在云南实施。通过重点地区的试点，为全国推广探索道路，积累经验。在试点地区，社工职业化发展的方式主要有两大类：第一，培育社会工作实务组织；第二，在已有的教育、卫生、民政等系统设立社会工作机构和岗位。

社会工作实务的试验首先在上海浦东新区开始。浦东新区社会发展局从1997年开始，从高等学校社会工作专业的毕业生中招聘专业人才，建立专业社工服务机构，进行社会工作实务的试点工作。[①] 在培育社会工作实务组织方面，上海市政府先后成立了多个官办社会组织机构并批准了多个民间社工服务机构。1996年3月，在正式进行社会工作实务试点之前，上海市浦东新区支持建立了罗山市民会馆[②]，引进专业社会工作者管理社区服务机

① 吴铎、陈良瑾、张昱：《中国社会工作二十年发展状况分析与前瞻》，《中国社会工作发展报告（1988～2008）》，社会科学文献出版社，2009，第7页。

② 罗山市民会馆于1996年3月建立，是一个新型的民间社区服务机构，由上海市基督教青年会受托管理。政府提供房屋，新区社会发展基金会提供设备，上海基督教青年会、女青年会派出专业社会工作人员负责日常工作。罗山市民会馆策划了各种形式的专业社会工作服务，受到社区居民的欢迎。

构；1999 年，上海市浦东新区社会工作者协会成立。该协会是由上海浦东的社会工作者、社会工作实务研究机构及相关机构自愿组成的非营利性社会组织，在民政、社区、教育、卫生、司法等领域内推进社会工作的专业化和职业化。上海市浦东新区社会工作者协会于 2000 年 5 月建立了潍坊新村街道社工站、沪东街道社工站等多家社区社工工作站；2003 年 2 月，上海乐群社工服务社成立，是在社会工作恢复和重建过程中新建的、民间非营利性质的专业社会工作服务机构，基本采取政府购买服务的形式运作；2003 年 8 月，上海市委运用社会工作理念，采用政府购买服务的模式，建立一支职业化、专业化的社工队伍，在全市推进预防和减少犯罪的工作体系建设。在这一背景下，上海市自强社会服务总社、上海市阳光社区青少年事务中心等多家机构相继成立；2005 年 11 月，上海市救助管理站成立，承担流浪乞讨人员的救助管理工作……①在社会工作岗位设置方面，上海市政府也制定了相应的政策，并使其得到了很好的施行。2003 年，上海市浦东新区社会发展局印发《关于在浦东新区社会事业系统推进社会工作职业化、专业化的试行意见》，要求在教育、卫生、民政等系统设立社会工作机构或岗位，并明确规定：全区中学、小学、职校、特殊学校，每所学校设立社会工作部；民办学校、简易学校，可根据实际情况设立社会工作部；青保办等有关机构，应设立社会工作岗位。二级医院设立社会工作部；一级医院设立专职社会工作岗位。养老机构设立社会工作部或至少一个社会工作岗位；福利企业事业单位管理所设立社会工作部，或至少设立一个社会工作岗位；残疾人联合会设立社会工作部，或至少设立一个社会工作岗位；老龄办设立社会工作岗位。②

作为同上海一样的重点试点区，深圳政府在推动社会工作的发展方面同样进行了很多努力。2006 年 12 月，在学习了国外及上海等地经验的基础上，深圳市政府颁发了《中共深圳市委深圳市人民政府关于加强社会工作人才队伍建设推进社会工作发展的意见》及 7 个配套文件，对社会工作的管理体制、运作机制，乃至具体操作都作了制度性安排，形成了“党委统一领导、政府主导推动、社会组织运作、公众广泛参与”的社会工作格局。

---

① 上述资料根据吴铎、陈良瑾、张昱《中国社会工作二十年发展状况分析与前瞻》，《中国社会工作发展报告（1988～2008）》，社会科学文献出版社，2009，第 7～9 页信息整理。

② 吴铎、陈良瑾、张昱：《中国社会工作二十年发展状况分析与前瞻》，《中国社会工作发展报告（1988～2008）》，社会科学文献出版社，2009，第 19～20 页。

同上海相同，在社工职业化发展方面，深圳同样采用了设置社工岗位和培育社会工作实务组织两大方式，但在培育社会工作实务组织方面，深圳政府更加注重对民间力量的整合。在设置社工岗位方面，深圳政府主要采取两种方式：第一，按单位设置，如一学校一社工，一医院一社工；第二，按服务对象设置，对特定人群配置的社会工作者数量进行规范。例如：吸毒人员70∶1，社会矫正人员70∶1，社区青少年70∶1，婚姻家庭5000∶1，劳务工10000∶1等。在培育社会工作实务组织方面，与其他地区政府的保守态度不同，深圳政府十分注重对民间社工组织的培育。深圳政府降低了社工社会组织的登记门槛，并对政府职能进行了调整，在社会服务和社会福利方面为社会组织腾出了空间，并采用政府购买专业社工组织服务等形式扶持社会组织的发展。截至2010年9月底，深圳共成立了42家社工机构，购买社工岗位1300个。[①] 截至2008年10月，深圳专业社工共完成个案建档14682个，开启个案工作2115个，开启小组工作362个。服务对象涵盖了老人、妇女、学生、残疾人士、贫困人士、病患者、孤儿、流浪者等。[②]

经过十几年的发展，除上海和深圳以外，我国其他地区的政府也纷纷开始推广社工职业化发展。中央政府也陆续推出各种政策法规。2008年，人力资源和社会保障部、民政部联合发布《关于民政事业单位岗位设置管理的指导意见》。2011年，中央组织部、中央政法委、中央编办、民政部等19部门已颁布《社会工作专业人才队伍建设中长期规划（2011～2020年）》。规划提出，实施民办社会工作服务机构孵化基地建设工程，逐步建立50个国家级民办社会工作服务机构孵化基地，到2020年，培育发展8万家民办社会工作服务机构。[③] 截至2012年11月，我国共有1000多家民办社会工作服务机构。

尽管社工职业化发展具有一定成效，但相较于起步较早、发展较快的社工专业教育体系，无论从社工社会组织数量还是专业社工岗位设置的数量来看，“先试点、后推广”的社工职业化发展仍相对滞后。加之，除社工的专业教育体系外，我国还设立了职业社工培训渠道[④]以保证专业社工

---

① http：//finance. qq. com/a/20100910/000899. htm.

② 吴铎、陈良瑾、张昱：《中国社会工作二十年发展状况分析与前瞻》，《中国社会工作发展报告（1988～2008）》，社会科学文献出版社，2009，第436页。

③ http：//news. xinhuanet. com/2012－12/20/c_ 114102049. htm.

④ 未接受过高等院校社工专业教育、愿意从事社工工作的人可以通过专业社工培训学习社工知识，并参加社工职业资格考试，考试通过后也可称为专业社工。

人才队伍的建设工作，增加了专业社工人才的供给量，社工的职业化发展更显不足。

3. 社工专业教育与职业化发展严重脱节

由政府主导推动的社工专业教育与职业化发展都取得了斐然成就。专业社工人才队伍建设的基础专业的教育体系日益成熟规范；专业社工人才层出不穷；政府发起成立的社工组织以及民间自发成立的社工组织数量逐渐增加；原有社会福利行政系统内设置的社工岗位不断增多；政府购买社工组织服务的资金规模逐步增加；最重要的是社工逐渐融入体制改革、政府职能转变后的社会服务和社会福利的系统内……尽管上述成果不容忽视，但我国的社工领域仍然存在引言中提到的各种问题，例如专业社工人才就业难、流失率高、薪资低、工作不被公众认可等。这些问题背后的直接原因是表面呈现的我国的专业社工人才供大于需、专业社工人才不能适应社工岗位的职责、工作效果被认可度低等，而导致这些问题的根源则是社工专业教育与职业化发展严重脱节。

如上文所述，作为社工事业发展的供需两端，社工的专业教育与职业化发展应当是相互衔接、相辅相成、相互促进的。然而，尽管分开来看我国的社工专业教育与职业化发展各自取得了丰硕的成果，但二者的发展速度和方向却并不契合，主要体现在三大方面。

（1）社工专业教育与职业化发展错位

中国的历史和传统文化决定了我国公众并没有清晰的“社工”概念，自然也不存在任何对“社工”的需求。在此背景下，“教育先行”不无道理，但1988年重启的社工专业教育与20世纪90年代中后期启动的职业化发展之间近10年的差距还是造成了专业社工人才无就业市场，或就业市场规模较小的状况。在此情况下，专业社工人才就业难是必然出现的现象。

（2）社工专业教育发展速度超职业化发展速度

政府推动社工专业教育发展和职业化发展在策略上的差别决定了社工专业教育的发展速度比职业化发展快。为了尽快重建社工专业教育体系，我国主要是采用向西方学习的方式，将西方的教育体系全方位“移植”到我国，并在各大高校开设该专业。然而，由于职业化发展与计划经济时期的社会保障和福利体系以及社会现实紧密相关，且我国缺乏推动社工职业化发展的经验，因此我国政府采取了“区域试点、积累经验、整体推进”的策略，这一策略与社会真正的需求相匹配需要一个较为长期的过程。因此专业社工实务机构或岗位在20世纪90年代至今的增长并未能跟上社工专业教育的发展步伐。这一点也导致了大量培养的社工专业人才无处就业的窘境。

（3）“落后”的社工专业教育决定了其与社工职业化发展之间脱节

我国的专业社工培养体系的发展过程是一个通过借鉴西方国家和港台地区的经验、平地起高楼的过程。我国是一个历史底蕴丰厚的国家，拥有自己的传统文化，在历史的涤荡中，形成了自身独特的社会结构和制度，因此来自西方的社会工作不可能完全适应我国的具体国情。无论是政府推动还是民间自发，社会工作总归是一种聚焦解决具体社会问题的职业，其服务对象——一直生活在中国文化社会体系下的个人或组织会决定其是否有效以及是否能够生存，并未彻底本土化的专业社会教育体系培养出来的专业社工人才，自然会在实际工作中处处碰壁。专业社工流失率高自然也并不奇怪。

三　根源：与现实需求脱节

社工专业教育与职业化发展的严重脱节所造成的种种问题已经凸显，亟待解决，而找到其根源是第一步。在中国目前的政治体制下，可以说政府是我国社工事业发展的唯一有效推动者，既然人才培养和人才输送两端都由一个主体把控，那么是什么问题导致了二者之间的脱节？社会工作专业属于社会科学的一部分，社工作为一种职业重点在于与人打交道、与现实问题紧密相关，因此无论是人才培养还是人才输送都必须依托现实需求，脱离了现实需求，人才培养的目标不会清晰准确，人才输送更是无从谈起。我国社会的现实需求是社工专业教育与职业化发展的核心基础，然而在推动社工事业发展时，我国政府在一定程度上忽视了现实需求，或者说对现实需求的观测不够准确。

1. 社工专业教育与现实需求的脱节

从前文所述的我国重建社工专业教育的背景中，我们可以发现我国政府重建社工专业教育的设想是美好的。伴随着改革开放进程的深入，政府职能改革势在必行，计划经济体制下，政府包揽一切的状态将不复存在，社会服务和社会福利体系必将经历一场大的变革。我国政府为了保证在自己将相应职能下放时，社会能够有效承接，从而实现社会服务和社会福利体系在改革中的平稳过渡，必须重新引入社会工作。而在“社会工作”对于我国公众来说是一个新概念的情况下，“教育先行”是一个理智的选择。可见，我国政府之所以决定重建社工专业教育体系，正是由于意识到了社会工作对于未来中国的重要性。应当说，在宏观层面，政府对社会现实需求是十分关注的。

然而，方向的正确并不能决定细节的完美和结果的正确。在构建社工专业教育体系工作具体实施时，政府在某种程度上忽略了对现实需求的关注，从而造成了社工专业教育与现实需求的脱节。这具体表现在两大方面：第一，在社会工作在我国还未成为一种正式职业，甚至没有社会工作实务的机构和岗位时，过度地发展社工专业教育体系；第二，在建设社工专业教育体系时，采用了“快速移植”的策略，造成了社工专业教育体系培养出的人才不能够适应中国文化和社会现实，也就是在研究领域得到普遍讨论的社工“本土化”的问题。

尽管在 20 世纪 20 年代的上海，我国曾经出现过“社工”的身影，但新中国成立后长达 30 年的“一元化”状态，导致无论在社会服务和社会福利体系中，还是在我国公众的意识中，都没有社会工作的位置。因此，可以说，社会工作对于体制改革之后的中国是一个全新的概念。然而，正是在这种对于社工事业发展来说如此薄弱的基础上，社会工作专业化教育体系的建设如火如荼地展开了。更重要的是，与此同时，推动社会工作的职业化发展的工作并未开始。如上文所述，自 1988 年北京大学社会学系设立首个社会工作专业和课程后，至 1999 年，即社会工作职业化在上海的区域试点工作刚刚启动之际，已有 30 多家高校开设社会工作专业或课程。这种时间上的差异，决定了 1987 年至 1999 年之间培养的专业社工人才并没有机会从事社工实务工作。的确，1987 年的中国社会对社会工作已经具有强烈的需求，但这种需求不是“有效”的，即未被发掘、未被认识，也没有条件被满足。因此，从这一角度来说，大力培养社工专业人才是不能被十分有限的“有效”需求消化的。当然，“教育先行”以及社工职业化发展试点工作的启动会促进社会对社会工作的“有效”需求的增加，但即使这样，其增加的速度也满足不了社工专业教育体系的扩张速度。

除了在培养人才数量方面与我国的现实需求脱节外，社工专业教育知识体系与我国现实需求的脱节更加不利于我国社工事业的发展。由于我国高等教育体系在社工专业教育方面是零基础，因此借鉴西方成熟的教育体系是必然之举。向西方学习的策略的确在我国社工专业教育体系建设的初期发挥了极大的作用。在西方社工专业教育体系的基础上，我国解决了教师的专业培训、课程体系的建设以及教材的编写工作，初步形成了规范统一的教学体系。然而，西方的社会工作是根植于西方国家的文化社会环境、历经百年发展而来的。它经历了自发的、民间的与不确定的互助，到制度化的社会救助及福利国家的演变过程。[①] 其工作价值的思想基础是人道主义、新教伦理和社会福利思想。[②] 其工作方法是在平等、权利、沟通以及助人自助的思想理念中经过长期的社会工作实务总结发展而来。相应的，其相关的教育体系也是与其发展历程、价值理念及工作方法等相一致的。由于文化、社会结构等差异，西方的社会工作不可能满足我国的现实需求，借鉴其先进经验无可厚非，但我们必须根据我国的基本现实，构建适合我国现实需求的专业社工知识体系。然而，尽管我国社工领域的专家学者付出了艰辛的努力，但至今我国的社工专业教育仍未完全解决“本土化”问题。当然，这一点与我国社工实务工作的低水平发展紧密相关。

社工专业化教育与现实需求的脱节，决定了现今我国社工领域存在的专业人才就业难、薪酬低、流失率高、工作不被公众接受等问题的必然性。上述问题的确严峻，但并不可怕，无论是全国社工专业教育体系的规模，还是知识系统都是可以优化的，即使是我国社会对社工的潜在需求也是可以激发的。

2. 职业化发展与现实需求的脱节

对于我国来说，与社工专业化教育相同，社工的职业化发展同样是零基础。但与社工专业化教育不同的是，由于中国的现实背景，职业化发展不能够采用“快速移植”、“平地起高楼”的发展策略。

观察社会工作作为一门专业和职业在西方国家的发展历史，不难发现，最初是西方国家社会福利制度的发展促成了社会工作的出现，并逐渐扩大了社会工作的范围，使社会工作成为了一种由政府或私人社团所举办的广泛社会服务。相应的，社会工作者也成了稳定社会、造福人民与促进人类全面进

---

① 李晓凤：《社会工作——原理、方法、实务》，武汉大学出版社，2008，第 37 页。

② 陈良瑾：《社会工作的价值理念与中国传统文化》，《中国社会工作发展报告（1988 ~ 2008）》，社会科学文献出版社，2009，第 537 页。

步的制度化的职业工作者。伴随这一过程，社会工作知识也不断丰富发展，并被人传递，从而逐渐成为一种专业进入教育体系。但是，我国政治制度、经济制度的重大变革决定了我国对专业社工人才需求的紧迫性，这种紧迫性不容许我们等待民间社工力量的成熟。此外，我国的民众习惯依赖政府的文化以及政府垄断一切资源的惯性也不适于社会工作在民间的兴起。因此，政府必须在现实基础上主动推动社工的职业化发展。

在西方国家或港台地区，社工职业化主要发生在非政府组织领域内（仅有极少部分专业社工在政府所设的社会福利部门工作），而政府主要负责在公共政策和经济上对社工组织进行支持。在我国，尽管体制改革已经打破了政府和企事业单位统包统揽一切的社会管理与社会服务事务状态，但计划经济体制下，所建立的由民政部门、卫生部门、工青妇等政府职能部门组成的庞大社会服务与社会福利体系仍然在运转着。如果完全照搬西方国家的经验，社工职业化发展就需要与已有的庞大机器和众多的既得利益者进行对抗。理性的改革应该是渐进的，政府部门职能的改革也应当是渐进的，更何况在毫无经验基础的社工职业化发展方面。因此我国政府明智地选择了“在政府部门中设置社工岗位与培育专业社工组织相结合”以及“区域试点、积累经验、整体推广”的策略。这一策略的设计充分考虑了我国的现实需求，有助于保证将专业社工引入社会服务与社会福利体系的效果。

然而，正确的策略弥补不了启动时间的滞后。本文在上一部分已经充分论述了社工职业化发展相较于社工专业教育重建在时间上的滞后，及其所造成的社工事业发展与现实需求的脱节。时间上的滞后所带来的问题仅仅是阶段性的，目前，专业社工的职业化已经完成试点工作，我国政府已经开始在全国范围内大规模推广专业社工职业化发展的工作。2011 年，中央组织部、中央政法委、中央编办、民政部等部门颁布的《社会工作专业人才队伍建设中长期规划（2011～2020 年）》已经给出了强烈的信号。相信，时间上滞后所带来的问题会在不久后将得到解决。

在专业社工职业化发展与现实需求脱节方面，最严峻的问题是专业社工职业化发展不能满足社会现有的对专业社工的“有效”需求，也未能将我国公众对于社工的潜在需求挖掘出来，增加社会公众对社工的接受和认可程度。社会工作的实施领域十分广泛，包括：游民；有儿童疏忽、儿童虐待、性侵害，或配偶虐待的家庭；严重婚姻冲突的夫妻；有逃家行为、偏差行为，或暴力倾向儿童或青少年的单亲家庭；艾滋病患者与他们的家人；因为服刑而遭遇生活困难的个人与家庭……[①]在我国，上述应当由社工解决的社会问题并不鲜见，但由于社会发展阶段以及公众依赖家庭或者政府的习惯，这些对于社工的需求并未被提出并得到充分显现，我国社工在进行实务工作中也未能主动挖掘现实需求，以及及时对已经显现出的社会问题进行干预。现实需求是社工职业化发展的依据和根本，也是社工职业化发展的主动精神驱动，因此对现实需求的挖掘和满足是社工职业化发展的最重要任务。

四　小结：中国社工前景乐观

至此，本文已经对“我国社工专业教育与职业化发展严重脱节”这一核心问题进行了详细的描述和分析，并找到了导致该问题的根源。正是由于政府在发展社工事业时对现实需求没有足够的重视，没有精确把握，而导致了我国社工专业教育与职业化发展二者之间的严重脱节，进而引发了引言中提到的我国专业社工人才遇到的种种问题。然而，根据上文的分析，尽管我国发展社工事业的方式决定了上述问题的产生是必然的，但我们仍可以乐观地预见这些问题或是可以解决的，或是阶段性的。当然，可解决性和阶段性都应建立在我国政府、专业社工社会组织的努力上。本文试图针对政府和专业社工社会组织两大类主体给出改进建议。

作为目前推动我国社工事业发展的主体，政府已经做出了诸多努力，但针对社工领域存在的一系列问题，政府在如下方面仍大有可为。

建议1：根据实际岗位需求，理性控制和规划高等学校中社会工作专业的发展速度和招生规模的增长，以及通过职业资格考试获得专业社会工作人员资格的人数。无论是专业社工社会组织的数量，还是社工岗位的数量的增长速度都不能跟上社会工作专业化教育的高速发展。而社工专业化教育发展背后，除去政府的推动因素，各大高校增加专业、增加招生数量、不断扩大学校规模的小团体利益也起到了重要的作用。因此，政府必须合理规划，杜绝一切恶性发展。

建议2：不断促进社会工作培养体系的本土化。本土化过程是否成功直接决定了社会工作是否能够适应中国社会环境，并起到正面的社会效用。目

① Hepworth：《社会工作直接服务理论与技巧（上册）》，许临高等译，洪叶文化公司，1999，第5~6页。

前，社会工作本土化还有很长的路要走。政府有责任组织教育工作者及研究者完成对西方社会工作理论和方法的充分理解，并利用科学的手段从我国实际的社会工作中不断积累经验，挖掘社工需求个案，对来自西方的社会工作理论和方法进行选择和改进，并形成教材纳入教学体系，以提升专业社会工作者所学知识在我国的适用性。

建议 3：确立社会工作作为一个专门工作领域的独立性，充分发挥专业社工组织的作用，为专业的社会工作提供一个独立专业的职业平台。如上所述，尽管政府已经开始了政府职能改革，但政府目前所实行的社工职业化发展的策略中，在行政系统内部设置专业社工岗位仍是重要的一部分。这一点与之前我国社会福利和社会服务工作主要通过民政部门、工青妇、卫生部门等行政部门承担的历史有关。随着经济改革的不断深入，社会矛盾的不断增加，社会问题的不断多元化，政府现行的、将社会工作实施领域的问题杂糅进行政体系内的做法将不能有效应对。而专业社会工作的优势是其专业化以及能够帮助服务对象协调和整合多元资源。政府应当充分利用民间专业社会工作的优势，赋予其工作领域的独立性，并推动民间专业社工组织的发展，通过政策倾斜和支持，如采用政府购买的方式、利用专业社工专业工作方法，更加高效地解决社会问题。通过舆论导向，确立民间社工组织的定位和价值。

建议 4：除了在上述政策和规范上进行努力外，政府还应当采用多元的方式挖掘我国社会对社工的现实需求。这些方式应当能够转变公众“凡事找政府”的陈旧观念，并使他们认识到专业社工能够在日常生活中发挥的作用。上文已经指出现实需求是我国社工事业发展的根本，而政府的推动仅仅是社工事业发展之初的短暂动力，也是中国社工发展的转型过程，是一种中间状态，而不是发展方向。社工事业的长期发展还需依赖社工在我国社会服务和社会福利体系中的地位。

尽管目前政府以绝对的优势在社会事业的发展中占据主导地位，但这并不意味着专业社工社会组织只能被动地接受安排。无论是西方的经验，还是我国政府所指定的政策都明确预示着中国社工的未来在专业社工社会组织的身上。因此，我国的社会组织也应当积极行动起来，尽全力推动社工事业的发展。本文认为社会组织应当在两大方面进行努力，一方面是积极与政府合作，学习和熟悉政府政策，帮助政府完成社会服务和社会福利相关职能的转移，并推动政府制定更加有利于自身发展的政策，例如调整社工类社会组织的注册登记制度，以及政府购买社工服务等。另一方面是针对社会工作服务的使用者——公众。尽管中国传统文化和社会经济结构，以及新中国成立后政府所选择的政治体制，导致了我国公众对于社工的潜在需求不能显现。但社会在发展，公众的思想在进步，只要专业社工组织不断了解我国的社会现实，提升自身工作能力，在实务工作中发挥作用，切实解决各种社会问题，就一定能够提升社会整体对专业社工的接受度和认可度。

社工领域在我国仍然是一个崭新的领域，相较于在西方国家的百年历史，仅仅发展了约 30 年，无论是社工专业教育体系、职业化发展程度，还是我国社会公众对于社工的接受程度都需要时间去发展。我们不能因为一些阶段性问题的存在而全盘否定社工对于我国社会的价值。专业社工发展面临的问题是可以解决的，专业社工对于我国社会的价值和意义是不容置疑的。欣喜的是，政府的政策、专业社工组织的努力已然向我们展示了中国社工的乐观前景！

流动人口基本公共服务均等化

——政府、企业及 NGO 的角色

一　引言

社会发展的基本宗旨是人人共享、普遍受益，而推进基本公共服务均等化是实现人人共享社会发展成果的必然选择。然而，社会发展的成果本应该由全社会来共享，但实际上则由强势群体来享受或首先享受；社会代价的后果也应当由全社会来分担，但实际上大部分却由弱势群体来承担或主要承担。

改革开放 30 年，我国在取得突出成就的同时，社会矛盾和冲突不断加剧，地区、城乡、阶层间的贫富分化已成为各种矛盾冲突的导火线，而贫富分化的背后是基本公共服务的非均等化。基本公共服务均等化不仅是公民基本生存权和发展权的保障，也是实现全面小康社会、维护社会稳定和发展的基础。在 2006 年国家“十一五”规划纲要中，党和政府提出逐步实现不同地区之间、城乡之间的基本公共服务均等化。该均等化重点是指区域之间和城乡之间的均等化。而基本公共服务包括基础教育、医疗卫生、社会保障和就业与公益性基础设施等方面，“是公共服务范围中最基础、最核心和最应该优先保证的部分”[①]，事关人们的生存权和发展权，享有基本公共服务是公民的基本权利。基本公共服务均等化目标就是确保所有社会成员平等享有义务教育、公共就业服务等基本公共服务的权利。[②] 因此，在这一进程

① 郭小聪、代凯：《国内近五年基本公共服务均等化研究：综述与评估》，《中国人民大学学报》2013 年第 1 期，第 146 页。

② 联合国开发计划署：《中国人类发展报告 2007 ~ 2008：惠及 13 亿的基本公共服务》，中国对外翻译出版公司，2008，第 60 页。

中，除了关注地域间的均等化外，更应关注地域所无法覆及的群体间的均等化。

由于“户籍制”等制度及结构性原因而被排斥于农村和城市公共服务体系之外的、庞大且持续增加的流动人口应成为政府和社会关注的重点。据国家统计局发布的《中华人民共和国2012年国民经济和社会发展统计公报》显示，2012年全国流动人口已达2.36亿①，其主体为农民工②。他们在13亿人口中占据很大比重，已成为中国产业工人的重要组成部分和城市基础建设的主要主体，但却在基本公共服务获得上处于相对弱势的地位，他们的基本公共服务状况已经成为严峻的社会问题。韩俊③、伍先江④、孙德超和毛素杰⑤等学者的研究表明，当前流动人口基本公共服务存在医疗保障不健全、基本医疗和公共卫生服务欠缺、住房条件恶劣、子女受教育机会及条件不均等问题。其中，与流动人口生存最密切相关的、最亟须解决的重点和难点是医疗保障、住房和子女受教育问题。“民不患寡而患不均”，流动人口基本权利受侵害而造成的社会冲突及矛盾日渐凸显，这不利于社会公平正义，更易引发群体间的仇视与冲突，从而威胁社会稳定及政府公信力。而保障公民基本的生存权和发展权，保证公民享受平等的公共服务待遇是国家之责，是实现“改革成果为人民共享”的底线，是实现中国梦、构建和谐的小康社会进程中无法回避且必须解决的议题。

为解决这一社会问题，党和政府于2010年的“十二五”规划中提出以农民工市民化为重要突破口，“初步实现基本公共服务均等化”。该政策体现出各方主体认知和价值观从以管理为主到更加关注服务，从城市本位到流动人口个人本位，从城乡有别到权利公平的转变。该政策的出台经历了一个漫长的过程，是政府公共服务能力增强及管理理念转变，专家学者、社会组织等积极推动和流动人口自身权力意识觉醒综合作用的结果。其中，政府、

---

① 国家统计局：《中华人民共和国2012年国民经济和社会发展统计公报》，http://www.stats.gov.cn/tjgb/ndtjgb/qgndtjgb/t20130221_402874525.htm，2013年2月22日。

② 转引自方烨《农民工市民化实质是公共服务均等化》，经济参考网，http://jjckb.xinhuanet.com/opinion/2013-02/04/content_427425.htm，2013年2月4日。

③ 韩俊：《农民工市民化与公共服务制度创新》，《行政管理改革》2012年第11期，第22页。

④ 伍先江：《论流动人口服务管理创新》，《中国人民公安大学学报》2011年第2期，第119~120页。

⑤ 孙德超、毛素杰：《农民工群体享有基本公共服务的现状及改进途径》，《吉林大学社会科学学报》2012年第3期，第154页。

学者等精英阶层在其中起到了关键作用。1985～1995 年，政府对其实行管制政策，无公共服务可言；1995～2005 年，随着政府职能转变、能力增强及社会发展，对待流动人口的政策虽以管理为主但也兼顾公共服务职能；2006 年至今，政府逐步重视流动人口的基本公共服务。相应的，学者在 2000 年以前主要关注流动人口的成因、特点、问题及管理，如程茂吉的《南京市流动人口的特征、影响及对策》等；2000 年到 2008 年，学者逐渐将关注点转移到流动人口的基本公共服务、权益保障、城市融合等方面，如孔红玲的《浅论转型时期流动人口子女的教育公平问题》等。2008 年于建嵘发表了《基本公共服务均等化与农民工问题》、张爱琴发表了《积极推行流动人口基本公共服务均等化》等论文，流动人口公共服务均等化逐渐成为学者研究的焦点。近年来，不少政府官员及专家学者提出“基本公共服务均等化”应成为解决农民工问题的基本原则、普遍标准和行动框架。[①] 至此，流动人口基本公共服务均等化问题逐渐成为政府社会管理的重点和学术界研究的焦点。

具体而言，流动人口基本公共服务均等化是指流动人口与“当地居民享受同等的劳动就业权、教育权、健康权、居住权、社会保障权等等”。[②] 其背后是要求每个人权利平等、机会均等、能力平等，直至结果平等[③]。当务之急是解决三大问题：一是尽快把农民工纳入所在城市的公共就业服务体系；二是全面解决农民工子女的义务教育问题；三是抓紧建立包括基本医疗保险在内的农民工基本社会保障制度。[④] 但该社会问题根源于政治、经济及社会等诸多方面，它不仅是一个政府管理问题，更是一个社会问题，对政府的社会管理、企业的经营及 NGO 的作用都提出了挑战。在解决该问题的过程中，政府首先是当然的主要责任主体，但仅有政府是不够的，作为第二、第三部门的企业和 NGO 理应承担起各自的责任，各个主体应该在其职责、能力和运行规则范围内共同推进这个政策进程的运行。基于以上背景，本报告聚焦在政府、企业及 NGO 在推进流动人口基本公共服务均等化中应承担

① 于建嵘：《基本公共服务均等化与农民工问题》，《中国农村观察》2008 年第 2 期，第 69 页。

② 李梅香：《基本公共服务均等化水平评估》，《财政研究》2011 年第 2 期，第 58 页。

③ 丁元竹：《基本公共服务均等化与农民工问题》，《中国农民观察》2008 年第 2 期，第 69 页。

④ 《基本公共服务均等化：“十二五”社会政策内核》，《中国财经报》，http://www.mof.gov.cn/zhuantihuigu/shiyiwu/meitibaodao115/201011/t20101105_346226.html，2010 年 10 月 26 日。

的角色上，通过案例分析政府、企业与NGO在现实中分别扮演了何种角色、采用何种模式，以期为推进流动人口基本公共服务均等化提出一些政策建议。

二 政府在流动人口基本公共服务均等化中的角色

1. 政府应当承担和实际履行的角色

在我国，政府掌握着行政权力和大部分资源，对国家和社会意欲承担无限责任。传统公共行政、新公共行政及公共管理理论等均认为政府是基本公共服务的当然主体，只是对于采用何种提供方式具有不同的偏好和主张。我国现行《宪法》第四次修正案规定“国家尊重和保障人权”，而实现流动人口基本公共服务均等化正是保障和尊重流动人口基本生存权和发展权的体现，这不应该是上级政府对下级政府的命令，而应是各级政府都应恪守的价值观和执政理念。[①] 根据这一原则，我国政府应成为流动人口基本公共服务均等化的主要责任主体，居于主导地位，应当承担起规则和政策制定者、管理和服务提供者、政策执行的监督者和社会资源的整合者的角色。以下将详细介绍目前我国政府应当承担的角色和实际承担的角色及其区别。

（1）规则和政策制定者

现代国家的社会问题是以公共政策的形式加以解决的，政府作为政策资源和国家权力的掌握者，应行使权力资源制定对流动人口基本公共服务的政策和规则，这些政策涉及基本医疗保险、就业和培训及子女义务教育等政策，从责任主体、财政资金等方面保障流动人口享受基本公共服务的机会、规则和结果均等。例如，建立合理的财政制度，明确流动人口基本公共服务资金的供给主体；建立平等的就业制度，取消对农民工进城务工的不合理限制等。

总体来看，政府正逐渐转变理念，转换职能，逐步承担起这一责任，但政府的政策仍旧处于从管理和控制流动人口为主到为流动人口提供基本公共服务的过渡阶段，承担角色力度明显不足。例如，政府虽然在2012年发布

① 转引自张英洪、童伟《建设人人共享的现代公共服务之都》，知识产权出版社，2011，第4页。

的《国家基本公共服务体系“十二五”规划》中明确指出基本公共服务应该“由政府主导提供”，“享有基本公共服务属于公民的权利，提供基本公共服务是政府的职责”。[①] 但在此之前政府作为规则和政策制定者的角色处于缺失和虚化状态。1985～1995 年，政府对流动人口采取“被动的防范型流动人口管理模式”[②]，对流动人口以管理控制为主，其基本公共服务政策缺失，先后出台了《关于城镇暂住人口管理的暂行规定》(1985)、《中央社会治安综合委员会关于加强流动人口管理工作的意见》（1995）等政策。1996～2005 年，政府对“流动人口管理的目标除了社会治安以外，还有劳动力供给、计划生育、社会保障、教育等多元目标”[③]，略微兼顾其公共服务角色。政府发布了《关于进一步做好组织民工有序流动工作的意见》(1997)、《关于进一步做好进城务工就业农民子女义务教育工作的意见》(2003）等政策。2006 年至今，政府在坚持管理的基础上才逐渐加重公共服务提供力度，出台了一系列关于农民工综合公共服务的政策和文件，承担了流动人口基本公共服务中规则和政策提供者的角色，如《国务院关于解决农民工问题的若干意见》(2006)、《关于开展农民工参加医疗保险专项扩面行动的通知》(2006)。

（2）管理和服务提供者

中央政府根据国情和社情制定流动人口的政策和规则，各级地方政府按照此基本原则结合本地区实际情况落实为具体可执行的政策和行为，一方面是贯彻执行中央政策的管理者和公共服务的提供者和管理者，另一方面又是本地具体政策的制定者。通过各级政府及相关职能部门将对流动人口的服务落实到具体的细节上，保障政策的执行。

现实中，政府对流动人口进行管理、提供公共服务资金及服务内容，从“属地管理”转变为“以输入地政府管理为主”。例如，《关于进一步做好进城务工就业农民子女义务教育工作的意见》（2003）指出由流入地财政补助教育；《国务院办公厅关于进一步做好农民工培训工作的指导意见》

① 《国家基本公共服务体系“十二五”规划》，http://www.gov.cn/zwgk/2012-07/20/content_2187242.htm，2012 年 7 月 20 日。

② 傅崇辉：《流动人口管理模式的回顾与思考——以深圳市为例》，《中国人口科学》2008 年第 5 期，第 82 页。

③ 傅崇辉：《流动人口管理模式的回顾与思考——以深圳市为例》，《中国人口科学》2008 年第 5 期，第 83 页。

（2010）规定农民工培训的财政由各省级财政拨付，搞好培训工作统一规划。当前，随着中央政策从管理到服务的倾斜，以及公共服务均等化的推进，各地方政府在加强管理的同时也纷纷从就业、培训、医疗保险、子女教育等方面落实流动人口的服务工作。但其对于流动人口投入的财政资金仍然远远少于当地居民子女的教育投资。例如，北京2007年发布的《北京市城市廉租住房管理办法》对供应对象和准入条件的第一条规定就是“申请人户籍登记地在本地，取得本市户籍满5年”，将处于弱势的流动人口群体排除在外。

（3）政策执行的监督者

政府掌握着公权力和暴力机器，在制定流动人口基本公共服务的制度和政策、提供管理和服务的同时，理应成为政策执行的监督者，以保障政策的落实。该监督对象既包括政府部门，也包括企业等流动人口基本公共服务均等化的承担主体。而现实中，政府对流动人口公共服务政策的监督严重不足。各级政府、各个部门均有其自身利益，企业也因逐利性将部门利益和个人利益凌驾于公共利益之上。

经过多年的努力，我国陆续出台了流动人口基本公共服务政策，确定了责任主体及行为，但监管规则体系还存在着很多问题，使得政策的落实效果堪忧，主要体现在规则体系缺乏统一性，法规体系陈旧落后，不能适应新的经济和社会发展形势的要求，规则的执行机制不健全等方面。①

（4）社会资源整合者

现代国家中，社会问题逐渐复杂，诸多社会问题并不能由政府单方解决，必须由政府、企业和NGO三方合力解决。例如，企业的运行需要流动人口提供劳动力保障，企业与流动人口存在紧密的劳动关系，NGO作为推动社会公平的组织，流动人口是其关注的对象。因此，政府应该在掌握主导地位的同时调整政策以整合企业与NGO的资源，共同推进公共服务均等化进程。这就要求明确各级政府在基本公共服务均等化中的主体地位和主导作用，在此基础上，充分发挥社会组织和市场力量的作用。②

① 高世楫、陈伟、张安：《我国公共服务的政府监管问题》，http：//news.xinhuanet.com/theory/2006－07/05/content_ 4796223.htm，2006年7月15日。

② 《基本公共服务均等化：“十二五”社会政策内核》，《中国财经报》，http：//www.mof.gov.cn/zhuantihuigu/shiyiwu/meitibaodao115/201011/t20101105_ 346226.html，2010年10月26日。

目前来看，政府的确出台了与企业相关的流动人口工伤保险、就业培训等政策，规定了企业应承担的责任，同时也放宽了NGO登记注册的门槛，允许他们为流动人口提供就业培训、子女教育、个人健康、维权服务等领域的服务。在这里，政府主要表现出社会资源整合者的角色，主要通过政策引导来整合企业及社会资源为流动人口提供公共服务。然而，政府对资源的整合更多体现在对政府各职能部门和基层群众性自治组织或群团组织的整合。例如，嘉兴市由政府主导，整合政府各职能部门及社会力量成立新居民事务局为当地流动人口提供就业、培训、子女教育等基本公共服务。

案例：嘉兴市率先在全国成立新居民事务局并推行新居住证制度①

2006年11月，嘉兴市委、市政府出台了《关于加强嘉兴新居民服务管理工作的若干意见》②，明确提出设立新居民事务局。2007年9月25日，嘉兴市180万新居民终于有了自己的“娘家”，全国第一个地市级新居民事务管理专门机构嘉、兴市新居民事务局正式挂牌成立。到2008年6月，市、县（市、区）、镇（街道）、村（社区、企业）四级组织新居民服务管理网络已经形成。

“专门机构协调型”流动人口服务管理的“嘉兴模式”可概括为：“党政统一领导、专门机构统一协调、职能部门分工负责、社会共同参与，条块结合、以块为主、属地管理。”这种模式改变了过去流动人口管理由单一机关部门单打独斗的局面，真正形成了服务管理的合力。

可见，我国政府在流动人口基本公共服务均等化中实际担任了规则和政策制定者、管理和服务提供者及社会资源整合者的角色。这也是在我国权威主义整体下，政府理应承担的角色。但实际上，政府虽然承担了这些角色，在实际运作中却更多地从政府自身利益出发，倾向于重管理和轻服务。这虽然有社会发展阶段的原因和政策的排序，但仍旧存在现实承担角色与理应承担角色不均衡的问题。

---

① 程茂林、陈爱根：《嘉兴：创新流动人口服务管理模式》，《今日浙江》2010年第22期，第50~51页。

② 《关于加强嘉兴新居民服务管理工作的若干意见（试行）》，http：//www. nanhu. gov. cn/_sites/rsldbzj/article_ display. jsp？ boardpid = 1181&articleid = 31531，2007年1月30日。

2. 政府承担角色的模式

以上论述了我国政府在流动人口基本公共服务均等化中承担的角色，但是角色落地必须依靠一定的实施路径或模式。图 1 为我国政府在落实具体角色时所采用的基本模式——“重管理轻服务”的模式。

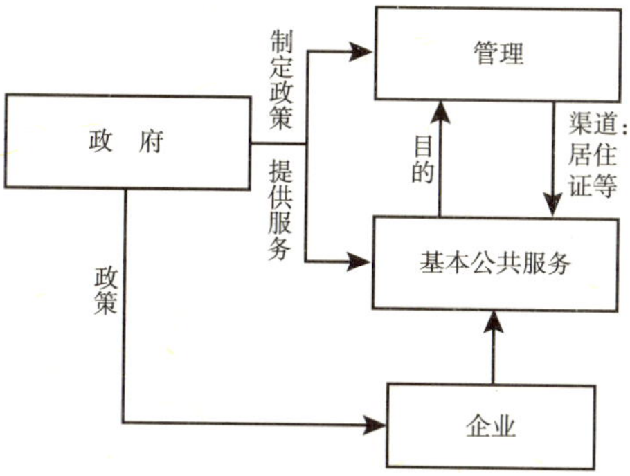

图 1 政府“重管理轻服务”的模式

该模式中，政府主要承担了政策和规则制定者的角色及管理和服务提供者的角色，其中制定政策和规则是最具主导性的角色，并且体现了重管理轻服务的理念。直到 2006 年之后才逐渐产生“基本公共服务均等化”的理念。由于政府的惯性及从维稳的角度考虑，其提供服务的目的仍旧是为了更好地实行管理，政府通过“居住证”等将就业、培训、医疗、教育等公共服务与其挂钩，便于流入地政府进行管理。其次，在资源整合方面，政府主要是规定企业承担基本劳动保险、工伤保险及医疗保险，在一定程度上保障了流动人口的基本劳动保障权利。

就效果而言，政府采用此模式，逐渐提升了对流动人口的政策倾斜和财政投入，逐渐强化了企业承担流动人口劳动保障的责任，改善了流动人口的基本公共服务供给现状。但从根本上说，这与流动人口与城镇人口公共服务均等化的目标相差甚远。李璐的一份抽样调查结果显示，“在接受访谈的农民工中，只有 18.3% 的农民工子女和 1.7% 的农民工老人享有城市的公共服务”。[①] 朱洪和陶叡的研究显示，68.2% 的农民工子女因为公立学校不接收

① 李璐：《对农民工城市公共服务需求的调研》，《宏观经济管理》2011 年第 5 期，第 41 页。

而去其他学校读书①。而他们只能选择成本较低的农民工子弟学校，这些学校由于缺少财政支持和相关部门的规范，师资、教学设施等极差。

3. 政府角色不足及建议

（1）出发点："以管理为主"与"以服务促管理"的错位

判断政府承担的角色是否合理、有效，必须从政府的初衷及使命去考虑。政府的终极使命是追求公共利益，维持公平正义，让全体人民实现小康生活。在这一使命下，推进流动人口基本公共服务的均等化是最基本的要求。但政府除了提供公共服务的职能外，还承担着社会管理的职能，因此，政府应当秉承其根本宗旨，以"以服务促管理"为理念，在进行社会管理的同时保证流动人口与城市人口享有均等的权利、机会和规则。但从政府落实角色的模式看，其背后的理念仍旧是以管理为重而轻服务，存在着与"以服务促管理"理念的错位。

（2）承担角色不足

作为公共利益的推进者、公共服务的提供者和责任承担者，政府的宗旨及出发点决定了它会从全局考虑进行顶层设计，关注更高的政策层面及规则制定层面。关注的领域也是流动人口最为迫切和根本的就业保障、社会保障、住房、子女教育等问题。整体来看，政府在承担角色过程中存在以下优点。首先，政府作为供给主体，掌握了强大的权力资源、经济资源及政策资源，且具有强大的资源统筹和整合能力，对流动人口公共服务可提供保障。其次，除了提供公共服务之外，政府的另一个重要职责是维护社会稳定，政府采取管理和服务互相衔接的方式，也是针对我国流动人口实际情况的一种策略，对短期内保障城市优先发展、维护社会稳定具有重要意义。

但同时也存在严重不足。首先，政府在制定政策时重管理轻服务，不能够体现流动人口权利、机会和规则的均等。其次，政府在提供公共服务时，更多地将流动人口看做管理对象，从而不利于社会公平正义和稳定。而政府对企业缺乏有力的监督和惩处，企业并不能有效贯彻政策。再次，政府整合社会资源不足。政府的资源整合主要在政府职能部门内部，以及对企业承担基本的劳动保障的政策规定上，对社会资源及 NGO 的功能整合不足，无法

---

① 朱洪、陶叡：《公共服务视野下农民工子女义务教育问题研究》，《新西部》2011 年第 12 期，第 187 页。

有效地利用社会资源。

（3）建议

针对本模式的不足，本文认为，首先，政府应转变公共服务提供理念及动机，将“管理至上”的理念转变为“增进公共利益至上”；其次，政府应该在承担政策和规则制定角色时，更多地考虑流动人口权利、机会和规则的平等；再次，政府应加强对流动人口公共服务政策实施的监督力度，对责任缺失主体实行严惩机制，防止政策走形或形式化。最后，政府应该利用自身的资源扮演好社会资源整合者的角色，不仅有效整合企业和NGO资源，更应对企业是否有效执行政策给予有效监督；给予以流动人口为服务对象的NGO更多的政策支持和财政支持，以弥补政府在提供公共服务中的不足，或鼓励社会监督政府作为。

三　企业在流动人口公共服务均等化中的角色

1. 企业应当承担和实际履行的角色

企业遵循市场和资本的逻辑，其目的是追求股东利润最大化，这决定了公共利益只是其逐利利益最大化过程中的手段或副产品。但企业的运行需要依靠大量流动人口作为劳动力，因此企业不可避免地与流动人口存在着难以分割的关系，但企业逐利性与流动人口劳动保障的成本之间存在矛盾。基于可持续的视角，两者之间并非敌对的零和博弈关系，而是互相促进的共赢关系。基于更可持续地实现其“自利”的目的，企业应当承担起基本劳动保障提供者和“体面劳动”促进者的角色。

（1）基本劳动保障的提供者

为了保障可持续地获得劳动力、实现盈利，企业应当为流动人口提供劳动合同、工伤保险、医疗保险、就业培训等基本的劳动保障。企业对这一角色的承担是自1995年之后，政府逐渐转变对资本和劳工的态度，强化对企业用工的规范开始的。政府先后出台了一系列关于流动人口劳动合同、就业培训、医疗保险及养老保险的文件规定，对企业在对待流动人口的基本劳动保障上具有一定的指引和规范作用。例如，嘉兴市出台《关于加强嘉兴新居民服务管理工作的若干意见》的目的是“更好地实施统一服务管理”，文件中规定了全市各级公共就业服务机构向新居民开放，免费提供求职登记、政策咨询等服务；指导和督促用人单位依法签订劳动合同和集体合同，建立权责明确的劳动关系，严肃查处不签订、不履行合同的用工行为，用人单位要按规定缴纳各项社会保险费，用人单位是解决流动人口住房的责任主体等。

（2）“体面劳动”的促进者

基本公共服务均等化强调权利的公平，基本公共服务不仅包括硬性的劳动保障等规定，更包括劳动者工作环境中的权利平等，实现“体面劳动”的关键是实现机会平等和权利平等。实现这两大平等，要创造充分的就业机会，公平的学习机会、培训机会以及就业机会，建立和完善社会保障制度，让劳动者的各项宪法赋予的权利均能够得到合法保障。[①] 可见，体面劳动也是保障劳动者权益的一个重要方面。政府可以从政策和制度的角度为流动人口体面劳动提供基本保障，但真正的落实者是企业。

目前来看，企业对促进流动人口体面劳动承担不足。2010 年富士康 17 起自杀事件，骇人听闻。究其原因在于富士康对劳动者进行铁血般的严格控制，未能保障劳动者体面地劳动。

案例：铁血工厂富士康[②]

富士康的管理模式最显著的特征可谓“人训话管理”而非“人性化管理”。“高效”的生产以牺牲工人的尊严为代价，其本质是劳动的严重异化与工人的被剥削。具体而言，包括工时超长与劳动强度极大，工人们反映“累得眼泪掉下来”，进入富士康打工的学生对此劳动强度也有切身感受。劳动过程的管理原则是“服从，服从，绝对服从!”，导致出现“把人当机器，活着没意思”的困局。门禁制度严苛，工人感觉“工厂像监狱”，“你的命运不在你手里，在主管手里”……除了居住拥挤导致休息经常受到干扰、不少宿舍条件太差之外，宿舍的管理模式也非常严苛、无理：工人不得自己洗、晾衣服，不得用吹风机吹头发，夜晚 11 点前必须归宿……违者都有重罚。在宿舍安排上，同乡不会被安排在同一个房间，一个车间的同事也不会住在同一间宿舍，这种分隔化、原子化的管理方式，使得工人之间在生

① 《外报：实现体面劳动，中国梦须消除“负福利”》，http：//www. chinanews. com/hb/2013/05 －02/4780617. shtml，2013 年 5 月 2 日。

② 《“两岸三地”高效富士康调研总报告全文发布》，网易，http：//tech. 163. com/10/1009/15/6IIHU0KT000915BD_ 2. html，2010 年 10 月 9 日。

产之外的生活关系和社会关系被完全割裂，工人除了孤独、无助只剩下冷漠，这必然导致工人的正常空间、个人自由与社会生活的丧失。

2. 企业承担角色的模式

企业主要以图2所示的“关系维护”的模式落实其所承担的角色，该模式的实质是企业为维护与政府和工人的关系而被迫承担的角色。该模式中，企业作为公共服务的承担者，主要承担着与劳动相关的就业培训、劳动保障、就业环境等方面，对流动人口“体面劳动”责任的承担极其缺乏，严重危害了流动人口的基本生存和发展的权利。企业在该模式中秉承“关系维护”的理念，对基本公共服务角色的承担处于消极状态，其背后是政府的政策强制作用。

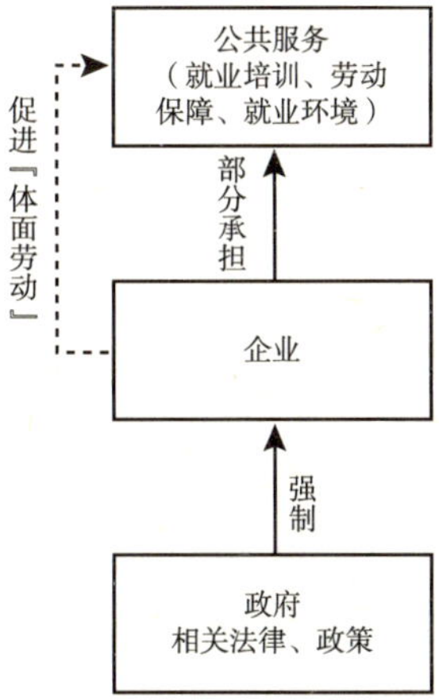

图2 企业“关系维护”的模式

就效果而言，该模式因为贯彻政府的政策而具有一定的长效性，但对企业来讲属于“应急性”的对策。企业实际的劳动保障却明显提供不足。例如，国家人口和计划生育委员会流动人口管理服务司于2010年进行的抽样调查显示，“工伤保险、医疗保险、养老保险、事业保险、生育保险和住房公积金的比例分别为30.0%、48.7%、22.7%、6.5%、3.2%和2.6%”。①

① 国家人口和计划生育委员会流动人口管理服务司编《中国流动人口发展报告2010》，中国人口出版社，2010，第39页。

3. 企业角色不足及建议

（1）承担角色的出发点："关系维护"与"可持续共赢"的错位

近年来，"用工荒"对企业运营产生了严重的危害，由于市场的供不应求，流动人口具有了一定的选择权。企业在被动性和不可持续性的"关系维护"模式下，可为员工提供体面的劳动环境，树立与流动人口"可持续共赢"的理念，才能最终获得更多可持续的利润。这不仅能够保障员工的基本权益，能够招纳、留住流动人口，保障产品的正常生产；更能提升企业的美誉度，最终促进产品销量，获得可持续的利润，实现共赢。

（2）承担角色不足

现实中，企业承担基本公共服务供给者的角色具有如下优势。首先，企业作为提供主体，通过劳动合同掌握了流动人口的生存渠道，是为流动人口提供劳动保障服务的有效渠道。其次，工作场所作为流动人口的一个重要的个人发展和成长的场域，企业可以给工人提供必要的社会交往及个人发展的空间。但目前的模式存在严重不足。企业的动机决定了其对流动人口劳动保障的提供是迫于外界压力的反应，不能有效落实流动人口的劳动保障，更不能有效促进"体面劳动"。

（3）建议

针对该模式的不足给予以下建议。首先，企业必须树立"可持续共赢"的理念，在确保提供基本劳动保障的同时，注重为流动人口提供"体面劳动"的工作环境。其次，政府必须采取有力政策监督其措施，以克服企业在提供公共服务中自利的行为倾向，促使其为流动人口提供劳动保障的政策能够真正落实。

四　NGO在流动人口公共服务均等化中的角色

1. NGO应当承担和实际履行的角色

社会组织作为与政府和企业并列的第三大部门的主体也承担着重要的社会功能。本报告中的社会组织采用较为宽泛的概念，包括具有官方背景群团等组织、基金会及草根 NGO。它们秉承推进社会公平和正义的宗旨，但在我国现实环境中相较于政府和企业，力量较为薄弱。因此，结合我国实际，其在推进流动人口基本公共服务均等化进程中所承担的角色，基本上是基本公共服务的补充者、价值倡导者，以及政府政策实施和企业履行角色的监督者。

（1）基本公共服务的补充者和监督者

在美国和加拿大等西方国家基本公共服务均等化的经验中，非营利组织在文化教育、医疗卫生、妇女与儿童权益保障、老年人服务等方面发挥着重要作用。例如，加拿大超过95%的医疗机构都是非营利组织；而70%的美国人至少属于1个非营利组织。[①] 美国非营利服务90%以上来自于政府购买。政府既通过财政政策承担了保障公民获得基本公共服务的职责，又通过非营利的运作方式，提高服务效率，保障社会公平，且创造更多的就业岗位。

近年来，我国NGO的数量迅速增长，但其能力上无法与政府和企业相比，且政府对NGO的登记、注册、活动领域等进行严格的控制。因此，就我国现实而言，NGO在为流动人口提供公共服务的进程中应主要承担弥补政府公共服务不足和监督政策执行的角色。而为流动人口提供基本公共服务的组织主要可以分为基层群团组织和草根NGO两类。本文将以这两类组织进行比较论述。

草根NGO为流动人口提供基本的维权、就业培训、法律咨询、网络建设等涉及权利的服务。例如，广东番禺打工族服务部致力于工人互助网络建设、法律咨询活动、工人个案法律援助、工人志愿者培训及团队能力拓展活动、工人权益状况研究与政策倡导等七类活动。小小鸟打工互助热线通过与政府的司法局合作，以小小鸟人民调解委员会的“调解”模式解决农民工在务工过程中遇到的劳务纠纷、劳动争议和其他法律问题。打工妹之家开展了法律维权、打工妹紧急救助基金、家政服务员支持网络、打工妹之家社区服务站及打工子弟综合教育等项目。

而群团组织寄托于上级党委和政府的指导，借助庞大的基层组织以城乡社区为平台为流动人口提供宣传、教育、文化、联谊等基本的服务，如覆盖北京市各个区县的北京青年汇，目前已有市级社区青年汇500家，是由共青团指导，整合各相关职能部门，依托各个社区为流动青年提供文化、教育、体育等服务的组织。

---

① 应安民等：《构建均衡发展机制——我国城乡基本公共服务均等化研究》，中国经济出版社，2011，第153页。

案例：北京青年汇

社区青年汇是为了贯彻落实“做好生活困难青年流动人口帮扶试点工作”的要求，由共青团组织指导，整合流管部门、街道社区、大学生社会工作者、志愿者团队、两新组织团组织、外省市驻京团工委等热心青少年事务的单位和组织工作力量共同发起建立。社区青年汇是依托基层社区，在青年居住、工作聚集区域建设的，以青年城市融入培训、交友联谊、文体娱乐、教育培训、法律心理服务以及青年自组织发育等为主要服务内容，在青年身边的地域性活动平台和团组织主导的区域性基层青年组织。主要开展以下活动。公益服务：组织开展绿色环保、公益宣传、社区儿童看管、爱心捐助等公益志愿服务。文化学习：组织开展读书交流、文化讲座、文艺沙龙、科普学习、文化学习等青少年学习活动。休闲娱乐：组织开展联谊交友、娱乐游戏等健康向上的活动。体育健身：组织开展运动健身、健康讲座、健康咨询等活动。社团建设：组织开展社团组织自身建设和相关活动。

（2）基本公共服务均等化的价值倡导者

NGO 的使命在于推进社会的公平和正义，不少 NGO 在为流动人口提供公共服务的同时也进行流动人口基本公共服务均等化的呼吁和价值倡导。例如，北京在行动国际文化中心，以“行动改变生存”为理念，共同关注弱势群体、扶危助困、政策倡导、促进全社会参与志愿服务和公益活动，推动公民社会建设和发展。该组织先后实施了外来务工人员文化和权益传播平台、北京地区打工者新劳动法律法规宣传项目及机构能力建设培训和职业安全健康培训等项目。北京工友之家在致力于服务打工者群体的社会、文化、教育、权益维护及其生活状况的促进与改善的同时，通过歌声和文化教育的方式进行价值倡导和宣传。

2. NGO 承担角色的模式

NGO 以“服务为主”的模式承担角色（见图 3）。该模式中基层群团组织受到上级党委或政府的指导，对流动人口提供的公共服务聚焦在教育、文化、体育等层面，其出发点是以管理为主。一方面群团组织承担了一部分公共服务职能，一方面通过严密的群团组织强化了对流动人口的管理和思想教育。这更多体现的是政府行为的逻辑。而草根 NGO 由于相对的独立性，如打工妹之家、工友之家等部分组织本身就是由流动人口发起成立的，更加关注政府不愿覆盖的服务领域，如维权、法律政策咨询、权利倡导、能力建设及子女教育等领域，草根 NGO 的倡导行为对政府具有一定的警示作用。

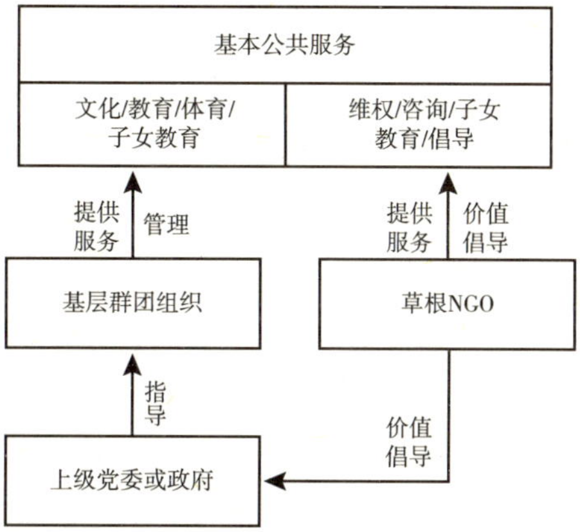

图 3　NGO 以“服务为主”的模式

就效果而言，群团组织提供服务具有多方共赢的效果，既完成了上级的任务，实现了自身的工作职责，又为当地的流动人口提供了公共服务，促进了社会稳定。草根 NGO 提供服务和倡导一般规模较小，受地域、组织自身资源和能力的限制，所提供的公共服务基本上难以满足流动群体的需求。但服务模式及模式所具有的效应则是草根 NGO 与流动人口的共赢。

3. NGO 角色不足及建议

（1）承担角色的出发点：“服务为主”与“倡导为主”的错位

不同于企业，NGO 的宗旨是为了增进公共利益，促进社会公平正义，NGO 为流动人口提供基本公共服务的动机较为纯粹。NGO 不只是直接提供公共服务，还可引导政府关注更多的公共服务领域，呼吁社会和政府关注流动人口基本公共服务均等化问题。

（2）承担角色不足

草根 NGO 提供基本公共服务的模式，其优势在于能够真正从流动人口的利益出发而提供基本公共服务，从价值上认同并尊重他们；伴随着权利和公平的价值倡导和群体团结和融合的呼吁，更利于流动人口群体的整体进步和团结。然而，草根 NGO 提供公共服务的能力有限，资源、专业性及能力相对较弱，在为流动人口提供公共服务的数量、质量及效果上比较有限。

群团组织提供公共服务的优势在于，它本质上属于党和政府的一个职能部门，为流动人口提供公共服务是其职责所在，且能够获得党和政府的政策和资源的支持；街道和团组织具有天然的网络优势和资源优势，有能力为辖区内的流动青少年提供相应的服务。不足在于，其提供服务的动机是对党和政府政策的贯彻和执行，其根本目的是在于实现对流动人口的管理和控制，维护社会稳定。

（3）建议

针对 NGO 的使命及现实中承担角色的模式，本报告提供以下建议。首先，群团组织在提供公共服务中应具有较多的自主性，以提供实实在在的公共服务为主，以管理为辅。其次，群团组织应充分发挥自身庞大网络的动员能力，充分与企业或草根 NGO 合作，以弱化官方意识形态及管理的作用，也为流动人口提供多层次的公共服务。再次，草根 NGO 组织应该争取更多的资源，努力寻求与政府、企业或其他具有官方背景的 NGO 的支持与合作，提升自身的公共服务供给能力。最后，草根 NGO 应更加关注基本权利、机会和规则均等化的倡导，引导和呼吁政府推进基本公共服务均等化进程。

五　多方合作：流动人口公共服务均等化的路径

1. 政府、企业及 NGO 在多方合作中的角色

流动人口基本公共服务均等化理应由政府主导，但又不能完全由政府独家包揽，政府必须借助企业与 NGO 的力量，以弥补其不足。正如萨拉蒙在第三方治理理论中指出的，非政府组织的短处正好是政府的长处，而政府的短处正好是非政府组织的长处，它们之间是相互依赖的。[①] 政府、企业及 NGO 在流动人口基本公共服务均等化进程中根据自身机构的使命、能力及运行规律承担应有的责任。既发挥各自的优势，又遵循各自的机制，实现资源的有效整合。埃莉诺·奥斯特罗姆多中心治理理论，也为基本公共服务多元主体供给提供了强有力的理论依据。

---

① 司荣博、宋锦洲：《政府与非营利组织之间关系研究》，《郑州航空工业管理学院学报》2012 年第 4 期，第 91 页。

案例：上海新市民生活馆

上海新市民生活馆是由中华预防医学会主办、葛兰素史克公司资助、上海新途社区健康促进社承办。依托社区为流动人口提供健康服务，提高流动人口维护健康的能力和获取平等服务资源的能力。该项目采取政府支持、社团组织参与、企业赞助、社区行动的工作机制。① 主要由政府、企业、NGO及其他个人资源整合为流动人口提供公共服务模式。

浦东新区人口计生办、浦东新区人口计生管理中心、三林镇人民政府及社会事业发展办公室领导等相关政府提供政策支持、场地支持、政府部分购买等基本支持。② 目前在流动人口汇集的城中村地区已成立四家“新市民生活馆”，为附近流动人口提供妇女发展服务、儿童发展服务、青少年发展服务及家庭支持服务等。具体内容包括：培训讲座，请健康导师对健康大使（从周围具有闲暇时间的流动妇女中招募）进行生殖健康、计划生育、儿童疫苗接种等培训；咨询及服务，邀请律师、金融机构从业人员等提供法律、金融、健康等咨询；健康宣传，由正式员工及健康大使、志愿者向流动人口入户、公园、学校、菜市场等流动人口聚集体发放宣传册；健康服务，发放安全套、免费妇科体检等；儿童活动，举办各种辅导班、托管；由企业或生活馆带领儿童参观、亲子活动、安全教育等；举办元旦、中秋、元宵等晚会；开展社区工作经验分享、海地地震捐款等社区活动日。新市民生活馆采用会员制，社区居民在注册之后就可成为“生活馆”的正式会员，享有参与各项活动的资格。通过培育健康大使，帮助其自我认知、自我提升、自我服务、自我成长及赋能。

（1）政府承担资源提供和整合者的角色

政府应该本着权利均等、机会均等和机制均等的原则，制定基本公共服务均等化政策；同时加强对企业执行劳动合同及承担劳动保障服务的监管；采用更加开放的态度对为流动人口提供公共服务的 NGO 提供政策及财政支持。因政府、企业及 NGO 承担角色及服务领域均有不同，政府尤其要整合自身、企业及 NGO 的不同资源，利用不同组织的机制及优势尽可能为流动

---

① 《浦东新区三林镇“新市民生活馆”功能服务全面升级》，http：//www. shanghai. gov. cn/shanghai/node2314/node2315/node15343/u21ai515724. html，2011 年 6 月 20 日。

② 《三林镇流动人口“新市民生活馆”》，http：//www. pdwm. gov. cn/News/2012727/6I4312269. html，2012 年 5 月 3 日。

人口提供立体、全面的公共服务。在新市民生活馆项目中，浦东新区政府、三林镇政府及社会事业发展办公室等作为政府部门，整合了企业及NGO的资源为流动人口的健康和社区融合提供服务。

（2）企业承担基本劳动保障提供者及资源支持者的角色

为本企业中的流动人口员工提供法律规定下的基本劳动保障仍旧是企业的最大职责。在此基础下，企业应该结合所在领域，结合自身的技术和资源优势，承担更多的社会责任，探索与相关领域的NGO合作模式，提供力所能及的技术、产品、人力、资金的支持。例如，案例中的葛兰素史克公司除了承担自身企业员工的劳动保障之外，还对新市民生活馆提供资金及技术支持。

（3）NGO承担服务提供、监督和价值倡导者角色

根据不同地区、不同群体的需求，NGO可以提供具有一定地域特点的专业化服务。NGO灵活、便捷的特点，及其纯粹地为弱势流动人口提供各种健康服务的动机，决定了其提供服务过程中能够更多地与流动人口进行融合和交流。上例中的NGO富有专业性的场馆运作能力和筹资能力以及与政府、企业的合作能力，为社区准入及项目运作提供了有力的支撑。

2. 多方共同承担角色的模式

图4为多方合作“资源整合”的模式。该模式描述了公共服务供给中各方主体的角色。政府主要承担政策和规则制定者和服务提供者的角色。在具体案例中，政府一方面为公共服务提供政策支持及场地等资源，一方面为NGO提供准入和政策购买服务，据新途财务总监潘丽玲介绍，新途90%的资金来源于政府购买服务。政府还通过对企业的特定政策及对NGO的政策支持来整合资源，为流动人口提供服务。企业负责提供资金、物品及技术服务。NGO负责公共服务项目的运作和管理。

此模式的特点在于同时符合三者利益。由于该模式中的公共服务主体涉及政府、NGO、企业三方，它们在选择具体合作领域时会考虑三者共同关注的领域，如聚焦于与流动人口日常生活相关的就业培训指导、基本健康支持、计划生育支持、儿童教育等问题，这既满足了政府管理和服务的要求，又与企业领域相关，且不涉及敏感领域。就公共服务供给的整体效果而言，也具有一定的稳定性。

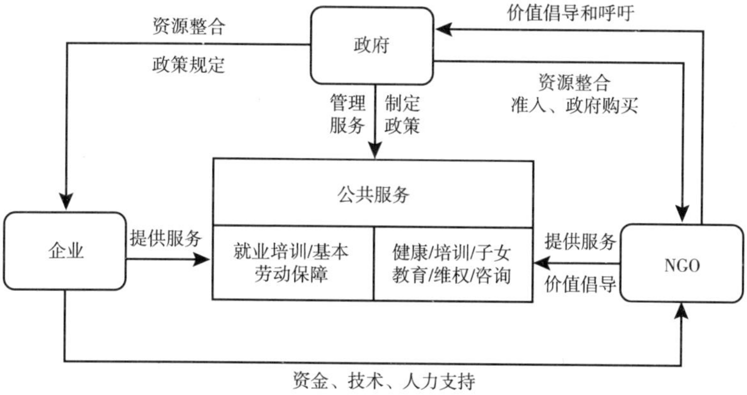

图4 多方合作"资源整合"的模式

3. 多方承担角色的难点

（1）政府、企业及NGO承担角色的出发点：各得其所

该模式中，政府、企业及NGO从各自的宗旨出发，遵循各自的规则，发挥各自的优势，有差别地承担着自己的角色，可谓各得其所。首先，政府除了承担起政策制定和公共服务的职责外，最重要的是可以借助其掌握的政策及规则制定权对企业与NGO进行一定的引导和限制，它具有调动各方资源的优势。其次，企业出于持续共赢的目的，除了遵循政府的政策向流动人口提供必要的劳动保障之外，更通过企业做公益的形式利用其自身的资金、技术、产品和专业优势承担社会责任，不仅有利于流动人口的全面发展，更有助于提升企业员工的凝聚力和产品的美誉度。最后，NGO秉承增进社会公平和正义的理念，突出自己的价值倡导能力来影响社会舆论及关注点，在与政府、企业合作过程中，更有助于通过权利、机会和规则均等化的理念来影响政府政策及企业行为。

（2）优势及难点

该模式的优势在于，首先，政府、企业、NGO及专家志愿者合作，能够发挥各自的资源优势，形成优势互补。政府发挥政策支持优势，企业发挥资金及专业物品技术优势，NGO发挥专业地提供公共物品的供给优势，专家和志愿者则发挥了各自的特长。其次，该模式有利于在提供公共服务中促进流动人口与其他群体的交流和融合。再次，NGO借助政府及企业的能力增强自身提供公共服务的能力，且与政府及企业的合作互动更有利于其进行流动人口基本公共服务均等化的价值倡导和呼吁，以此影响政府的政策。

该模式也有其自身的不足。首先，需要寻找政府、企业及 NGO 三方共赢的合作点，因此目前的合作领域往往局限于较为保守的就业培训、健康服务等领域，对流动人口生活及服务提升并未产生太大的实质性帮助。其次，在现实中，政府对 NGO 仍持有管理和限制的态度，很难对维护劳工权利、进行价值倡导的 NGO 提供支持和帮助。今天，政府以一个开放和包容的态度去实现资源的有效整合还存在着一定的难度。

（3）建议

针对以上不足，本报告给出以下建议。政府应具有更大的包容性和开放性，能够针对流动人口的切实需要提供必要的公共服务，且应该在提供公共服务过程中发挥资源优势，积极推进公共服务均等化；企业本着可持续赢利的理念更多地承担社会责任，与政府及 NGO 积极合作；NGO 可采取积极的倡导方式，在提供专业、有效的服务过程中引导政府和企业，逐步地进行价值倡导，以期影响政策。

六　总结

下表对政府、企业及 NGO 在流动人口公共服务供给中的各自角色进行了总结。不同主体承担的角色和选择的模式与所处的发展阶段有关，但最终是由其宗旨所决定的。不同模式在历史维度上的出现时间存在一个承前启后的关系，如针对政府采用“重管理轻服务”的模式，随着政府公共政策关注更多的社会问题，企业和 NGO 也加入提供公共服务的行列。近年来，政府对日益强大的市场和社会力量加以整合，催生了“资源整合”的模式。今天，这些模式并存，它们相互促进，并非此消彼长。

目前来看，流动人口基本公共服务的提供仍存在巨大缺口。当然，与过去相比，流动人口所享受的公共服务在量和质上有所增加和提高。这也是多方力量较量和博弈的过程，有合作也有冲突。例如，企业对责任的承担必然伴随着与政府及工人讨价还价的博弈过程；政府面临多种任务，既考虑到企业的经济价值，也会考虑流动人口庞大的群体及潜在的不稳定因素和政府自身所应该承担的公共服务职能。

政府、企业及 NGO 在流动人口基本公共服务均等化中的角色及模式

主体	角色	模式	出发点	优势	不足/难点
政府	政策和规则制定者 管理和服务提供者 政策执行监督者 资源整合者	重管理轻服务模式	使命:公共利益 理念:重管理轻服务	资源保障 维护稳定	重管理轻服务 监督力度不足 资源整合不足
企业	基本劳动保障的提供者 体面劳动的促进者	关系维护模式	使命:赢利 理念:维护关系	有效的劳动保障渠道	企业政策制定力度不够
NGO	基本公共服务的补充者 基本公共服务均等化的价值倡导者	服务为主的模式	使命:公共利益、公平正义 理念:提供服务为主	以流动人口利益为出发点 倡导社会公平正义	专业化水平及可持续性不足
政府、企业及 NGO	政府:政策制定及资源整合 企业:提供劳动保障及资源支持 NGO:发挥专业能力及价值倡导	资源整合模式	政府:以管理促服务 企业:可持续盈利 NGO:以倡导为主	优势互补 遵循各自规则	需寻找三者的合作点 政府对个别 NGO 采取限制政策

各主体必须防止将自身利益凌驾于流动人口利益至上。社会可以容忍因为发展阶段及历史遗留问题而导致的公共服务不均等现象，可以容忍因体制庞大、积习难改而导致的公共服务均等化推进缓慢的事实，但无法长期容忍在社会发展到一定阶段、国家已经具备一定能力来解决这一问题的情况下，仍然遵循错误的动机而导致改革方向的偏离，以致妨碍推进公共服务均等化。

“以社会整合弥合社会裂痕，为农民工搭建一个向上流动的平台”，有利于推动中国社会和谐发展的进程。[①] 因此，政府虽然是流动人口基本公共服务均等化的主要责任主体和承担者，但企业与 NGO 在这一过程中也具有应尽的职责，必须承担其各自的角色。政府也应意识到，可充分利用政府、企业、NGO 的优势，在遵循各自发展规律的基础上，整合各方的优势，形成合力。资源整合、优势互补、多方共赢，应成为社会实现流动人口基本公共服务均等化的一个努力方向。

① 转引自张真理《社区流动人口服务管理》，中国社会出版社，2010，第 44 页。

政府与彩票公益

从有记录的中国汉代发行的基诺彩票开始，到清朝晚期的“售彩助赈”，再到当代中国政府发行体育彩票和福利彩票，无一不是发行者为筹集公益金、造福社会而为之。古罗马帝国发行彩票是为了修建古罗马城。1569年，英国女王伊丽莎白一世为筹集资金用于公共工程的修缮而特许英国发行第一张彩票。而今，英国国家彩票由英国议会批准发行，其发行目的用于艺术、体育、慈善、国家遗产、千年庆典和健康、教育、环境等六项公益事业领域。我国现代彩票始于1987年，国务院特许发行福利彩票，1994年特许发行体育彩票。今天，我国的彩票事业发展较为稳定，基本实现购买者、发行者、使用者多赢的局面。

世界各国政府发行彩票的模式基本一致。彩票原本是一种特殊的私人物品，而政府将发行彩票作为公共物品供给的一种筹资方式，通过发行阶段和分配阶段的分离，将公共物品的消费与出资分离开来。公共物品的消费与出资分离很好地解决了公共物品因“搭便车”行为而导致的供给不足问题。这是一种极为美妙的设计。与强制性税收不同，它是基于自愿原则，其效率不言而喻，能够实现可持续推广与增长。彩票发行阶段充分利用购买者自利的一面，令其在可能获得收益的诱惑和驱动下自愿购买。而彩民自愿购买彩票所付出的资金则通过一定的渠道进入公共财政，为公共物品供给提供资金。由于筹集目的及来由不同，其支出不同于税款的支出，主要用于公益事业。

然而，这一美妙的设计在实施过程中存在瑕疵，有时甚至存在问题和隐患。在彩票发行和分配过程中，各国政府认识到该模式存在商业手段凌驾于公益目的之上的风险。一是发行阶段存在的极强逐利性可能导致社会问题，二是发行阶段与分配阶段的分离可能导致模糊公益意图。因此，各国政府均对彩票谨慎且严加管控。在世界各国，以商业目的进行的彩票活动被视为赌博，受到政府的严格限制。我国彩票事业发展过程中同样出现了上述问题，政府主动或被动地进行了一些调整。例如，2012 年 3 月 1 日，由财政部、民政部、国家体育总局联合发布的《彩票管理条例实施细则》开始施行，对彩票管理、市场规范及维护彩票参与者合法权益提出了更高要求。财政部在关于贯彻该实施细则的通知中强调，彩票发行机构、彩票销售机构要牢固树立起责任彩票和社会责任理念，减少大奖宣传，突出公益宣传，提升国家彩票的公信力。

尽管如此，彩票公益事业表面上平静、顺利，却隐含着深层的问题，至今未得到根本解决。政府重在“圈钱”，轻于监管，缺乏公平竞争和公开透明，致使其中问题重重。例如，彩票发行过程中的利润控制问题，发行过程中过度强化购买者的赌性，病态彩民事件频发，而彩票公益金滥用问题等报道也时常见诸报端。长此以往，彩票事业的健康持续发展将面临巨大挑战。可以说，政府是“始作俑者”。

其他国家也存在类似问题，与中国相比没有实质区别，只是或多或少，或重或轻。例如，尽管英国规定公益金有的直接由政府分配，有的由非营利组织分配，在操作过程中也缺乏公平竞争、公开透明，公益金是否能得到高效使用也是公众和研究者长期质疑的问题。不过，各国都在积极地应对出现的问题，积累了一定经验，如针对发行彩票时过度强调购买者赌性问题，英国提出了负责任博彩原则和相应的管理机制。

彩票公益事业在我国虽已步入稳定发展的轨道，但政府责任重大，政府的责任及行为将决定我国彩票公益事业的发展速度和发展规模。

一　政府为发展社会公益事业而发行彩票

现代彩票事业是国家为筹集社会公益资金，促进社会公益事业发展而特许发行、依法销售，自然人自愿购买并按照特定规则获得中奖机会，国家从彩票发行收入中按规定比例提取彩票公益金，专项用于社会福利、体育等社会公益事业的一项社会公益事业。1986 年 12 月 20 日，国务院第 128 次常务会议讨论，批复了民政部《关于开展社会福利有奖募捐活动的请示》，同意由民政部组织一个社会福利有奖募捐委员会，以“扶老、助残、救孤、济困”为发行宗旨，在全国范围内开展有奖募捐活动。1987 年 6 月 3 日，全国社会福利有奖募捐委员会在北京成立。1987 年 7 月 27 日，第一批福利彩票在河北省石家庄市销售，标志着为公益事业而生的中国当代彩票业的诞生。[①] 1988 年，国务院批准国家体委（现国家体育总局）发行“第十一届亚洲运动会集资奖券”，为体育公益事业筹资。1992 年，“国家体委体育彩票筹备组”成立，1994 年 4 月中国体育彩票管理中心成立，体育彩票正式登台。至此，我国两大彩票种类——福利彩票和体育彩票产生。从 1987 年到 2012 年，中国福利彩票 25 年来累计销售 7876 多亿元，筹集公益金 2530 多亿元。[②] 过去十年来，我国体育彩票已累计发行 5087.05 亿元，累计筹集公益金 1490.28 亿元。[③]

为了保障彩票事业公益目的的实现，国务院、财政部和民政部，以及各级政府出台了一系列相关政策法规，规范彩票公益金的使用。其中，2009 年 7 月 1 日国务院出台《彩票管理条例》规定：“本条例所称彩票，是指国家为筹集社会公益资金，促进社会公益事业发展而特许发行、依法销售，自然人自愿购买，并按照特定规则获得中奖机会的凭证。”这明确规定了彩票的目的是为社会公益事业筹集资金，促进社会公益事业发展。同时，《彩票管理条例》第三十三条规定，彩票公益金专项用于社会福利、体育等社会公益事业，不用于平衡财政一般预算。彩票公益金按照政府性基金管理办法纳入预算，实行收支两条线管理。

据西方一份古老的档案记载，具备彩票属性的“基诺游戏”最早起源于两千多年前的中国。一个名叫梁张（音译）的汉朝人为了拯救自己的城市发明了这种基诺游戏。梁张的城市多年征战，因为城里的居民拒绝给战争提供任何财政支持，军队很快用尽了所有供给，城市陷入危机。梁张发明通过利用居民的赌性筹集物资，给军队带来收入和所有的必需品，城市因此得救。在随后的一年里，这种游戏迅速传遍中国，并且为修建长城募集到充足的资金。这一游戏被称为“白鸽票”（White Pigeon Game），因人们用信鸽将中奖号码从大城市传递到农村而得名。[④] 与现代彩票公益更为类似的是晚

① 冯百鸣：《中国彩票的发展历程：公益彩票成为中流砥柱》，《社会与公益》2011 年第 12 期。

② http：//sports. sina. com. cn/l/2013 - 01 - 07/09416367024. shtml.

③ 《2012 年中国体育彩票年销售额首次突破千亿元》，新华网，http：//news. xinhuanet. com/2012 - 12/26/c_ 114162046. htm。

④ 《福利彩票“快乐 8”玩法——基诺彩票的发展历史》，http：//sports. sina. com. cn/l/2007 - 05 - 10/14552913881. shtml。

清时期的义赈。以1876年至1879年爆发于华北地区的大规模旱灾即“丁戊奇荒”为契机，社会自发兴起了一种“民捐民办”的售彩助赈募捐手法，即由民间自行组织的赈灾活动，将收到的大量价值不菲的物品作为中奖礼物，以彩票的形式公开销售并开奖，最终获利作为捐款投入公益事业。

在世界上，现代彩票的发展历史虽然较短，但各国发售彩票的初衷均是以公益事业为目的。1939年，泰国国家彩票局开始发行“传统券”彩票，彩票销售额的28%作为税金上缴政府用于发展医疗、教育、环境改造和修建寺庙等项目。① 1945年，日本首次发行国家彩票，在出售的彩票总额中除奖金和经费以外，出售者要将出售额中41%的收益金缴纳给全国都道府县和指定城市，为建设公路、桥梁和教育设施供资。② 在现代欧洲各国，英国国家彩票销量的50%用于返奖，国家征税11%，零售商费用4%，余下35%主要用于各项社会公益事业；③ 2012年瑞士最新修订的宪法第106条规定，即使不是国家销售彩票，而是从事彩票行业公司在其整体收益中，也必须拿出相应比例的金额用于体育、环境以及公共项目的建设。④ 评论认为这则宪法条例的颁布保障了瑞士未来彩票市场的可持续发展，并规范了整个行业利润的合理分配，瑞士繁荣的彩票市场所得收入，其主体受益者应是广大彩民及政府，而不是那些公司的私人股东们。

二　发行和分配分离保障筹资效率

从理论上来说，彩票是一种特殊的私人物品，主要是利用彩民的风险偏好、投机心理而获利。政府经营私人物品性质彩票，实现了公益目的和商业手段的分离，一定程度上解决了公共物品供给与需求的矛盾。在现实中，公共物品的供给问题一般由政府出面，采用“免费消费、间接支付”的办法来解决。政府免费向社会成员提供公共物品，然后再通过强制性的税收来弥

① 《亚洲最早发行彩票的国家之一——泰国》，http://www.zhcw.com/xinwen/quanqiucaifeng/2489008.shtml。

② 《日本复兴彩票七月开始发售　头奖奖额3000万日元》，http://sports.sohu.com/20110504/n280485633.shtml。

③ 《英国欲公投定彩票基金资助对象　彩票返奖率50%》，http://sports.sohu.com/20090807/n265781876.shtml。

④ 《瑞士修订宪法：彩票业所得款项必须为民服务》，http://sports.sina.com.cn/l/2012-04-18/10536027155.shtml。

补公共物品的生产成本。这一办法虽然能够克服公共物品供给的“搭便车”问题，但本身也存在效率难题。强制性税收供给方式需要通过庞大复杂的政府机构来进行，降低了经济活动的效率，公众还会因为公共物品的效用难以衡量，特别是难以量化到每个具体消费者而产生抱怨，甚至质疑其强制性和公平性。公益彩票既实现了税收般的公共物品的消费与筹资的分离，又避免了税收的经济效率和公众质疑。这是因为，大多数彩民购买彩票主要是受强烈的利己性动机驱动，考虑的是自身的财富状况和风险偏好。因而，彩票发行和分配的分离，使得彩民通常会不断地自愿购买彩票，却很少考虑自己的贡献是否与自己对公共物品的最终消费相符。从效率角度上来说，彩票是优于税收的公共物品筹资方式。彩票事业的运行机制如图1所示。

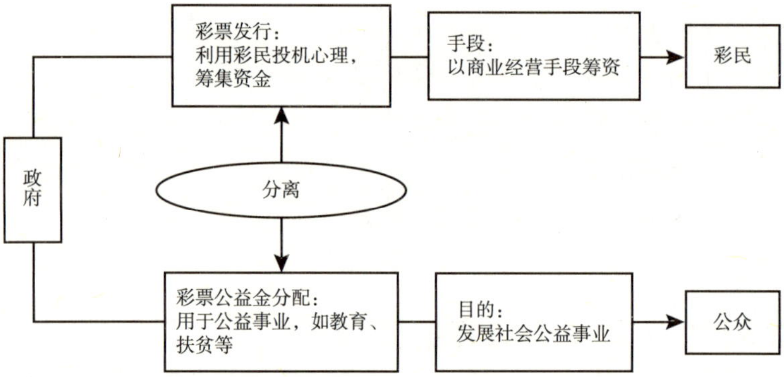

图1　彩票事业运行机制

政府深刻认识到“手段”与“目的”分离的美妙之处，制定彩票相关政策法规，特许发行福利彩票和体育彩票，尽可能利用彩民利己性的一面，通过不断调整发行政策和优化发行技术，激发彩民参与，在筹资方面取得巨大收益。《国务院关于进一步规范彩票管理的通知》规定，“加强对彩票发行与销售机构的管理，努力降低成本，扩大发行规模”。政策导向使得逐年来彩票销售额和彩票公益金数额越来越多，2012年中国彩票年销量达2615亿元，同比涨幅18%，共筹集彩票公益金757.5亿元（其中福彩464亿元，体彩293.50亿元）。①

---

① http：//sports. qq. com/a/20130107/000550. htm.

三 发行阶段存在的问题

彩票发行的主要目的在于为公共品供给筹措资金，因此作为一种融资工具，如何以最低成本获得最大收益一直是彩票政策制定与发行关注的重点。随着彩票发行的逐渐发展，彩票事业的社会负面影响逐渐显现出来，与彩票相关的犯罪案件及道德事件越来越频繁，例如“西安宝马彩票案”、“深圳彩世塔案”、“邯郸农行盗窃案”等，低收入阶层倾家荡产买彩票盼一夜暴富，彩票机构极具煽动性的误导性宣传，购买彩票引起家庭纠纷等新闻频频冲击人们视听。如此出现了一个悖论：发行彩票是为了使低收入人群受益，但他们却只是彩票的最大贡献者，而未成为最大的受益者。人们不禁要问，彩票事业的受益者到底是谁？

这实际上凸显了彩票筹资商业手段与公益目的剥离后，具体操作时如果缺失管控会造成一系列问题。虽然彩票发展已有很长的历史，无数成功筹集大量资金的经验迅速吸引了各个国家陆续用彩票作为一种重要的供给公共品的融资工具，形成彩票如今的繁荣局面。但是至今，围绕彩票仍存争议。

1. 过度利用赌性，出现问题彩民

从规则设计上来看，彩票与赌博并无本质区别，前面所述的公益目的和商业手段的分离本身就是利用彩民的“赌性”来筹集资金。然而，与地下赌博相比，国家相关机构发行的彩票的突出特征是具有公益属性：彩票收入用于公益事业，而不是如赌博一样流入赌场老板或庄家的腰包。因此，彩票发行必然应该带有公益色彩，需要强调社会责任。但是，进入我国火红的彩票市场，更多感受到的是一种赌博的氛围，由此产生了严重的问题彩民和穷人购彩现象。

尽管大多数彩民一边怀着为公益事业作贡献，一边抱着“小赌怡情”的心理购买彩票，但也不乏纯粹为了“一夜暴富”目的而陷身其中的彩民，有些人的赌徒心态甚至到了疯狂的地步，为此不惜豪掷万金乃至更多从而买彩成瘾甚至倾家荡产。这样的人被称为问题彩民。按彩民平均每月用于购彩的花费是 85 元来计算，以 2012 年中国福彩、体彩总计 2615 亿元的销售额推算，中国彩民数量大致有 2.53 亿人。而《中国彩民行为网络调查》指出，在我国 2 亿多彩民队伍当中，问题彩民大概有 700 多万，其中重度问题

彩民达到43万人。[1] 问题彩民的严重性已经到了不容忽视的地步。例如，2009年，浙江一名沉溺彩票的彩民出现被害和关系妄想等精神病症状，将浙江体彩中心一名工作人员杀害。在此之前，中国农行邯郸分行管库员盗取金库现金5100万购买彩票，最终被判处死刑。

在我国，中低收入者是彩票购买的主力，这实际上相当于政府通过彩票向这些人征收“隐性税收”。据统计，中国的彩票发展指数[2]已接近甚至超过发达国家。西方发达国家的指数基本上是0.4%～0.5%，而中国早在2008年即达到0.4%，现已上升至0.5%。在西藏和云南，这个数据接近1%，[3] 如果将收益金用于社保基金、大学教育等，中低收入者实际上很难享受到这一类公共物品，因而这无疑是一种对中低收入者的“剥夺”，从而加剧了穷人与富人之间的不平等。[4] 对此，一位外国学者 Alan J. Karcher 提出严厉批判，认为彩票的发行造成了政府与市民之间的鸿沟。原则上，彩票购买者视彩票为公正、平等的财富分配方式，而政府则将其看做赚钱的工具。最后的结果是产生了作为税收手段的倒退的、贪婪的机制，目标是针对穷人，推广手段是虐待剥削式的，构成对穷人有意识的压迫。[5] 我国彩票公益金中有30%被用于补充社会保障基金，即每年300多亿元的彩票公益金有100亿元要用于社保基金，但在我国社保网络还未覆盖广大农村居民和城市低收入者群体时，用彩票公益金补充社保基金的做法显然是“劫贫济富”。

面对问题彩民，政府非但没有承担其社会责任来解决问题彩民和穷人购彩的问题，反而加剧问题的产生。政府在彩票销售过程中，为了提高销售业绩，强烈激发彩民的赌徒心理，一方面不断提高进化彩票技术，不断推出刺激性更强的游戏规则。例如，在我国彩票的玩法设计中，数字型彩票所占比例偏多，这是一种变相的赌博行为。另一方面还不断过度宣传和夸大彩民一夜暴富的神话。例如，江苏省体育彩票管理中心通过在显著位置树立广告牌、发放传单、媒体投放广告等一系列的手段扩大销售，“投入2元撞500

---

① 《中国彩民行为网络调查发布　问题彩民成为关注焦点》，新华网，http://news.xinhuanet.com/sports/2012-03/26/c_122881784.htm。

② 彩票发展指数指一个区域内彩票发行总金额与本区域内GDP的比值。

③ 《彩票正面效应削减700万“问题彩民”待拯救》，http://finance.chinanews.com/cj/2012/04-24/3842330.shtml。

④ 侯向群、刘杰：《用彩票为公共品融资》，《湖南商学院学报》2012年10月第19卷第5期。

⑤ Alan J. Karcher, *Lotteries*, Transaction Publishers Press. 1989, pp. 21-35.

万大运"、"花 2 元给明天买份希望"、"2 元改变自己的命运"，进行过度宣传。事实上，除了树立广告牌、发放传单这种硬性的宣传方式，有些还以更为隐蔽的方式渲染一夜暴富的神话。比如，某人长期坚守一组号码中了大奖、某人购买梦中数字组合一夜暴富、某人出差在外异地中奖等。发行方联合媒体的夸张宣传对彩民造成中奖错觉，产生"邻里效应"，令彩民产生大奖距离自己很近的错觉。最终，让他们步入问题体育彩民的行列之中，或吸引穷人拿出自己的保命钱购买彩票。这种现象与国外彩票的发行存在鲜明的对比，国外的博彩杂志百分之六七十都是研究问题彩民的，这有助于让公众认识到其危害性，在全社会达成共识。

彩票是一种特殊的私人物品，其特殊性主要体现在"以小博大"上，也就是说彩票的赔率高，虽然中奖的概率极低，然而一旦中奖，则会取得高出投注本金几十倍、上百倍甚至上亿倍的收益率。其次是彩票中奖号码的随机性，彩票中奖几乎没有任何智力因素在里面，尽管有相当一部分人不相信这一点。正是因为彩票的这些特点而容易引发彩民内心潜在的一些不良心理，从而使其天然就会造成一系列社会问题和对社会的不良影响。政府作为彩票发行者在彩票收益和彩票给彩民带来的负面影响之间是需要权衡的，如果一味注重彩票的发行收益，则会放大"问题彩民"问题。

2. 垄断致高额发行费，挤占公益金份额

垄断导致高额发行费用的产生挤占彩票公益金分配比例。

我国的两类彩票分别由民政部下辖的福利彩票管理中心及国家体育总局下属的体育彩票管理中心垄断经营，影响效率。两大部门负责彩票的法规制定、运营发行等事务。1987 年，第一支福利彩票在河北石家庄开始发行。此后，教育部，环保总局及体育总局都希望介入彩票的发行。最终，体育总局借助亚运会的东风成功取得了彩票发行权。1994 年，第一支体育彩票发行。由此，中国彩票市场形成了民政部和体育总局的双寡头经营格局。目前，中国彩票的总发行规模已超过 1000 亿元。2001 年后，财政部规定彩票发行机构须将彩票发行与销售委托给公司运营。但如何委托、委托给谁，是否必须引进公开招投标机制都没有说明，这实际上等于继续默认两大机构的垄断现状。以体彩为例，2001 年后，国家体育总局相继成立了中体彩科技公司和中体彩印务公司，并将体育彩票的发行和印制委托给这两家公司运

营。体育总局拥有两家公司100%的股权，公司的董事会成员也由体育总局任命。事实上，这不过是“两张牌子一套人马”的把戏。

没有竞争的中国彩票公司效率低下，运营成本居高不下，占总彩票资金的15%，三倍于国际通行标准。在彩票销售中的一些基础设备购买、网络架设已经完成，在后续运营费用投入相对降低的情况下，发行费用居高不下，挤占了公益金份额，影响了彩票的公益目的。美国的彩票由各州独立发行。虽然各州彩票发行收入的分配比例各不相同，但大体上都保持在合理的5%左右。比如，马萨诸塞州彩票的发行管理费占彩票总资金的7%，纽约州为5.5%，华盛顿特区只有4%。欧洲各国的情况也类似，英国的发行管理费仅占3%，法国为4.5%，德国为6%。①

根据现行的《彩票发行与销售管理暂行规定》，彩票的返奖、公益金、管理费用比例为50:35:15。近几年，彩票发行规模的不断扩大，意味着在发行费提取比例不变的情况下，发行费本身也在大幅度增加。如以2012年中国福彩、体彩总计2615亿元的销售额推算，彩票发行费用为392.25亿元。根据国家审计局的报告，2003年和2004年，体育彩票管理中心共付给两公司彩票发行费9.69亿元，扣除全部成本费用，两公司获利高达5.58亿元，两年股本收益率为2149%。② 两家与体彩中心在股权和人事上紧密关联的印务公司和科技公司，创立伊始就获利惊人。北京市工商局的年检报告显示，2003年印务公司净利润8551.84万元，科技公司净利润1.96亿元；2004年印务公司净利润1.2亿元，科技公司净利润7251.35万元。2004年3月，科技公司2003年度股东分红总额2500万元，其中大股东体彩中心分得900万元。显见，通过公司运作，体育彩票发行产生的巨额收益，以公司利润的形式名正言顺地留在两家公司手中，再以股东分红的形式在体育总局系统内分配。

3. 彩票销售乱象丛生

彩票发行监管经常出现真空地带，彩票发行中各种乱象不断成为必然。中国福彩中心出现过“双色球”开奖的电视画面异常事件，湖北省体彩中

---

① http://news.163.com/special/reviews/lottry.html.

② 《审计署公布32个部门单位04预算执行》，http://news.qq.com/a/20050928/001694_1.htm。

心曾发生过“摇奖球被人动手脚”事件，海南体彩也发生过类似的“换球事件”，深圳则出现过“黑客入侵彩票系统案”……虽然最终违法犯罪的行为受到了法律的严惩，但是的确是监管上的漏洞为贪污腐败、挪用公款等犯罪敞开了大门，一些“疑案”并未得到解决。2000 年震惊全国的“西安体彩宝马案”中，主人公好不容易抽中宝马，结果彩票却被掉了包。当 17 岁少年刘亮抽得了特等奖宝马轿车后，却遭到彩票销售机构的拒兑，认为其彩票系伪造。刘亮一怒爬上了广告牌，扬言要跳下。媒体介入报道，一桩彩票销售的黑幕终于被揭开。最终，多名彩票机构的管理人员、政府主管官员及公证人员获刑。一位原国家福彩中心资深人士透露说，在 2000 年之后，随着竞争的白热化，弊案也多了起来。“体育搞承包，福利就心痒痒”，他说，“没出现宝马案这样的大案是福彩运气好，陕西体彩的那个人黑过头了。宝马案是必然结果，不是偶然现象”。此话果然应验了。之后，新疆一彩民买的彩票明明与报上公布的中奖号码相同，彩票中心却说没中奖，而福彩双色球第 2004009 期开奖的转播镜头中，居然特写画面与全景画面不同步。[①]

因为不公开透明，缺乏有效监督，公众心中充满质疑。西南财经大学的三位研究人员在 2011 年就“我国体育彩票诚信问题”的调查显示，近六成受访者存在着不信任感；在腾讯网《今日话题》栏目 2013 年组织的“你怀疑‘彩票巨奖们’的真实性吗?”投票调查中，高达 99% 的网民（3 万余人）表示“怀疑”。

出现彩票乱象的根本原因在于政府部门的监管严重缺失。我国彩票的管理体制中监管的部门关系为：国务院领导，民政部和体育总局主办，彩票管理中心发行，财政部负责监管，税务、审计部门监督。具体表现为，国务院受理财政部整理各省市上报的彩票发行额度，再根据社会保障资金缺口以及上年度的发行情况来制定彩票发行总额。总额一确定，则又回到财政部，由财政部具体分配到民政部和体育总局。而对销售环节，则由审计署和地方同级政府审计部门监督。[②] 由此可见，在监管体育彩票环节中，出现同级部门进行监管的关系，这势必在整个监管环节中出现一些问题，导致整个监管体

① 《山东博彩业调查：两块钱里的梦想 GDP》，http://www.qlweekly.com/News/CoverStory/201302/227448.html。

② 周远军：《对我国体育彩票管理中的问题分析和对策研究》，《体育世界学术》2012 年第 4 期。

系运行不畅，监管起不到多大的实际作用。

目前中国政府发行彩票是民政部门和体育部门“二分天下”，中国福利彩票发行中心与中国体育彩票发行中心各自在全国范围内设置垂直领导的各级销售“代理人”，从而形成彩票市场的双寡头垄断格局。垄断的倾向体现于彩票发行的许多环节，导致发行环境不透明，进而造成发行效率不高、成本巨大，行政依附性使得发行费被层层削减，从中央到地方的各级彩票中心均要从中分一杯羹。基层彩票中心获得的发行费相对很少，为确保自己的利益，他们便往往违规操作，触犯法律底线。这种垄断格局是产生乱象的重要原因之一。

当然，政府为了保障彩票事业的可持续发展，大力整顿和打击彩票发行阶段的贪腐、暗箱操作现象，不断出台相关法规规范彩票发行。据媒体公开报道，近年来，福彩和体彩系统的官员，上至国家体育总局体育彩票管理中心原法定代表人、主持体彩中心常务工作的副主任张伟华，中至福建体彩中心原主任李联友，下至青岛福彩中心原主任王增先，一系列“彩票官员”相继“落马”。2012 年，曾带领青岛福彩长达 13 年、使青岛电脑彩票销量在全国实现了“七连冠”、在彩票系统极具知名度的“第一主任”王增先东窗事发。2008 年的山东审计报告显示，王增先 2005 ~ 2007 年税前个人收入（包括工资、津补贴和其他奖励）达到 275 万元、374 万元、328 万元，三年累计个人税前收入近千万元。2005 年，青岛福彩中心甚至从发行费中支取 2000 万元用于其个人购买豪华游艇。另外，其在 2000 ~ 2009 年，利用职务上的便利，受贿 768 万余元，骗取、侵吞单位公款 4864 万元（4000 万元未遂）。2013 年 3 月，青岛市福利彩票发行中心原主任王增先贪污受贿一案由青岛中院一审公开宣判，王增先因犯贪污罪、受贿罪和单位受贿罪，被判处死刑，缓期两年执行，并处没收个人财产人民币 500 万元。①

四　分配阶段存在不足

《财政部关于调整彩票公益金分配政策的通知》规定，彩票公益金在中央与地方之间，按 50∶50 的比例分配。中央集中的彩票公益金，在社会保

① 《国内彩票第一死刑案始末　中国福彩再无王增先》，http：//news. china. com. cn/txt/2012 - 07/04/content_ 25809531. htm。

障基金、专项公益金、民政部和国家体育总局之间，按 60%、30%、5% 和 5% 的比例分配。地方留成的彩票公益金，将福利彩票和体育彩票分开核算，坚持按彩票发行宗旨使用，由省级人民政府财政部门协商民政、体育部门研究确定分配原则。彩票发行是手段，彩票公益资源的使用才是最终目的，社会效益是公益金使用的核心。公益金的使用功效卓著就可以激励彩票事业的发展形成良性循环；反之，公益金使用出现偏离目标行为，就使得彩票公益事业的机制陷入恶性循环。目前，我国彩票公益金使用仍旧存在一些问题。

1. 彩票公积金使用范围仍显狭窄

中央彩票公益金使用范围界定仍显狭窄，集中于传统慈善领域，更多起到锦上添花的作用，而非雪中送炭，这些领域同样是财政大力投入的领域，甚至有些是国家重点投入的领域，将以“取之于民、用之于民”宗旨的彩票公益金局限于这些资金高度集中的公益领域，而甚少、或者根本不投入其他公益领域，其发挥的社会效益将大打折扣。2012 年 3 月 21 日，财政部向社会公布了最新修订的《彩票公益金管理办法》，明确彩票公益金纳入政府性基金预算管理，专项用于社会福利、体育等社会公益事业。社会福利主要包括“扶老、助残、救孤、济困、赈灾”领域。中央集中的专项彩票公益金主要用于青少年学生校外活动场所建设和维护、教育助学、城乡医疗救助、红十字事业、残疾人事业、文化、扶贫、法律援助等社会公益领域，还有就是当年国家重点建设的项目，如 2008 年之前北京奥运会场馆建设。2011 年中央专项彩票公益金具体支出安排包括：汶川地震灾后恢复重建、农村医疗救助、城市医疗救助、未成年人校外教育事业、残疾人事业、红十字事业、文化、扶贫、法律援助、农村贫困母亲两癌救助。2011 年中央财政当年收缴入库彩票公益金 3174492 万元，加上 2010 年结转收入 724358 万元，共 3898850 万元。按上述分配政策，考虑结余结转因素，经全国人大审议批准，2011 年安排彩票公益金支出 2847222 万元。其中，分配给全国社会保障基金理事会 1716285 万元，用于补充全国社会保障基金；分配给中央专项彩票公益金 844889 万元，用于国务院批准的社会公益事业项目，由使用彩票公益金的部门或单位向财政部提出申请，经财政部审核报国务院批准后，组织实施和管理；分配给民政部 143024 万元，按照“扶老、助残、救孤、济困、赈灾”的宗旨，由民政部安排用于资助为老年人、残疾人、孤儿、有特殊困难等人群服务的社会福利设施建设和受助对象直接受益的项目；分配给国家体育总局143024万元，由国家体育总局安排用于落实《全民健身计划纲要》和《奥运争光计划》等体育事业项目。彩票公益金收支相抵，结余1051628万元。①

政府对彩票公益金的未来使用方向主要为养老。根据2013年9月13日国务院印发的《关于加快发展养老服务业的若干意见》规定，民政部本级彩票公益金和地方各级政府用于社会福利事业的彩票公益金，要将50%以上的资金用于支持发展养老服务业，并随老年人口的增加逐步提高投入比例。② 这是继2013年6月份中央专项彩票公益金增加对农村养老的投入后，国务院针对彩票公益金投入养老服务业的又一举措。2013年6月，经国务院批准同意，中央专项彩票公益金将从今年起连续3年累计投入30亿元，用于支持建设10万个农村幸福院，以破解农村养老难题。

可以看到，彩票公益金的使用范围正在不断拓展，比如法律援助领域就是近年来新加入的。地方各级彩票公益金在资助项目、资助领域方面也在不断寻求着突破。其中，以福彩公益金购买社会组织服务较为常见，并引导出一批以福彩公益金资助的新模式。2009年以来，深圳、上海、北京、东莞、南京、苏州等地相继进行了以福彩公益金购买社会服务的相关尝试。例如，深圳率先在国内提出了“发挥福彩公益金的导向功能和‘种子’作用”，深圳市政府在2009年获得了民政部的许可，并于当年7月份与民政部签订了《推进民政事业综合配套改革合作协议》，鼓励社会组织、企业和个人申请公益金，开发公益慈善类项目。采取的方式则是“公益金开拓购买新项目、财政预算资金承接成熟项目的衔接机制”。其具体内容包括公益慈善创投，通过举办公益项目创意大赛，即为公益慈善组织提供创业及发展资助，包括综合性能力建设及员工志愿者在内的多维协助，提升民间公益慈善组织的技能和经验。③ 同时，上海、北京纷纷开始效仿利用公益金购买社工服务。这一创新，一方面可以解决困扰财政资金投入方式给政府购买带来的问题；另一方面则可以鼓励社会组织、企业和个人申请公益金，开发公益慈善类项

---

① 中华人民共和国财政部公告2012年第59号。

② http：//www.zhcw.com/gongyi/fulao/2653499.shtml.

③ http：//sztqb.sznews.com/html/2011－08/31/content_ 1727878.htm.

目。另外，江苏无锡市通过政府购买服务的形式，建立起了自然灾害商业保险制度。2013 年初，无锡市从福彩公益金中出资 239 万元，按市区户籍人口每人每年 1 元的标准，为无锡市区所有户籍居民全额购买了自然灾害保险，市区居民个人不需要承担任何保险费用。

然而，我们认为基于彩票公益金的性质，还应当拓展其使用范围，将其投入到社会亟需但得不到资源的领域。比如，农民工权利维护、环境污染治理、食品安全等财政资源投入较少，却拥有巨大需求，并与民众联系密切的领域。

2. 彩票公益金使用主体单一

政府仅仅规定彩票公益金限于公益目的，福利彩票、体育彩票按其发行目的而使用，但目前这个概念并没有得到明确的解释。到底哪些活动、哪些项目才属于社会公益事业并没有明确界定。这也导致从中央到地方，彩票公益金的使用主体五花八门，经常引发争议。

2012 年以前，彩票公益金主要在政府部门之间支配。2006 年之前，中国彩票公益金的分配使用由财政部监管调剂，有近 10 个部委参与公益金收入的分配，其中民政部、国家体育总局两部门占据公益金的 50%，其他的一半由财政部向助学、残疾、环保、社保及 2008 年奥运会等八大领域分配，甚至教育、建设、西部开发等部委也提出要参与彩票收入的分配。2006 年后确定了新的公益金分配格局，中央与地方平分彩票公益金。公益金主要用于民政和体育以及专项公益事业，但是具体的使用情况并不稳定和明确。

2012 年以后，中央确定了彩票公益金的分配比例。然而，除了补充社保基金的部分外，其他公益金的主要使用方向只有原则，而无统一的法律规范来规定。中央彩票公益金和大部分地方彩票公益金的实施主体单一，缺少竞争和创新，难以提高效率。而我国彩票公益金的具体使用仍旧局限于政府部门，常年申请使用中央彩票公益金的只有有限的几家与政府联系紧密的官办基金会，如中国红十字基金会、中国残疾人联合会、中国教育发展基金会和中国法律援助基金会等。2011 年中央专项彩票公益金实施主体及金额①见下表，未见有民间公益组织的参与。

① http://cp.cctv.com/20120913/104046.shtml.

2011 年中央专项彩票公益金实施主体及金额

单位：万元

类别	实施主体	金额
农村医疗救助	民政部	100000
城市医疗救助	民政部	60000
未成年人校外教育事业	中央文明办、教育部	252000
教育助学	中国教育发展基金会	80000
文化	文化部	45000
扶贫	国务院扶贫开发领导小组办公室	52500
残疾人事业	中国残疾人联合会	86729
红十字事业	中国红十字会总会	23837
法律援助	中国法律援助基金会组织	10000
农村贫困母亲两癌救助	中国妇女发展基金会	5000
新疆社会福利设施建设	（未说明）	57000

3. 彩票分配缺乏公开透明

按照《彩票公益金管理办法》的规定，中央和地方政府正从不同渠道公开彩票公益金的去向，从各地财政、民政官网资料可以看出，彩票公益金的公示范围逐渐扩大，从部级、省级，到如今的市县级，各级单位都紧密配合国家政策法规接受社会监督，从实际效果上可显现出公示彩票公益金使用情况的重视程度，彩票公益金流向的谜团正逐步呈现在公众面前。例如，2013 年 9 月 5 日，财政部官方网站发布公告，公示 2012 年全国彩票公益金筹集分配情况和中央专项彩票公益金安排使用情况、数据，包括 2012 年全国彩票销售情况，2012 年全国彩票公益金筹集情况，2012 年中央专项彩票公益金支持未成年人校外教育项目、教育助学项目资金分配、农村医疗救助项目资金分配等。各省也在进行彩票公益金公开。

但是，我国目前没有建立起统一的公益金使用明细表公开标准以及对外发布渠道，政府公示环节的主动性和精细程度均与公众预期尚存差距，各地公开内容的详细程度并不一致，概括性的总额数据对老百姓来说，仍旧是“雾里看花”。例如，贵州省民政厅 2013 年 8 月 15 日下午在其官方网站发布《2012 年度贵州省福利彩票公益金安排使用情况》的公告，这则全文 171 个字的公告公示了贵州省 2012 年省级福利彩票公益金 8052 万元的去向。全文如下：“2012 年，全省共安排使用省级福利彩票公益金 8052 万元，其中用于老年人福利项目4100万元，占总额度的50.92%；残疾人福利项目210万元，占总额度的2.61%；儿童福利类项目1700万元，占总额度的21.11%；社会公益类等项目安排使用彩票公益金2042万元，占总额度的25.36%。安排使用较大的项目有农村敬老院建设2300万元、儿童福利机构建设1200万元、殡葬设施改造1000万元，这3项共安排资金4500万元，占总额度的55.89%。”涉及8052万元的公益金，使用情况公示仅仅171个字，这样的情况公示能否满足公众的需求？该报告显然无法说清楚彩票公益金的使用规模、资助项目、执行情况和实际效果等内容。和贵州省民政厅公布的2012年福利彩票公益金安排使用情况大体相同的是，海南省、湖南省2012年福利彩票公益金安排使用情况的公告也都不足300字，仅列举出涉及款项的总额和实施大项涉及的金额，对具体执行情况和执行效果等内容都鲜有涉及。《2012彩票行业调查报告》显示，89.22%的受访者都认为目前的披露标准与自己心中的理想标准相差甚远，应该采取相应措施让所有人都能清楚了解公益金的使用情况。①

五　政府职责：使彩票公益健康高效

福利彩票和体育彩票发行方式不断更新，发行规模不断扩大，促进了社会福利事业和体育事业的发展。但是，当前彩票管理中仍存在一些问题，包括个别地方和部门违反国务院规定，未经批准擅自发行或变相发行彩票；一些彩票发行与销售机构违反有关规定，擅自改变彩票发行方式和游戏规则，或在宣传中发布可能误导公众的信息；个别地区存在民间私自发行彩票、代销境外“六合彩”等非法行为；彩票发行管理方法、资金和财务管理制度不尽完善，发行费用比例过高；彩票公益金的使用范围过于狭窄；等等。

彩票公益金本质上属于彩民对社会公益事业的捐赠，不同于其他政府利用公共权力，以提供公共（准公共）产品或特定公共（准公共）服务为前提，获得的一般性财政收入。彩票公益金的特定属性，决定了其使用必须向公众公开、透明，使用结果定期向社会公告。然而，长期以来，政府将彩票公益金等同于财政收入，而非专门用于社会公益事业的资金，这导致长期以

① http://sports.qq.com/a/20130405/000172_1.htm.

来彩票公益金的分配目标存在偏差，更多的是政府意志，而未体现“取之于民、用之于民”，向人民负责。

1. 需要规定彩票公益的管理原则与机构

需要规定彩票公益金的管理原则与机构，而非运动员与裁判员不分家。在世界各国制定的相关彩票管理法规中，其主要内容之一就是规定彩票公益的管理原则与机构。其目的是通过法规把政府与彩票发行机构的职能有机地统一起来，有效地避免公益金管理上由于职权互相交叉可能带来的理事与理财分离、需求与分配脱节等问题，进一步区分各自的职能，明确各自的责任，明确公益金的适用范围和强化公益金管理上的执行效力。例如，英国专门成立彩票分配基金委员会对彩票公益金进行分配，主要用于艺术、体育、慈善、教育、社区服务等六个领域。

2. 需要明确彩票公益金的使用主体和领域

国际上，许多国家的彩票公益金使用目的明确，并有明确的分配比例。例如，挪威彩票公益金的具体用途包括了文化艺术、教育、科学、卫生和社会福利与慈善事业等社会公共事业。与我国类似，在宽泛的目标前提下，将公益金分配于各个用途不一的社会公共事业是公益金管理中的主要困难所在。挪威的解决方法是规定彩票公益金在文化艺术、体育和科学研究三个方面的使用数量各为1/3。

3. 应构建负责任的博彩机制

发行彩票的目的必须事先得到明确，并且在彩票发行过程中让彩民充分了解，为彩民通过购彩方式贡献爱心提供渠道，这不仅是一个对彩民客观上对社会公益所作出的贡献的反馈问题，也事关彩票发行本身的效率和合法性依据。而且缺少了公益性的彩票其实质也就无异于赌博了。另外，公益目的也是促使人们购买彩票的重要因素，一项研究明确指明为公益事业筹资的彩票，其发行量要大于那些无明确发行目的的彩票。[①]

政府是彩票事业的主导者、执行者、使用者、监督者，应当承担起对包括彩民在内的利益相关者的社会责任，而不能仅仅享受经济利益。从另一个

---

① 臧旭恒、曲创：《论作为公共物品筹资方式的彩票》，《东岳论丛》2002年第2期。

角度来说，彩票事业的受益者是社会公益，最终是普遍的社会大众，这其中也尤其应当包括为此作出贡献的彩民。因此，政府在享受彩票发行带来的巨大利益的同时，不能对问题彩民和穷人购彩问题视而不见。

国际上早就对此问题有所反应，提出了“负责任博彩”原则，期望能够缓解公益目的与商业手段之间天然存在的和后天政府不慎造成的愈演愈烈的矛盾，其采取的措施有以下几个方面。

第一，针对问题彩票和穷人购彩，使彩民做到知情权选择。在营销宣传中要突出公益慈善理念，充分挖掘体育彩票的社会价值和社会功用，传播慈善文化，引导彩民树立正确的价值观。传播的信息要体现体育彩票的公益性、伦理性、社会性和娱乐性，传递给彩民真实、可靠的信息，使彩民做到“知情”，杜绝任何形式的误导性宣传。在销售场所、各种宣传品及体育彩票票面上要明示警示语。由于彩票潜在的上瘾特征，它就要求体育彩票机构在履行伦理责任时要做到时刻提醒、警示彩民——“彩市有风险，投注须谨慎”。在美国佛罗里达州彩票票面上印有“没有幸运的日子，这只是一个随机游戏”；路易斯安那州彩票票面上印有“彩票只是一种娱乐，而非获得收入的方式”和“您无法控制随机游戏的结果”等。所以，彩民只有在了解了彩票各种信息的前提下，真正做到了“知情”，才可能在购彩中作出理性的选择。①

第二，针对问题彩民，建立预防救助体系。维持健康的彩票市场，预防是关键，要做到防患于未然。通过彩票网点、社区、媒体（电视、互联网、海报、广告牌等）在内的多种载体普及彩票知识，传播彩票慈善，奉献爱心及娱乐健康的购彩理念，指导彩民理性消费等。对于已经出现问题的彩民，要进行及时救助。要有专门的问题彩民救助机构和经费。例如，加拿大政府（通过一个委员会）全资拥有一个商业机构来管理所属省份的所有商业博彩活动，该商业机构利用“管理合同”与多家私人赌场营运商合作。为支付“负责任博彩”活动及治疗“问题赌徒”，安大略省政府要求每年把摇彩机 2% 的毛收入，用作“负责任博彩”及治疗“问题赌徒”的经费。再如，澳洲为防范未成年人赌博及保护有病态赌博倾向人士，有的省份法律规定未满 18 岁人士不得进入赌场。更有些省政府要求赌场为有无法自我控

① 李海、穆瑞玲：《我国体育彩票社会责任内涵分析》，《河北师范大学学报》（哲学社会科学版）2013 年 3 月第 36 卷第 2 期。

制赌博行为人士提供“隔离措施”，以便减少他们进入赌场博彩的机会；当中更有赌场接受家人提案的“隔离措施”申请。澳洲赌场注重为员工提供“负责任博彩”认识的培训，有的赌场平均两至三年为员工提供一次“负责任博彩”再培训。此外，有的赌场内设24小时的“负责任博彩”支持中心，让全职心理学家或辅导员驻场为有需要人士辅导。

4. 采用竞争模式降低发行费用

国际上，采用竞争模式发行彩票的国家，其彩票发行管理费占彩票资金的比例通常在5%左右。英国的国家彩票的经营权是通过公开竞标获得，其垄断权限是7年。足球彩票是由3家全国性的博彩公司发行，并允许区域性和小范围的彩票运营。虽然规模无法与国家彩票相比，但是其发行模式、玩法规则有异曲同工之处，所以在某种程度上，他们之间存在着激烈的竞争。这种面对面的竞争方式使得英国的彩票发行成本只占彩票收入的5%，从而极大地降低了彩票发行成本，有效地刺激了彩票品种创新和技术创新。

5. 建立相对独立的监管体制

针对我国彩票行业的乱象问题，需建立相对独立而有效的监管体制。例如，英国的彩票监管机构有三个：地方政府、博彩委员会和国家彩票委员会。地方政府承担着小型福利彩票的监管职责，即监管一次彩票发行扣除成本后的收益在2万英镑以下或年发行收益不足25万英镑的社会公益彩票。隶属于内政部的博彩委员会，负责监管慈善机构发行的大型福利彩票、地方政府发行的福利彩票和足球彩票、大型社会公益及所有地方授权的彩票及其他非彩票类博彩行为。隶属于文化、传媒、体育委员会的国家彩票委员会则专门监管国家彩票。博彩委员会和国家彩票委员会不是政府的行政部门，但也不是完全独立于行政体系之外的部门，它们都隶属于国务大臣。这两个彩票委员会的总监直接对大臣报告工作。①

公众对于公益慈善领域的关注热度可说是前所未有。舆论对诸如“假捐”、“强捐”等事件给予了高度关注，这其实正体现了公众对公益事业进行监督的“诉求”，而对于公益金的关注也是公众问责的体现。事实已经证明，只有加强问责，彩票的发行和彩票公益金的使用才能够得到最大化的利

① 郁菁：《美英法三国彩票管理体制比较与启示》，《社会福利》2012年第10期。

用。中国的彩票事业才发展了短短二十几年的时间，并不成熟，政府在巨大的利益面前对于彩票事业的兴趣点集中于彩票的筹资功能上，而非彩票的公益属性，忽视了彩票隐含的负面问题，甚至为了获取利益不择手段，损害了社会公众利益，致使政府公信力受损，彩票利益受损，彩票事业可持续发展受到严重影响。

政府也认识到了这一点，采取了各种措施解决彩票公益中存在的问题。但是，很多问题实质上并未从根本上解决，期待政府在彩票公益金方面有更加负责的行为。

第三部分

典型案例

中和农信的草根金融与社会绩效

中国的小企业、微企业、个体私营就业者、农户、低收入者、贫困群体等是草根经济体，面向他们的无抵押、无担保的微型信用贷款极为短缺。假如按照1亿的需求客户（包括农民、微小企业和低收入者）规模、10万元的小额信贷循环额度需求保守测算，我国小额信贷需求资金缺口在10万亿元以上。[①] 国内大量新生的小额信贷或小额贷款的商业性小额贷款公司，尽管一定程度上服务了部分草根经济体，但是，它们只注重和追求商业目标和经济目标，大部分草根经济体被排除在外，特别是微型企业、农户、低收入人群、贫困人群以及女性。让农民能真正享受到金融服务是中央非常关心而又一直未能很好解决的问题。[②]

目前国内最大的公益性小额信贷公司——中和农信项目管理有限公司（简称中和农信）由中国扶贫基金会创办，从1996年起在农村贫困地区开展小额信贷扶贫试点项目，通过100%无需抵押小额贷款服务于农户。17年来，中和农信项目累计发放农户小额信贷50万笔，累计放款规模达到37亿元，受益人口150万。业务覆盖全国14个省（市）的63个县（市/区），覆盖58个国定、省定贫困县及欠发达县，贫困县占92%。[③] 对草根经济体而言，特别是最底端的低收入人群和贫困人群，中和农信的草根金融服务显得尤为重要。与巨大的需求资金缺口相比，中和农信的资金额度很小，但

---

① 《中国－拉美微型金融与小额信贷国际研讨会专家观点综述》，《海南金融》2012年第11期。

② 《段应碧，中国扶贫基金会会长》，http：//www. hinews. cn/news/system/2010/02/20/010741960. shtml。

③ 文中所有涉及中和农信业务数据截止到2012年12月31日。如需了解更新数据，请登录 www. cfpamf. org. cn 查阅。

是，与企业及政府机构不同，中和农信不仅在主观上定位于这些客户，客观上也能达到为这些客户服务的目的。草根金融、惠泽乡村是中和农信自始至终的使命。

一　行动哲学：草根金融

1. 低收入群体需要的不是救济

贫困是指由低收入造成的缺乏生活所需的基本物质和服务以及没有发展的机会和手段的一种生活状况。贫困分为绝对贫困和相对贫困。绝对贫困泛指基本生活没有保证，温饱没有解决，简单再生产不能维持或难以维持。如果温饱基本解决，简单再生产能够维持，但低于社会公认的基本生活水平，缺乏扩大再生产的能力或能力很弱，则属于相对贫困。在过去的50多年中，世界财富翻了几倍，但世界范围的贫困问题却日益恶化，我国现有592个国家级贫困县，1.28亿贫困人口。

改革开放到20世纪80年代中期，我国减缓贫困主要实行救济、救助方式，即国家通过国民收入的再分配，对无法维持最低生活水平的社会成员给予救助，保障其最低生活水平。它成为社会保障体系的重要组成部分，成为克服贫困、缩小贫富差距与保持社会稳定的重要手段。与此同时，国家通过立法，对失去最低生活保障的社会成员给予物质援助，以维持其最低生活标准，维护其基本生存权利。当时主要是中央政府直接通过各基层政府把粮食、衣物、生活必需品或现金等分配给贫困农户，主要用于生活救济和财政补贴，属“输血”式或给“鱼”式扶贫。然而，对于无劳动能力的低收入人群或贫困人群，可以采用这种救济方式，对于具有劳动能力和劳动意愿的人群，这种救济方式弊端重重，“越扶越贫”，“等靠要”盛行，大量人群不仅未摆脱贫困状况，未提高收入，长期处于低收入状况，甚至贫困状况。更为重要的是，有劳动能力和劳动意愿的低收入者及贫困人口自身的能力及机会并未得到拓展，其所在地域蕴含的大量自然资源和人力资源未得到开发和利用，他们原本可以通过资金支持、技术/技能培训等方式，由依赖于政府或他人，转为依靠自己。他们不仅可以通过自己的能力改善生产、生活条件，甚至可以规划自己和家人的发展方向。

早在20世纪70年代，穆罕穆德·尤努斯从小额信贷——借款27美元给42个赤贫农妇——开始寻找一种新型的使低收入人群、贫困人群，甚至赤贫人群改变命运的方式。他的成功试验证明了有劳动能力和劳动意愿的低收入群体，需要的不是救济，不是同情，不是“输血”式帮助，不是“鱼”，而是他们自身的“造血”能力和“钓鱼”能力。在他试验的30年中，发展出面向贫困人口服务的庞大乡村银行网络——格莱珉银行。他的试验指出，任何人都有作为企业家的潜质，即便是一个非常穷的人。富人利用天然的倾向资本的能力，富人可以不断地“利滚利”，而穷人则因为没有微不足道的第一笔钱，很难摆脱贫穷，长期靠救济和救助生活。他相信个人的创造力和潜力。尤努斯及格莱珉银行的成功为各国减贫事业提供了多方受益的模式：减少政府财政负担，提高资源利用效率，帮助低收入人群及其家庭体面地摆脱生活及生产困境，甚至致富。

17年前即以小额信贷项目形式服务低收入人群、贫困人群的中国扶贫基金会，不采取直接救济和救助形式，而是同尤努斯的行动哲学和行动逻辑一样，以无抵押、无担保的形式借钱给他们，坚持“给穷人一次机会激发他们的能力，让他们自己发展起来”，帮助他们发展生产，改善生计。大量渴望通过自己的劳动富裕起来的人们获得了中和农信的小额贷款，自我能力和发展机会提升，实现自我就业，改善温饱状况，子女教育状况和基本医疗状况改善，得到了体面的住房和家庭的快乐。他们逐渐富裕起来。1996年，何道峰任中国西部人力资源开发中心主任，在世界银行贷款秦巴山区扶贫项目中创建小额信贷项目，在陕西安康、四川阆中开始了中国小额信贷试验，1999年项目转入中国扶贫基金会。17年前该小额信贷项目刚刚启动时，资金只有400万美元（该项目作为世界银行秦巴扶贫项目的一部分，总规模400万美元，其中世界银行投入200万美元，地方政府配套200万美元）。当时，何道峰即将小额信贷目标服务对象确立为“穷人”，他认为，钱要借给真正的“穷人”，他们是小额信贷真正的服务对象，小额信贷机构是为他们而存在的。

吴光秋是福建省霞浦县溪南镇溪尾村人，海带养殖业在当地渐渐兴旺起来，吴光秋也想创业。2004年9月，吴光秋开始利用小额信贷资金搞海带养殖，6年内共贷款5次。2009年5月吴光秋在本村办起了海带加工厂，主要是做海带小包装的初加工，雇员5～25人，自销到昆明、成都、新疆、深圳等地。

吴光秋从一个土生土长的海边渔民发展为养殖老板，与中和农信每一次在他缺少资金的关键时刻帮忙密不可分。吴光秋不是特例，他的故事说明，一个人或一个家庭可以借助素不相识的外力发生巨大的变化，这种变化不仅仅证明了他们可以自食其力，还表明他们可以成为企业家，无论什么样的起步，无论什么样的底子。

2. 扫平草根金融的障碍

微小企业、城乡个体工商户、创业者、农户、低收入群体、贫困人口等草根经济体遍布于全国各区县、街镇、社区、乡村。他们不仅对金融有需求，还是整个社会发展进程中的积极力量，而不是负担。然而，中国现有金融体系的缺失制约着草根金融的发展，制约着草根经济体对金融服务需求的满足。草根经济体客户虽多，但分布较分散，金融需求次数虽多，但每次数额小，贷款期限短，再加上他们的客户信息不全，采集困难，缺少抵质押物，又几乎不认识有担保能力的人为之担保，大银行“嫌贫爱富”，追求利润最大化，主要为大中型企业和高端人群服务，建立了正规的财务报表和充分抵质押物运作的金融体系。这样的金融体系无论从建立初衷还是运作模式，都自动排斥草根经济体。我们很难在基层看到它们的网点，四大国有商业银行在商业化过程中，基本退出了县乡和社区；股份制与外资银行布点时更嫌小爱大、先高后低；城商行、农商行、城信社、农信社等大多实力单薄，业务覆盖能力薄弱，同时扮演将农村的资金向城市输送的角色。这些机构的产品单一，要求贷款者抵质押。而且，这些机构工作人员的业绩与贷款额度挂钩，通过不断增加贷款次数而获得的业绩费力且风险大、收效低，他们大多缺少服务草根经济体的积极性。而目前新起步的邮储银行、村镇银行、小额贷款公司等尚处于试点起步阶段，甚至有一些也明显地表现出“嫌贫爱富”。

草根经济体受到种种不公正的待遇。低收入人群或贫困人群等草根经济体并不能公平地获得金融服务的机会。

一直以来，政府财政贴息贷款，特别是扶贫贴息贷款旨在帮助草根经济体解决贷款难问题。然而，政府财政贴息贷款存在“软约束”，因这种贷款利率低于市场利率，成了稀缺资源，产生权力寻租。为获得财政资金支持，有些项目立项仓促，甚至造假，有人通过走门路拿资金，资金被倒来倒去，贴息贷款流入高端人群手中。政府每年大量的财政贴息贷款并不能真正落到草根经济体手中。再者，草根经济体更为需要的是获得贷款的机会，仅仅给予利息补贴是不够的。

此外，农村高利贷成为草根金融的一部分。尽管这在一定程度上能够解决草根经济体的需求，但弊端重重。2010 年 7 月 17 日 CCTV《新闻调查》播出《疯狂高利贷》，以内蒙古赤峰市翁牛特旗的一个小村庄为例，揭示了这个小村庄因高利贷从 2008 年到 2009 年间，一百多户居民有二十多户借了高利贷的惨景，两年之间，村民们眼睁睁地看着借贷者出售牛羊、变卖土地，家里的财产全部卖空。高利贷放贷者以过分高的利息，复杂的计息方式，使他们无以抵债，数年难以偿还。高利贷者的贪婪致使贷款户过度、高度负债。甚至一些村民因贷致贫、返贫，一些村庄因贷常年处于贫困之中，难以挣脱，有的背井离乡，远走他乡或家破人亡。

市场不可能瞄准或自动瞄准草根经济体，市场失灵在这里得到了淋漓尽致地体现；而政府推行的政府贴息贷款，尽管主观上想要瞄准草根经济体，但因监管不善，客观上难以瞄准他们，存在政府失灵；而盛行的高利贷，尽管主观上和客观上都瞄准了草根经济体，但目的不同，效果上却成了吸草根经济体“血”的“吸血鬼”。

贫困人口和微型企业由于缺乏抵押品而被正规金融机构拒之门外，使得他们缺乏初始资金或技术改造资金而丧失“有利可图”的经营机会，难以改变现状，陷入贫困或低收入中不可自拔。小额信贷的产生以贫困或低收入人群为特定目标客户的金融产品服务，区别于正规金融产品机构的常规金融服务，以及传统的扶贫项目，更区别于高利贷。在国际上，小额信贷是一种专门为贫困、低收入和微型企业或从事经济活动的经济体提供的金融服务，从孟加拉、马来西亚、印度尼西亚、印度、埃及、玻利维亚的小额信贷发展来看，小额信贷对降低贫困的效应比较明显，平均贷款额度很低，虽然比向人口中较富裕阶层的贷款贵了一些，但比面向非正规部门的高利贷所提供的贷款要便宜得多。

中和农信为此建立了一套准确瞄准贫困人口、低收入人群等草根经济体的机制，从制度上惠及这样的经济体，覆盖金融盲点。包括：①业务地域选择：除了灾区，基本在贫困地区开展业务，90% 以上为国家级或省级贫困县。目前中和农信已在 14 个省或直辖市开设了共 63 家分支机构，其中 58 个为国定、省定贫困县及欠发达县，贫困县占 92%。②贷款对象：除了灾民，服务对象全部为贫困地区的低收入人群，99.5% 的客户为农户，93% 的客户为女性。[①] ③贷款方式：采用以五户联保为基础的小组贷款方式，能自然地瞄准贫困人群，低收入人群能够接受这样“相对烦琐”但又不需抵押和担保的贷款方式。④贷款额度：平均单笔贷款额度小，截止到2012年12月31日，中和农信的平均单笔贷款额度为9859元，69%以上的贷款资金发放给了1万元以下的小额贷款客户。扶贫模式的小额原则，同样能实现自然瞄准贫困人群，确保贷款真正地发放给了低收入群体，起到缓解贫困的作用。⑤贷款利率：中和农信的平均年利率为13.4%，不仅低收入人群能够接受，其活动回报率高于该利率。⑥贷款用途：为低收入人群提供生产、经营所需要的资金。2012年中和农信的年报显示，65.6%的贷款用于种养殖业。

然而，中和农信的小额信贷业务在发展过程中并非一帆风顺。实现主观上和客观上都瞄准草根经济体，扫平草根金融的障碍，需要胆识、智慧和耐心。特别是，1996年小额信贷刚刚在乡村开展时，遇到了中国小额信贷发展史上难以回避的一大问题——政府主导下的公益性小额信贷难以有效地为草根经济体服务。何道峰在陕西安康市建立的小额信贷项目区难以保证独立，一是执行体受到双重管理的约束，二是受到政府部门的干预，在政府主导，甚至左右的情况下，出现“贷大户”、“贷干部户”、“贷企业户”的情况，钱不能及时、准确地给到最需要的人手中。1997年项目遭遇搁浅，年底至1998年初项目近乎停滞。地方政府插手以及双重管理的弊端成为草根经济体获得金融服务的障碍。这一障碍一直持续到陕西和四川两个小额信贷项目区由中国扶贫基金会接管，到2004年中国扶贫基金会进行小额信贷全面改革后才真正扫平。

李素芳是河北万全县安家堡乡梁太庄村一位普通的中年妇女，家里有四口人。她当过村妇女干部，是养鸡能手。工作之余，她与丈夫在家养鸡，但规模很小。夫妇俩很早就想扩大养殖规模，但苦于家里负担太重没有多余的资金。2009年，几十年一遇的干旱，让李素芳家的庄稼几乎颗粒无收，生活的压力迫使夫妇俩下定决心通过贷款来扩大养鸡规模。可是无论是信用社，还是邮政储蓄银行都以种种理由拒绝了他们的贷款申请。就在李素芳为资金发愁的时候，中和农信万全县农户自立服务社的工作人员正好来到梁太庄村宣传。在看过贷款的条件后，李素芳和丈夫联系上了同样有资金需求的

① 引自中和农信2012年年报。

饲料供应户、蛋鸡户、收购户，组成了养殖一条龙的贷款小组，贷到了他们的第一笔款6000元。她用贷款购回雏鸡5000只，还加盖了一间育雏室。现在的李素芳对小额信贷的感激之情溢于言表，逢人就说："中和农信的小额信贷项目，真是小信贷，大作用啊。"

像李素芳这样的贷款户，有中和农信直接"上门"提供服务的，也有乡里乡亲口口相传主动去贷款的。中和农信使他们容易地贷到了款，增加了收入，改善了生活和生产条件。

3. 追求公平利润，赚钱不是目的

为低收入者和贫困人群提供金融服务的小额信贷在具体操作时，分为商业派和公益派。商业派认为，在小额信贷市场上也应遵守由供需双方自由定价的商业原则，利率不应受限制；只有通过初期较高的利率和回报，才能吸引更多投资者进入市场，最终通过竞争逐渐降低利率，直到供需平衡。公益派则强调小额信贷不能以营利为目的，利率定价应该以成本为依据。尤努斯提出的方案是，小额信贷利率要以成本加10%为上限。但是，由于小额信贷的经营成本高、风险大，在实践中，仅覆盖成本的利率也往往高于普通商业贷款利率。然而，当外部管控、行业自律、内部自持不足时，商业派小额信贷机构容易滑向高利率，甚至追求高额利润回报，乃至背离小额信贷初衷。

2010年10月，《华尔街日报》一篇关于印度安德拉邦小额信贷客户自杀事件激发了印度小额信贷危机的报道引起了国际关注。安德拉邦小额信贷危机有多重原因，包括政府和外部干预不当，但其中贷款利率偏高，股东和管理层及投资人收益偏高，对借款人重复贷款，造成弱势借款人过度负债，不堪重负，是造成这场危机的主要原因。墨西哥著名的小额信贷机构COMPARTAMOS的年利率超过85%，股东年回报率55%，几乎是高利贷。2010年年末，孟加拉国总理公开指责小额信贷是"从穷人身上吸血"的行为。批评者表示，咄咄逼人的放贷已经将小额信贷转变为"穷人的陷阱"，后者不得不苦苦偿还利率在20%～50%的贷款。这些批评促使有关当局制定了27%的利率上限。非政府组织在转型为商业化小额信贷机构或直接成立商业性小额信贷机构的过程中，容易偏向一味追求股东、投资者和管理层的高回报，实行高利率高利润率做法，损害弱势借款人的权益而造成严重后果。

商业化发展的确有助于优化机构的整体财务经营状况，但是，对其商业化发展的社会绩效问题——是否偏离原来的目标客户群体，却是小额信贷机构自始至终不可忽略的。此处所说的就是公平利润。

中和农信目前的平均年利率为13.4%（国际小额信贷普遍的利率是20%~40%），其2012年报数据显示，2012年中和农信实现净利润2144.29万元，较2011年的1882.48万元，同比增长13.91%。2010年，中和农信赢利约500万元。

中和农信的运营成本相对较高。现在的小额、分散的经营模式，既是公益性小额信贷机构的现实，也是必然。因为管理成本是小额信贷利息的最大构成成分，小额贷款的管理成本不可避免地要比正常银行贷款高。例如，贷出每笔额度为8000元的100笔，出借80万元所需要的员工工资以及其他开支就比一次性借出80万元的更高。事实上，中和农信的毛利只有1%~2%，低于其他贷款公司的赢利水平，中和农信一直坚持以农户，尤其是贫困农户为目标群体，2007年单笔贷款均额4773元，2008年为4932元，2009年为6679元，2010年为8222元。2011年中和农信的客户有近9万个，要做到如此分散的贷款，必须保有大量的业务员。当时员工有622人，一线业务员就有404人，成本之高，可以想见。由于不具备吸收存款的功能，中和农信除了获取一部分捐赠外，主要靠银行的批发贷款。2006年，中和农信从国家开发银行取得了第一笔批发贷款。此后，农业银行、渣打银行和北京银行陆续介入。2012年中和农信获国家开发银行北京分行10亿元微小贷款。批发贷款利率是国家基准利率。

小额信贷在中国的金融体系中起到了补充且不可替代的作用，服务于弱势群体、微小企业、个体户和一般农户。公益性制度主义小额信贷（包括合作金融性质的资金互助社）帮助当地的中低收入和贫困农民，但商业性制度主义小额贷款即便属于普惠金融范畴，但主要服务于中等以上收入的农户以至扩展到中小企业，在追求利润与公平方面，更侧重保障利润。

既要保证效率（一定的财务绩效，可持续的经济业绩），同时要兼顾公平，这对任何一家小额信贷机构都极富挑战性。关注公平的民间组织，往往依赖捐赠，忽视管理和可持续经营，影响机构的长期发展。而中和农信以企业化管理的方式经营公益性小额信贷，既优化了整体的财务经营状况，同时兼顾社会绩效，不偏离既定的目标客户群体。

二　社会绩效：中国第一

小额信贷的社会绩效是指机构根据其宗旨进行经营管理所产生的社会效益，实现社会目标的结果，是对社会的科技、政治、经济、文化、生态、环境等方面所作出的或可能作出的贡献。例如在扶贫、社会公正、男女平等、环境保护等方面。[①] 社会目标指帮助贫困、低收入人群和微型企业等弱势群体发展（财务目标是指商业可持续）。

早在2008年10月，国际上34家小额信贷组织联合签署了小额信贷《客户保护原则》文件，作为行业自律规则。内容如下：避免客户过度负债；透明和有社会责任的利率定价；适当的收款方式；员工的行为道德；投诉有门的机制；客户信息的隐私权。客户保护不仅是小额信贷机构的企业社会责任，更是小额信贷机构发展业务和控制风险的核心要素。这是小额信贷行业的特殊要求，是小额信贷行业最核心的秘诀。

社会绩效评估是近年来在国际上新出现和兴起的。中国扶贫基金会副秘书长、中和农信总经理刘冬文在一次论坛上表示，如果讲小贷机构的社会绩效评估，一般需从五个维度来考核。一是绩效管理：机构的社会使命是否明确、清晰，有没有决策机制，有没有一套很完整的社会绩效管理体系，确保很好的实现（绩效）。二是金融普惠性：小额信贷机构覆盖什么群体，覆盖面有多广，多少贫困群体从中受益，服务深度如何（所要瞄准的服务群体对服务产品的可获取性，获取的便捷性），是否有相关的战略规划。三是客户保护：客户在得到服务后，是否能够保证自己的权益，让客户真正受益。主要防止客户过度负债，包括有没有查询客户的征信，包括对客户还款能力的评估，是否为客户提供信贷授信，他们遇到困难能不能给额外的保障，以及对客户信息公开，不能用欺诈行为吸引客户，要合理定价，不能暴利收费，还有建立客户投诉和客户隐私保护机制，约束员工和机构遵守客户保护原则。四是人力资源：员工权益在机构里面是否得到很好的体现。五是社会改善：通过机构本身的活动能够对社会的改善有什么样的促进作用。[②]

---

① 引自花旗小额信贷培训中心培训用PPT。

② 访谈引自 http：//bank. hexun. com/2012 - 11 - 16/148031451. html。

中和农信请法国评级机构为其社会绩效进行评级，在全球200多家受评机构中，中和农信的经营业绩排在第一梯队，社会效益排在第二梯队的前列。而这两项，在中国，中和农信为第一。例如，在人力资源方面，中和农信注重员工权利是否得到保障，女性员工比例、残疾人比例，员工是否得到了较好的培训、竞争机会，其基本福利待遇是否得到保证。员工在发放贷款工作过程中，注意交通安全。在社会改变和社会影响方面，中和农信除了提供小额信贷服务外，会关注非金融服务，除了为客户提供信贷支持外，还提供免费金融教育和技术培训与信息服务。此外，面向女性客户，中和农信会优先考虑。对于有损环境的产业，中和农信不予支持。实际上，中和农信的社会绩效远不止这些。

1. 关注目标客户群体的隐性福利

贷款前后客户的经济生活是否发生了变化，发生了哪些变化，是否对客户起到了帮助，客户是否出现了新的困难，这些都是中和农信工作人员平时与客户交流时非常关注的方面。希望能根据客户产生的变化提供更适合他们的产品和服务。例如，信贷员除了向客户回收贷款，会随时与客户保持沟通，了解客户的各种近况，尽力为客户提供帮助。比如，为客户提供销售渠道、教客户怎么销售等，确保客户能赢利。另外，根据季节性、地区性的农户需求为农户提供相应的服务。例如，对于地区季节性出现的猪瘟，中和农信会请一些专家免费为养猪户提供指导和培训。很多分支机构与当地的畜牧站、科技站等有直接的合作关系。

中和农信除了提供小额贷款金融服务外，提供以下非金融服务。

（1）小额保险。自2009年起，中和农信通过与中国人民人寿保险股份有限公司合作，开始尝试引进商业保险，为客户提供保险业务。所有贷款客户可获得中和农信赠送的“定期寿险”。保险期间，如贷款客户发生意外致残或者死亡，中和农信将免除该客户的全部剩余债务，减轻客户的还款压力。

（2）农业技术培训。受知识结构和传统生产习惯的限制，许多贷款农户往往在选择项目和发展生产时缺乏足够的信心和相应的专业知识。因此，中和农信在日常工作中，随时关注农户的想法和困境，为农户提供相应的技术培训，既提高了农户的自信心，又拓展了农户的知识，使这些农户有足够的信心和技能来发展创收项目。

（3）金融教育。中和农信为项目区农户免费提供金融知识普及教育和理财咨询等工作，以帮助贷款客户掌握理财观念，开源节流，降低风险，扩大收益。另外，还通过编制材料、现场交流等培训方式提升客户与金融机构的沟通能力，引导客户合理使用各项资金，平衡收支，强化保险意识，从而实现家庭的可持续发展。

（4）信息技术培训。从 2003 年起，中国扶贫基金会与微软（中国）有限公司合作，在部分小额信贷项目区建立社区学习中心，为贷款客户提供信息技术培训和市场信息查询等服务。

2010 年，中国扶贫基金会会长段应碧在中和农信 2010 年半年总结会上说，信贷员不仅要了解规章制度，更主要的是要有帮助农民脱贫致富的本领。我们信贷员要主动看看农户家，他们能干点什么，看看怎么帮助那些经常晒太阳的（农户）。这是我们信贷员最重要的能力，即能够利用你的金融手段帮助农民脱贫致富。每个信贷员心里要明白我们的工作就是扶贫，这和过去的扶贫方式不太一样。信贷是要把钱收回来的，钱要生出更多的钱才能收回来，我们不仅要帮他把钱花好，还要帮助农民赚钱。现在组织技术培训非常好，我很希望信贷员成为能够帮助农民脱贫致富的能人。①

中和农信的服务产生了较为明显的效果。包括：客户自身的技能得到提高；客户经营项目拓展；客户自我发展意识增强；家庭生活状况得到了改善，家庭资产增加，家庭开支增加，住房条件改善，家庭抗风险能力增强；脱贫户增加；客户子女教育状况得到了改善；客户的社会关系得到拓展。

许柏青是湖南省新宁县人，1993 年，夫妻俩起早摸黑地干农活，仍难以解决生计问题。看着乖巧懂事的三个孩子，许柏青心痛极了，如果没有足够的收入，孩子上不了学，就只能一辈子跟自己一样，过面朝黄土背朝天的生活。受在双牌县经营蔬菜零售生意的姐姐启发，夫妻俩变卖了家里所有值钱的东西，凑足 200 元，带着简易家当，全家跟着姐姐来到双牌。来到双牌后，全家租住在破漏的房子里，每天天不亮，夫妻俩就挑着箩筐到附近的农户家收购蔬菜，大清早又赶到大市场叫卖，一天下来也能挣到三五十元。辛勤劳动使得一家五口的日子渐渐好起来。2008 年大儿子以优异的成绩考上湖南师大，龙凤胎儿女也顺利进入县重点高中。然而，蔬菜生意也越来越

① 《信贷员最重要的能力：用金融手段帮助农民脱贫致富》，http://blog.sina.com.cn/s/blog_6cbe4ed10100nzm0.html。

不好做，市场压力大，送去酒店的蔬菜欠账的也多，有时候资金周转不灵，夫妻俩焦头烂额。2008 年 7 月，女儿就读的县二中学校领导主动找到许柏青夫妻，表示愿意帮助他们，学校所有师生所需的蔬菜由许柏青家里提供，一月结一次账，每月需由许柏青夫妇垫资 1 万元左右。但是，夫妻俩没有余钱，没人可借，向银行借，因为不是本地户口，根本踏不进银行的大门。他们犯了难，眼见将失去机会，一个贷过款的同行向他推荐了双牌县农户自立服务社，同行告诉他就算你在这里没有房子，没有体面的工作，只要你讲信用，一样可以得到贷款。这一消息，令夫妻俩兴奋极了，当天就上门前来咨询。信贷员邓艳金入户了解情况后，为许柏青办理了贷款手续。4 天后，许柏青夫妻从双牌县农户自立服务社得到 3 万元贷款。夫妻俩用 17000 元购买了二手农用车，用于送货，余下的作为流动资金，并与二中签订协议。一个月下来，营业额比之前翻了一番。

2008 年 7 月到 2011 年 4 月，许柏青在服务社贷款 4 次，每次贷款都会给他的事业锦上添花，如今的许柏青，大儿子大学毕业，在长沙有稳定的工作，龙凤胎儿女已读大三；家里的房子像别墅一样漂亮。现在一家人的生活其乐融融，对未来满是憧憬。①

中和农信为当地提供了就业机会。中和农信的基层员工全部来自项目区。截至 2012 年底，中和农信基层本地员工占 89.9%，其中女性员工占 46%。另外，中和农信只贷给个人客户，不贷给企业客户，有助于自雇就业状况的改善。

2. 性别平等及赋权

中和农信非常注重性别平等及对女性客户地位的提升。目前，小组贷款客户要求必须为已婚女性。选择女性客户，还有其他考虑。一是因为相较于男性客户，女性得到贷款后能保证把钱用在维持家庭生产和发展方面，而男性得到贷款后，钱未必能得到有效利用；二是因为女性客户相对于男性客户更稳定，贷款机构能更好地控制风险，保证贷款安全收回。截止到 2012 年 12 月 31 日，中和农信的有效客户中，女性客户占到了 93%。

中和农信优先贷款给女性客户，使得女性在家庭中的地位得到了提升。在项目区开展业务之初，大部分家庭中女性处于弱势地位，不被重视。但是

---

① 《天道酬勤，篮子里生出的幸福生活》，http：//blog. sina. com. cn/s/blog_ 6cbe4ed10100yiwt. html。

通过一段时间的项目实施之后，女性在家庭中得到了一定程度的重视。因为，如果一个家庭想在中和农信得到贷款，就必须由家中的女性前往申请，从而使女性的重要性得到凸显。

3. 行业担当

中国扶贫基金会执行副会长、中和农信项目管理有限公司董事长何道峰在中和农信业绩报告中称，“中国特色的小额信贷正进入一个泥沙俱下的时期”，“央行数据显示，截至 2012 年 12 月末，全国共有小额贷款公司 6080 家，贷款余额 5921 亿元，全年新增贷款 2005 亿元。农信社系统号称小额信贷超过 6500 亿元，邮储银行超过 1000 亿元，农业银行 2000 多亿元。一夜之间，似乎中国成了全世界小额信贷最发达的国家。相比之下，发端于公益扶贫的小额信贷则完全被边缘化，大有鹊巢鸠占的凄凉与苦楚。整个行业都面临困惑”。①

何道峰所说的“泥沙俱下”，是指公益性小额信贷行业出现乱局，出现的大量商业性小额贷款公司根本不是真正的小额信贷机构，而一直追求社会目标的公益性小额信贷机构是在萎缩，甚至成为“小众”。

2012 年 8 月 21 日，中和农信与国际知名的小额信贷机构安信永（ACCION）联合举办师资培训班（TOT），同时，共同开发一套适合中国小额信贷机构的培训课程，推动中国小额信贷机构未来的发展。中和农信的刘冬文说，未来中国小额信贷行业的发展空间广阔，除了需要良好的政策环境外，行业人才的培养与储备是关键问题。中和农信在这些年的快速发展过程中，除了充分学习成熟的国际化培训系统和先进的经验，也愿意分享自己的经验，使我国小额信贷机构的培训越来越规范化，早日与国际接轨。

2012 年 3 月 15 ~ 16 日，由中和农信组织召开了首届“公益性小额信贷机构领导人工作坊”，国内公益性小额信贷机构负责人，以及长期致力于帮助公益性小额信贷机构进行能力建设、资金筹措的国际金融公司、花旗银行、瑞士蓝色果园投资管理公司、沛丰中国等单位的代表参加了工作坊。一位代表表示，类似的行业内聚会十分必要，能够推动行业发展，促进每一个机构的发展和提升，实现公益性小额信贷更好地发展。2012 年 6 月，中国扶贫基金会启动“小额信贷在中国”系列研究，针对中国小额信贷的发展

---

① http://www.cqn.com.cn/news/cjpd/703738.html.

现状，以及国际发展现状，进行基础性、针对性的研究和讨论，不仅期望能够使行业找到与国际接轨的交流语言和行业标准，更期望借此正本清源，推动理性的行业政策产生，防止“小额信贷”被误用、滥用。

中和农信参评社会绩效，尽管在国内同类公益性小额信贷机构中社会绩效位居第一，但是，中和农信仍然在弥补不足。刘冬文说，我们机构的经营业绩评估结果显示我们相当于全世界前20%的水平，我们的社会绩效得到三分，相当于国际水准的中上水准，但是我们还有很大的提升空间。我们清楚了我们哪些方面可以改进。[①] 中和农信并没有因自己被评为社会绩效中国第一而骄傲，它将社会绩效的不断完善视作努力的目标。“从现状来看，如果从综合考虑中和农信的经济绩效和社会绩效的角度来讲，我们还没有达到最成功的状态，我们依然还是在路上，我们还是在不断地努力，努力提高我们的社会绩效，提高我们的经济绩效。当然我们最终的目标，希望实现高的经济绩效，高的社会绩效。”

三 创新：造就中和农信

1. 治理改革保障经营效率和社会目标

今天，中和农信的董事会成员除了中国扶贫基金会外，引入了经验丰富的国际机构作为战略合作伙伴，为中和农信的发展提供国际先进的小额信贷理念、知识、技术、制度等。比如国际金融公司（IFC），作为一个在全球小额信贷领域的支持者，为中和农信带来更为开阔的国际视野和国际经验，以促进中和农信实现更为长远的发展。

从中国扶贫基金会的小额信贷项目到创办独立的中和农信，小额信贷业务经历了两次重大的治理改革，由混乱、模糊到清晰、明确。

第一次改革发生在2005～2008年。①1996～2000年，当时小额信贷项目作为秦巴扶贫项目的分项目之一，由外资中心与世界银行共同操作。世界银行提供贷款、技术等，外资中心负责具体的执行工作。决策方为世界银行。②2000～2004年，中国扶贫基金会从外资中心接管小额信贷项目，以扶贫项目的形式与项目县政府合作，由当地政府成立社团组织负责项目的具

① http://opinion.hexun.com/2012-09-03/145435657.html.

体实施。然而，此时名义上中国扶贫基金会是决策者和监督者，但实际的决策者是当地政府与扶贫办，社团组织只向当地政府汇报，然而当地政府及扶贫办并不能进行有效治理。基金会也没有发挥有效的决策和监督作用。再加上当时的监督手段落后（基金会在北京，项目县在外地，同时未建立电子信息系统，基金会对执行方的实际监管效率非常有限）。③2005～2008年，基金会改变与项目县政府的合作方式，由当地政府成立的社团组织运作小额信贷项目，转变为基金会在项目县成立其直属的小额信贷分支机构来运作该项目。此时，基金会进行了第一次重大的治理改革。2004年底，基金会开始退出部分项目县的工作，转而在项目县成立基金会直属的小额信贷分支机构，以基金会的名义独立注册为社团组织。之后成立的分支机构，全部以这种方式隶属于基金会。同时，对之前成立的几家进行改制，与政府谈判，对那些当地政府成立的社团组织进行理事会架构调整，全部变为基金会的分支机构。基金会成为实际的决策者。而所有的管理办法、人员等都由基金会提供，政府不介入管理，只作为当地的监管单位或主管单位。这次改制之后，清晰了治理结构和管理体制，基金会作为出资方、发起单位、管理者，当地政府作为监管单位，当地扶贫办作为主管单位。

第二次改革发生在2008年。2008年，中国扶贫基金会小额信贷项目部转制为中和农信项目管理有限公司。此时，基金会进行了第二次重大的治理改革。2008年以前，基金会的分支机构在10家以内，但是规模扩张以后，问题就出现了。小额信贷部只是基金会的一个业务部门，没有专门的人力资源部、财务部等。与基金会其他业务的操作及管理有一定的不同，小额信贷属于金融业务，对人力资源、财务、管理等方面的要求有所不同，与基金会其他业务用一套管理标准和方法操作小额信贷，不利于小额信贷业务和整个基金会的长远发展。再加上预见到小额信贷项目的规模未来将会超过基金会其他项目的发展，所以基金会将小额信贷业务独立了出来，成立了公司。中和农信完全按企业的方式运作，基金会作为主要股东，负责公司的重大决策和监督工作，基金会的财务部门、监测部门只是对中和农信进行监管，不会介入到其日常工作中。而中和农信自己完成日常的运营，并定期向董事（即基金会）汇报。

基金会作为主要股东，保证了中和农信通过小额信贷开展扶贫工作的使命不发生偏离。中和农信从基金会的小额信贷部转为独立的公司，完善了治理结构，进行更为有效的监督流程和管理流程，服务贫困人群，缓减贫困的理念并不改变。另外，基金会本身就是从事扶贫工作的，其作为主要股东必然要求中和农信尽量发挥小额信贷的扶贫功能。

经验丰富的国际合作伙伴一定程度上也对中和农信起到了监督作用。这些国际合作伙伴，如 IFC，对国际小额信贷的理念、管理方法、信贷技术、信贷制度、风险控制等都非常有经验，会以国际标准来要求中和农信，实际上对中和农信起到了一定的监督和帮助其进步的作用。

2. 多元化融资资源组合带来的好处

公益性小额信贷机构的法律地位、产权、治理结构、融资等对机构发展至关重要，而寻找持续的融资渠道问题是公益小额信贷面临的首要问题。中和农信多元化的资金组合，包括政府资源、社会资源、企业资源，不仅保障中和农信持续、稳定的资金，还不会干扰中和农信的方向。

中和农信的资金来源主要有三类：①股东投资。中和农信由基金会发起成立，2008 年成立时，注册资本为 5000 万元，2009 年和 2010 年基金会分别增资 4500 万元和 4875 万元，累计注册资本为 1.4375 亿元。目前基金会所占股权为 61%。②银行融资。2006 年，基金会小额信贷项目从国家开发银行获得 1 亿元的授信支持，成为中国第一家从银行获得批发资金的小额信贷组织。2008 年 1 月，基金会小额信贷项目获得了渣打银行的 2000 万元贷款。2009 年，中国农业银行为基金会小额信贷项目提供了 2 亿元的贷款。2012 年中和农信获国家开发银行北京分行 10 亿元微小贷款。③捐赠资金。目前，中国扶贫基金会获得了来自壳牌、耐克、如新、摩根大通、赠与亚洲等多家跨国公司或国际机构的捐款用于支持中和农信小额信贷。同时，还有嘉道理基金会和达能集团提供的长期无息贷款作为贷款本金。上汽荣威捐资成立了“荣威 5.12 小额信贷基金”。另外，还有小部分公众个人捐赠。

中和农信的大股东是中国扶贫基金会，占 61% 的股权，另外两家股东分别是 IFC 以及香港的一家机构。这两家股东的作用不可小觑。一是增资功能。中和农信坚守公益目的，引入资金非常谨慎，作为大股东的中国扶贫基金会的资金并不充裕，引入这两家机构的资金，是为了帮助解决资金量问题。二是改善治理结构。扶贫基金会是一家公益性机构，完全由中国扶贫基金会作为中和农信的唯一决策者，一定程度上难以解决公益组织无产权、继而出现第一次委托代理的问题，中和农信引入另两家股东，而这两家股东在运营企业方面非常有经验，因此，为改善中和农信的治理结构、提高决策效率，发挥了重要作用。三是能力建设。为了提高中和农信的专业性和管理能力，这两家股东另外拿出一笔能力建设的资金，用于中和农信专业化的提升，这笔资金纯粹是捐赠资金。四是网络拓展。这两家股东拥有广泛的网络资源，有助于中和农信网络拓展，帮助中和农信与世界以及同行互动，甚至帮助中和农信建立影响力和品牌。

3. 稳健的运营管理控制风险提升效益

为了维持并提高服务质量，小额信贷机构必须收取足以覆盖贷款成本的利率，否则，小额信贷机构会赔钱。除非持续地获得政府或者私人捐赠，否则小额信贷机构无法得以维持。因此小额信贷机构必须是可持续的，也就是赚取足够其生存的利润，才能够吸引到商业投资。

小额信贷机构的成本包括融资成本与运营成本。融资成本指小额信贷机构对外筹集资金作为贷款本金的成本。小额信贷机构因只贷不存，无法通过较低的吸储利率来稀释成本，所以资金成本较高。而小额信贷的运营成本则更高，包括直接的运营费用以及风险成本。相对大型商业性金融机构，小额信贷机构的客户比较分散，单笔额度小，所以运营费用较高。小额信贷机构在发放贷款的过程中花费大量时间和人力，所发生的费用包括放贷前收集信息、对贷款进行监督以及事后发生违约等行为产生的费用。由于单笔贷款额度低，农村地域广，单笔贷款交易成本较高。中国乡村熟人社会信任体系的瓦解，以及各类成本的叠加，致使小额信贷机构的运营成本居高不下，影响赢利空间，甚至影响可持续经营。同时大部分公益性小额信贷组织的信贷人员操作不规范，办理效率低，信息不对称，客户评定有时缺乏客观性和准确性，垒大户现象普遍，运营风险成本高。

中和农信建立了全国连锁化的标准管理，既能够有效控制信贷风险，又能够提升机构运营效率，实现了机构规模化稳步扩张。中和农信在北京有管理总部，负责所有产品设计、风险控制、信息系统建设、资金调拨等全面工作，全国分支机构根据总部的统一制度，根据地方实际情况进行标准化运作。中和农信通过全国联网的信贷追踪系统作为支撑平台，实现了信息化管理。

2005 年起，中和农信即开始使用国际先进的小额信贷信息管理系统，这大大提升了小额信贷的风险管理能力。2005 年之前，由于全部使用纸质管理，包括客户信息、贷款记录、还款记录、财务做账等，且全部由当地政府成立的社团组织完成，基金会只是偶尔派人出差前往项目区查看，导致信息不对称、监管无效，出现了大量的垒大户、做账不清晰、资金流失严重等问题。为解决上述问题，以及随着项目规模不断扩大对信息管理带来的挑战，基金会于2005年开始使用国际先进的小额信贷信息管理系统，2010年中和农信自主研发了全国联网的信贷追踪系统，与公司财务系统、人力资源系统、办公自动化系统对接，再一次提升了信息化管理水平，也提升了风险管理能力，经营情况得到明显改善。

2012年，中和农信建立起全面的风险管理体系，体现为建立风险报告体系、问题贷款管理制度和启用信用评分卡。[①] 中和农信在面对非优质客户时，开创了“五户连保”模式，采用贷款额度小（12000元以下），非优惠利率（略高于银行利率），五户连保（同一个村的五个已婚妇女，组成一个贷款小组，互相承担担保责任，各自贷款各自使用）。同时，在小额贷款设计中，采用贷款客户信用升级制度。例如，初次贷款客户评定为一级客户，贷款额度为8000元以下；按时还款，信誉良好的客户再次贷款可以获得12000元以下的贷款。

信贷员是中和农信风险管控和服务理念体现的主要节点。2008年年底，基金会小额信贷部转制成为中和农信，独立注册为公司，人力资源不再受基金会的管理，按照公司人力资源的要求招聘并培训员工。招聘时，对信贷员并不强调学历，只要求是当地人、有一定学习能力、诚实守信即可。而对后台人员有一些硬性要求，如出纳和会计要求拥有相应的会计证等从业资格。从小额信贷理念、扶贫理念、公司制度和业务能力三个方面，对员工进行持续不断的培训。首先对员工进行的是小额信贷理念和扶贫理念的培训，包括国际小额信贷的演进历史、小额信贷的扶贫功能、如何运用小额信贷进行扶贫工作，以及基金会和中和农信的扶贫性质等。通过这方面的培训，希望员工能充分了解小额信贷的扶贫功能，认同运用小额信贷这种金融工具进行扶贫工作的理念。只有员工认同了这些理念，才能激发其参与小额信贷扶贫工作的热情。其次，对员工进行公司制度和业务能力方面的培训。大部分招聘的员工均为当地农民，他们不仅缺乏与小额信贷相关的业务知识，而且也没有在正规公司或组织工作的经历，因此，对他们进行公司制度和业务能力的培训非常必要，是保证小额信贷项目可持续经营的必备因素。

---

① http：//www.cqn.com.cn/news/cjpd/703738.html.

目前，公司以贷款回收情况作为信贷员的考核指标，主要从风险控制角度进行考核。除此之外，分支机构还增加各自不同的考核指标，如有些分支机构采用客户投诉率，通过客户投诉情况对信贷员进行考核；还有些分支机构则采用负责人和后台人员不定期回访客户的方式考核信贷员。

尽管各地需求很大，考虑到机构的长远发展，中和农信采取稳中渐进的扩张模式。中国扶贫基金会执行副会长、中和农信项目管理有限公司董事长何道峰说，这样做是为了强本固基、提高效率、提升质量。“在经历连续三年 50% 以上的快速成长后，2012 年我们放慢了脚步，将增长率调低到 30% 以下。”

4. 透明，建立公信力

国内小额信贷机构信息不透明或披露标准过低的问题备受关注。国内小额信贷机构信息不透明或者披露标准过低等现象制约了我国小额信贷的进一步发展。中和农信 2013 年初首次通过新闻发布会形式解读年度报告，创公益性小额信贷行业先河。从 2009 年开始，中和农信就开始聘用外部审计，并坚持将年报公之于众。[①] 2012 年的中和农信年报披露了中和农信的业绩发展、财务信息和社会绩效报告。

四　结束语

在中和农信看来，低收入人群、贫困人群作为草根经济体，并不缺乏生存和发展的智慧，一旦获得一定的信贷资金支持和相关服务，他们完全能够通过自己的努力改变生活。扶贫不应该成为一种资源消耗，而应将资源转换成可持续的生产力。赠款的确可以救助贫困人群，但往往是一次性的，而且会增加被救助者的依赖性。中和农信通过小额贷款的扶贫方式激发人们的自我发展、自我创造的动力，改变其生产方式，培养其理财观念与能力，发展信用文化，赢得自尊和自强。

从中和农信的规模、效率、贷款质量、赢利能力、社会责任来看，在今天中和的公益性小额信贷机构中，中和农信称得上具有极强的竞争力。

当然，公益性小额信贷机构双重底线的把握并非易事。追求经济绩效或财务绩效却忽视社会绩效，易偏离公益目标；追求社会绩效却忽视经济绩效，

---

① http：//finance. sina. com. cn/money/bank/20130425/153815279061. shtml.

易使机构陷入经营困境。通过获取股东利益最大化将企业运营得好，通过获取捐赠资金将社会组织运营得好，事实证明都不难，有大量成功、优秀的企业和社会组织为证，而成功、优秀的社会企业并不多见。对于中和农信而言，既要当好“企业”，又要扮演好“社会”功能，做到两者的平衡并不容易。

我们相信，中和农信将继续坚定信念，为低收入农户等草根经济体提供小额信贷服务，致力于提升客户的能力，追求机构的全面可持续发展。“中和农信将坚持区域集中的原则，分区整体规划，逐年实施，以降低交易成本、降低间接费用，使区域扩张模式逐步定型成熟。”①

中和农信正在成为国内与国际小额信贷领域的桥梁。作为国内小额信贷的代表，中和农信积极地与国际小额信贷进行交流，把国内小额信贷的现状、特色、优点带到国际上，同时将国际先进的理念、技术、制度等引入国内，实现国内小额信贷走出去，国际小额信贷引进来，加深双向互动交流，促进共同发展。

中和农信也在力推建立公益性小额信贷的行业规范，扮演倡导者和主导者的角色。针对公益性小额信贷领域各自为政、势单力薄，而相互间又缺乏交流的现状，亟须进行行业团结和规范，将大家聚起来互相交流探讨，互相学习，促进整个行业的良性发展。中和农信作为国内规模最大、运作较好的公益性小额信贷机构，有能力并且正在积极地扮演行业推动者的角色，推动我国公益性小额信贷的行业规范和行业发展，为促进社会公平尽其所能。

何道峰接受南都记者采访时说：“我们做的，是传统银行不去做的那一块，草根金融就是我们的生存信仰，这个根本不能动摇。”“中和农信未来几年内，将努力向年服务覆盖人口 100 万、发放贷款总额 100 亿的双百目标冲刺。”②

在这里，我们祝中和农信与支持草根金融的所有朋友们在推动草根金融发展的进程中更加顺利、成功。这样的成功不仅仅是中和农信的成功，更是中国人民的成功！

---

① http://www.cqn.com.cn/news/cjpd/703738.html.

② http://nandu.oeeee.com/nis/201307/08/77068.html.

第三部分

典型案例

典型机构
▶典型项目
典型人物
典型事件

银杏伙伴成长计划：公益变革的力量

改革开放30年来，中国的经济转型和经济发展引人瞩目，而中国的社会转型和变革却相对滞后、缓慢。民间公益起步晚，政策环境及制度限制大，资金及人力匮乏，加上薄弱的社会基础，中国的民间公益尚未形成强大的力量，民间活力不足。

与此同时，中国的公益运作模式大多停留在捐款、赠物、扶贫济困的传统慈善模式上。人们对大部分基金会的理解不过是资金搬运工。很多人不认为做公益需要专业的人，需要专业的投入，更难理解基金会需要对公益市场的人才进行培养，难以理解公益领域也需要建立相对有效的分工协作机制，以提高基金会及其他民间组织的工作效能。甚至，很多资助型基金会只关注项目执行，而不重视人才与项目执行效率之间的关系，忽略自身人才培养和发展，行业人才培养与发展更被忽视。多种因素致使中国民间公益组织的人力资源状况与其他行业的状况形成巨大反差：人力资源严重匮乏，人员薪资和福利过低，人员发展机会少，人员流失频繁，专业性差。徐永光这样形容公益行业的人力资源，“首先是因为资源的瓶颈造成人才缺乏，又因为人才的缺乏，使行业获取资源的能力就更缺，更弱。人才缺乏原本是一个果，但是现在又成了制约行业发展的主因”。①

2010年9月，南都公益基金会发起了资助民间公益人才的战略性项目——银杏伙伴成长计划，资助青年人突破成长上的瓶颈，成为推动某一公益领域发展的领袖型人才。其主要资助对象为草根组织的领导人或创始人，不排除学者、媒体人、个体行动者和未来的NGO领导人。该计划同时倡导

① 《人才缺乏制约公益发展　银杏计划促公益人才成长》，腾讯公益网，http://gongyi.qq.com/a/20101217/000034.htm，2010年12月17日。

社会各界一起支持公益人才、搭建人才成长的支持体系。银杏伙伴成长计划实施 3 年来，通过媒体平台和资源对接，使公益人力资源问题以及解决方案获得了更广泛的关注和参与，对公益领域发挥了倡导的作用。所开发的一套有助于产生未来公益领袖的“梦工厂”式的运营机制，包括筛选、支持、网络建设，切实、有效地培养新时期的中国民间公益领袖。与其他基金会直接运作的项目不同的是，南都基金会的银杏伙伴成长计划直接投资于人，其资助理念、资助路径，在中国公益发展史上具有里程碑的意义。它对公益领域，特别是对公益基金会具有变革性的影响。这股变革的力量因何而起，如何发展，我们可以给出我们的理解。未来，它会将公益领域带向何方？让历史来解答。

一　变革背景——中国民间公益人才发展遭遇瓶颈

改革开放 30 年中，社会建设远远不能适应经济结构的转换，民生与社会发展议题，如贫富的两极分化问题、教育问题、健康问题、环境问题等日积月累，改革变得复杂和挑战重重。令人忧虑的是，公共道德出现某些失范，社区冷漠以及大众消费主义的盛行都是不健康的社会心理。面对大量的社会问题和需要的社会变革，政府和市场的运作模式不能有效地应对。这就需要社会力量来解决，需要真正代表民意的民间力量来解决！

近年来越来越多的优秀年轻人投身于公益事业，他们为这个行业增添了活力，促进了公益行业的增量改革，是公益行业发展的最重要的资源。这些具有创新精神和回报社会理想的创业者，是真正成长于民间、惠及弱势群体、促进社会进步的力量。他们既是公益界重要的服务提供者和价值倡导者，也是中国民间公益行业发展的希望。但在中国的公益行业还在起步阶段的大背景下，他们的成长往往面临方方面面的问题，有的在公益道路上举步维艰，难以发展。

一直以来，民间公益组织的人力资源面临显著困境：薪资过低、发展空间小，导致人才需求多、供应少、流失快，人才不足，专业性不强，就业观念和社会大环境又限制了相应人才的培养和流入。针对公益人才缺失对中国公益事业发展的制约性，徐永光认为，解决公益事业人才缺失问题，不像提供资金那样容易。资金的供给会比较迅速，而人才的培养需要时间和经验的传承。人才的培育和发展是最为紧迫的议题之一。①

20世纪90年代，海外力量最先意识到了这个问题，福特基金会、乐施会、温洛克、世界银行（如“中国发展市场项目”）等对中国的草根组织都进行过系统的能力建设。最初，得益于海外力量对中国民间公益的投入，培养了一批中国民间公益领袖，如廖晓义、谢丽华、高小贤等，她们在中国民间公益的发展、发育乃至中国慈善事业的创新方面都发挥了重要作用。然而，2000年左右，海外力量主动或被迫退出中国。海外力量认为中国发展起来了，中国社会有能力解决自己的问题，它们需将资源投向更需要帮助的国家。

此时，民间公益受到一定程度的打压，中国真正的民间市场和力量尚未形成，民间公益组织无法获得其发展所急需的资源。再加上公益资源绝大部分是以项目资助为导向，很少有专门支持公益人才个人发展的计划。民间公益人才更无法获得其发展所需的支持和帮助，瓶颈再次凸显，浮上水面。根据国家统计局2011年5月发布的统计数字，民间社会组织月平均工资只有740元，仅为私营单位月平均工资的43%，为非私营单位的24%。在大部分城市，这已接近低保线水平。南都公益基金会2010年发布的《中国公益人才发展现状及需求调研报告》显示，除了工资低，近四成公益组织未给员工上社会保险。公益人才的生存状况令人担忧，公益人才在公益道路上的成长更是步履维艰。

二 变革思维——投资于人

我们可将公益领域视作一个生态系统。在这个生态系统中，不同的主体扮演着不同的角色，发挥着不同的功能，各司其职，但又相互独立，相互依赖，共存，共生，形成明确的分工与协作。当分工与协作相对合理时，这种分工与协作就会使各主体充分地发挥各自的优势，规避其劣势。在这种情况下，也就产生了“专业化”的概念，即不同的主体以其具备的特定的资源、技能、知识、经验等，来承担和胜任其扮演的角色。这也是一个有关效率的概念。

---

① 《人才缺乏制约公益发展　银杏计划促公益人才成长》，腾讯公益网，http://gongyi.qq.com/a/20101217/000034.htm，2010年12月17日。

目前在中国，公益领域的草根 NGO 资源极度匮乏，大多数有钱有资源的基金会通常大包大揽，自行运作项目，很少有基金会将自己定位为资助型基金会。而极少数资助型基金会对草根 NGO 的资助也往往聚焦于传统的项目资助，而不重视人才与项目执行效率之间的关系，忽略自身人才培养和发展，行业人才培养与发展更被忽视。这不仅造成了极大的资源浪费，也不利于公益生态圈的形成。在公益领域，由于出资人和受益人的分离，出资人的投入往往只是以项目为起始和终点，“NGO 项目做得越多越累，没有人为深度研发、服务、人才和管理的提升埋单，使得机构难以成长”，程玉说，“这就是所谓的‘咸水效应’，项目好比咸水，不喝渴死，越喝越渴”。[①]

“基金会能够并应当引领社会进步……基金会由于没有政治压力，便能够以政府所不具备的优势独立地探索社会问题的出路。与个人自助者相比，基金会有一定的规模、时间和专业化的管理方式，从而能够更为有效的造福于社会”，“然而……很少有基金会对如何利用其现有掌握的资源为社会创造最大价值而进行战略性的思考，对于行为结果，它们也很少去关注。”[②] 当非公募基金会只有明确自身的定位，通过与其他主体进行合理的分工和协作，才能体现和发挥这种优势，进而提高整个系统的效率，创造更多的社会价值。

南都基金会无疑深刻地认识到了这一点。2010 年，南都公益基金会启动了银杏伙伴成长计划，资助青年人去突破成长上的瓶颈，成为推动某一公益领域发展的领袖型人才的长期计划。计划同时倡导社会各界一起支持公益人才、搭建人才成长的支持体系。

作为国内知名的投资型基金会，南都公益基金会自成立以来就将自己的使命确定为支持民间公益，以公共利益为上、行业发展为先、民间立场为本、杠杆作用为佳。银杏伙伴成长计划的推出不仅与时代背景密不可分，同时也紧贴南都公益基金会的组织使命、资助战略，更与南都基金会理事长徐永光的公益理想有很深刻的关系。

---

① 《南都基金会　为民间公益托底》，http：//epaper. oeeee. com/A/html/2011 - 12/12/content_1530286. htm，2011 年 12 月 12 日。

② 〔美〕迈克尔·波特：《竞争论》，高登第、李明轩译，中信出版社，2012。

“我做公益这二十多年，有三个精神动力支撑着我。一个是能得一种自由，我们能够按照心灵的指引去做自己喜欢的事情，我做什么都是自己要想清楚。在做的过程当中当然有很多困难、风险，但这个困难风险是你自己愿意的；再一个是创新，因为从事这个行业，在强大的钱和权之间，你是非常的渺小，非常微弱的。你就这么微弱的一点点的力量，做什么事情一定要使用这一点力量，只能通过创新的尝试去撬动更大的资源。有一些创新成功了，它就能改变社会，能够解决一些社会问题；当然还有一种骨子里的责任意识，我们应该推动公民社会，让民间的力量能够发展起来。一个国家它只有政府、市场，把社会掏空显然是不行的，它是畸形的，对党、国家、人民都没好处。

“回转过来，这个行业最需要突破的，如果过去讲的合法性瓶颈、资源瓶颈，现在归结到一个点上是人才瓶颈。一个行业如果不能吸引人才，这个行业就没有前途，所以这是我比较焦虑的一件事情。”①

徐永光的这一观点，引起董事会的关注，名誉会长周庆治率先表示支持，董事会的专家学者也非常赞同。这不仅仅是一个崭新的资助视角、资助理念，同时也是南都基金会战略转型的重要标志。虽然这个项目在最初运作方式上还存在着一些争论，但它所提倡的理念无疑正在被越来越多的人所接受。

三 变革路径

南都基金会推出的战略性项目“银杏伙伴成长计划”，希望一方面能够支持一小部分有潜力的年轻人完成自我突破，在事业上再上一个台阶，未来有可能成为公益界的引领性人物；另一方面倡导出资方、相关的资深人士以及全社会来关注公益人才的问题，共同培育支持人才成长的生态环境。

但面对如此庞大而复杂的人才问题，作为一个非公募基金会，资金和人力都极为有限的。所以，就要通过创新的方法去撬动更大的资源，从而改变社会，并解决公益人才困境问题。要实现目标，必须锁定目标群体，保证经济、精确地定位帮扶对象；必须确定目标群体的需求，保证了解对象所面临的最紧迫和最重要的现实问题；必须寻找特定群体的特定需求的有效方式，

---

① 引自对徐永光的专访。

保证这些方式手段的有效性和可行性。同时，必须建立品牌、加强宣传，保证伙伴能更多地得到社会的认可，使公益人才问题获得更广泛的关注和参与。

1. 非常规的设计思路

（1）锁定目标群体

银杏计划虽然聚焦公益人才，但公益领域几乎每个层面上对人才需求都非常旺盛。是支持民间公益人才还是官方公益人才？是较高层次人才还是较低层次人才？是刚开始创业的大学生还是当前已被公认的公益领袖？是做实业的公益人才还是做倡导的意见领袖？这些都是需要想清楚的问题。

根据基金会现有的资源及其投资策略，南都选择把这个项目的着力点放在加速填补机构领导人和意见领袖的空缺，并希望通过倡导，让更多的捐方来开展不同定位的支持人才的项目，从而产生出一个支持人才成长的链条。

在确定目标群体时，南都基金会注意到，很多公益人才在自我成长曲线上会有一段困难时期。项目总监林红说："他们一般在 30 岁上下，大都有一些失败和成功的经验，也有比较明确的方向。但是他们面临很多问题：首先，从资源上来说就是不上不下，零星的资助对他们作用不大，但是真的去基金会申请资源又得不到，所以他们处于夹层状态；其次，很多人基本上到结婚生子的时候，上有老下有小，经济压力比较大。还有，就是个人的能力瓶颈。一般很多年轻人都是直接投身公益，他们很少经过其他的社会化过程和职业训练，当成为一个机构领导人的时候，他们在管理方面可能都存在一些问题，不知道作为一个领导人需要什么样的知识和眼界。他可能意识到了问题，但不知道怎样去解决。"① 所以，将这些人定位为资助对象无疑可以发挥杠杆效应，对公益领域甚至整个社会来说，其效用也是最大的。

基于这个定位，南都将选择银杏伙伴的条件设为以下几个方面。②

优秀的个人：

——胸怀天下：有强烈使命感、讲原则、积极推动社会变革；

——脚踏实地：注重实干、真正了解服务对象，乐于默默无闻地做事，并已产生一定的社会影响力；

---

① 引自对林红的专访。

② http：//www. naradafoundation. org/html/yinxing_ intro. html.

——富有潜力：乐于自我改进和突破，能够跨边界合作；能发现社会问题并着手解决；或针对现有社会问题，提供创新的解决方法；或创立行业标准、影响政策的制定；或能大规模地推动一个领域的发展。

合适的成长阶段：个人成长受到了缺乏资金、指导、网络的巨大限制，但一旦突破了这个瓶颈，将能为自己所在的机构或行业带来较大的增长；或者在公益界已有成功经验，但已做好准备，投身于解决另外一个社会问题。

较大的杠杆作用：南都基金会的资金和非资金资助可以有效地帮助受助人个人成长，突破瓶颈，受助人在自身成长和突破之后，能有效推动领域或行业的发展。

（2）确定目标群体的需求

由于人力和知识的不足，创新性项目对项目前期的准备工作有着很高的要求，需求定位不准，问题识别偏差都会对项目产生不利的影响，甚至毁灭性的打击。在确定目标群体的同时，南都基金会必须通过各种方式寻求目标群体的真实需求。这项工作并不容易，它需要深入的调研和大量的信息收集。

A. 组织大型调研

2010 年 12 月，南都公益基金会联合腾讯公益慈善基金会、刘鸿儒金融教育基金会、零点研究咨询集团，发布了《中国公益人才现状与发展报告》，这为确定目标群体的需求打下了坚实的基础。调查团队搜集了 5000 多个各类 NGO 的联系方式，打了 4200 多个电话，最终拿到 451 个 NGO 的成功样本，涵盖草根 NGO、社团、公募基金会、非公募基金会、国际基金会、国际 NGO。①

调研发现 NGO 招人难是普遍问题，尤其是草根 NGO。在招人困难的原因上，“待遇低”首当其冲；其次是“满足能力要求的人才数量少”，很多 NGO 负责人表示，虽然 NGO 提供的职业环境并不优越，但对人才的要求依然很高，比如要有契合的价值观和理念，具备相应的知识和能力，还要肯踏实干。目前的就业观念和社会大环境都限制了相应人才的培养和流入。过半 NGO 遭遇过离职考验，领域内人才流动难补旺盛的需求。而从业人员离职

① 王烨：《公益薪资调查：草根 NGO 工作三年存款未上千》，http://gongyi.qq.com/a/20111018/000011.htm，2011 年 10 月 18 日。

的主要原因是待遇低，发展空间狭小。

B. 收集信息和反馈

在项目执行前，南都公益基金会就通过各种途径收集信息：搜索同类或相关项目（如阿育王的社会企业家计划、NPI 的公益孵化器、壹基金的金典范工程潜力奖等）认真总结分析；邀请资深的 NGO 领导人、做类似项目的官员（比如阿育王、福特国际学者计划等）、学者、行动研究者、公益年轻人、媒体人士、商界人士进行座谈；同时在南都内部多次召开讨论会议。据项目总监林红介绍："整个项目用了大概三四个月的时间来设计。在这段时间里，以专家会议作为起点，同时还对可能的资助对象进行个案访谈，通过调研来验证徐永光的假设是否成立，探清他们的需求。其中一个很重要的结果就是发现他们特别需要社会的认可，这在项目之初是被忽略的。同时我们开始关注如何激发他们的内在驱动力，这就比保证他们的基本生活提高了一个层次，而且是一个更积极的视角。"①

通过调查和访谈发现，他们主要面临如下问题。②

资金：缺乏启动或发展公益事业时的基本生活保障；

认知：面对巨大的公益需求和工作中的挑战与压力，他们感到应对起来力不从心，但缺乏方法来分析自己的问题，规划个人与事业的发展；缺乏专业知识和视野。

支持系统：缺乏可借鉴的行业经验、评估系统、导师和同伴，缺乏工作和精神上的支持体系。

2. 独到的运作模式

(1) 筛选资助对象

目标人群以及需求锁定后，就要开始筛选资助对象了。如何在全国范围内对公益人才进行筛选，经济并精确定位最需要帮助的对象，是项目设计面临的第二个难题。南都经过多次的调研和学习，在实际执行中不断完善，建立了一套比较健全的机制，其中的几大创新的亮点都非常值得借鉴。

---

① 引自对林红的专访。

② 林红：《银杏伙伴成长计划——探索支持公益人才的路径》，载杨团主编《中国慈善发展报告（2011）》，社会科学文献出版社，2011。

A. 由推荐人提名、而不是自荐

银杏计划不接受申请人的自荐，而是需要推荐人推荐。对推荐人的资质要求如下：①在 NGO、学术、媒体、商业等领域，有 10 年以上工作经验，有一定影响力的社会人士；②对被推荐人的道德品质、能力和潜力有较深入的了解；③能如实提供自己与被推荐人的基本信息，认真填写推荐理由，并愿意以电话或面谈等方式接受对被推荐人的考察。

这种推荐机制发挥了非常重要的作用：首先，将推荐人和被推荐人连成纽带，他们会更多地接触交流，即使这次没有入选，推荐人也会继续关注被推荐人，甚至提供进一步的帮助；其次，海选方式必然要花大量精力去筛选不合适的人，在人力物力有限的情况下，运用推荐机制，不仅可以节省资源，而且能有效锁定目标；最后，推荐人一般都是有一定影响力的社会人士，通过发展推荐人网络，可以让他们来传播项目理念，起到杠杆作用。

B. 专家评审会

南都作为一个非公募基金会，人力资源和知识资源并不充足，项目运作中另一个变革的亮点就是借助外脑，即通过邀请外部专家对候选人进行评审。专家评审是银杏计划的一个重要的创新。它不仅提供了最终结果的权威性，更重要的是监督和促进项目官员的工作。

每一届专家评委会必须包括不同领域和行业的专家（比如学界、企业界、NGO、传媒、国际机构等），并与当年的候选人所在的领域相匹配。这些专家不仅在各自的领域有相当的声誉，而且对公益人才面对的问题具有独特的见解和丰富的经验。同一位专家不能连续三年任职。每年必须有 1/3 的专家轮换。专家评审会所有决定必须得到全体通过，其评审结果为最终结果。

专家评审会在实际执行的过程中，也进行了不断优化。2011 年原本由三位评委面试一位候选人的形式改变为每位候选人分别与三位评委单独面谈的形式。改进的好处是增加候选人与评委的深度交流，三位评委从不同角度给予指导和建议，对于候选人的成长和发展有很大的帮助。银杏伙伴后来说这些专家的面试对他们的帮助特别大，有一位银杏伙伴表示，三位专家当面谈话超过了 10 万元的资助价值，马俊河说这个过程惊心动魄，但又如沐春风。有人说有些专家一语道破他苦苦思索的问题，有人说有的专家从商业的视角给了他全新的视野，还有的人与专家达成了合作的意向。

C. 两个闭环①

根据基本原则，“银杏计划”不是一个排名的竞赛，而是在一个人才库里，分拨分批的，根据南都自身资源和人力情况，支持达到一定标准的人才，帮助他们突破个人成长的瓶颈，从而更好地实现自己的社会理想。所有项目设计均以帮助和鼓励伙伴和候选人为出发点。因此所有被提名人都将进入南都的银杏伙伴被提名人数据库，得到关注。

“初步考察”期，主要是通过网络信息收集、电话访问、前期走访等方式对被提名人的现状进行了解，这个阶段可能会循环持续直到被提名人达到一定标准，然后被提名人才会邀请申请。这是第一个闭环。

进入“深入考察期”后，项目官员主要是通过走访项目点、合作项目、深度访谈等方式对被提名人的内在驱动力和未来发展等进行考察。之后项目部根据比较综合的标准向专家评委会推荐候选人，这主要是为了避免项目官员之间的标准不统一。最终的结果由独立于南都秘书处的专家评委会决定。没有通过这些环节的被提名人仍然会在南都银杏伙伴被提名人的数据库中，得到项目官员持续的关注。这是第二个闭环。

因此一个年轻人从被推荐到被邀请申请，到成为“银杏伙伴”可能是一个一年到几年的过程。通过这两个闭环（见图 1），推荐人可以进行持续的考察，这不仅避免了推荐人因意见过多影响到之后的程序，也建立了一个庞大的人力资源库。

筛选过程有时会遭遇两难。不论入选者还是落选者都有可能面对负面影响。对入选者来说，可能由于媒体的打扰和其他的改变而给他个人带来不便或负面的影响，或产生自我膨胀。这要求项目团队的成员对受益人的群体有非常深入的了解，从心底对他们怀有敬意和热情，能敏锐地体察到给他们带来的影响，并拥有丰富社会经验来处理一些复杂的情况。②

林红说：“因为这是评人的项目，很多参与申请的公益人才因为发展阶段不到等原因可能暂时无法被选中，但这在别人眼里可能成为道德判断，直接否定这个人。不管愿不愿意，那没有选上对他们都是一个打击，或者被业内同行轻视。如何保护他们，让他们能把这一过程作为人生成长的挑战，在

---

① 林红：《银杏伙伴成长计划——探索支持公益人才的路径》，载杨团主编《中国慈善发展报告（2011）》，社会科学文献出版社，2011。

② 林红：《银杏伙伴成长计划——探索支持公益人才的路径》，载杨团主编《中国慈善发展报告（2011）》，社会科学文献出版社，2011。

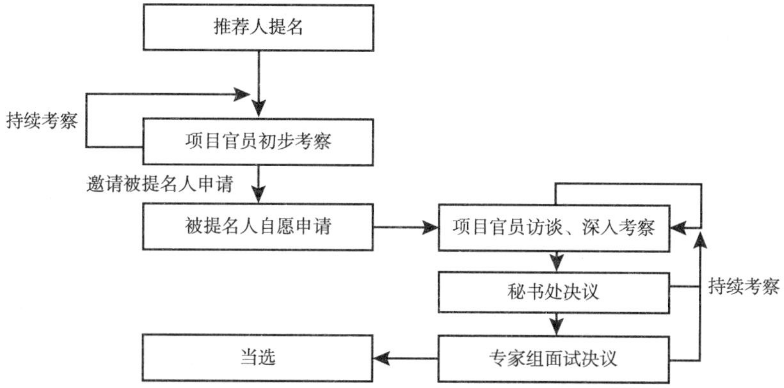

图1　银杏伙伴计划筛选基本流程*

* 林红：《银杏伙伴成长计划——探索支持公益人才的路径》，载杨团主编《中国慈善发展报告（2011）》，社会科学文献出版社，2011。

这方面要花很多心思。在第一届的时候，我们像奥斯卡那样提名，来了不管选没选上都是主人，然后当场宣布银杏伙伴。但是各方的反馈都不是很理想。第二年我们就在考察的过程中不宣传在哪里考察了谁，也不发微博做名单公示。我们还考虑当场宣布还是等大家回去一周后再宣布，但这又会引发可能的不公平等很多后续问题。对没有选上的人每年会有回访，看他的进展怎么样，比如说当时是因为成长阶段还不到的，那现在看看成长阶段是不是到了。所以我们也有候选人第一年没有选上，第二年选上的。这个问题我们每年都在调整，但一直到现在还是没有比较满意的办法。”①

（2）寻找特定群体的特定需求

针对目前公益人才在资金、认知和支持系统方面存在的问题，南都将资助内容分为显性和隐性两种，银杏伙伴项目为银杏伙伴提供支持，希望能在3～5年内帮助他们完成自我突破，进入一个新的事业阶段。

显性支持是指南都基金会直接给予“银杏伙伴”的可量化的资金或其他物质资助。具体包括：提供连续3年、每年10万元的资金支持，希望用作个人生活补贴和能力建设费用，具体使用方案由个人成长的计划决定。不建议把大部分资金用于机构，或补贴同伴生活。在3年的资助期内，资助和协助组织1年2次的伙伴集体活动，包括海外考察1次和国内其他形式的活

① 引自对林红的专访。

动1次，旨在开阔伙伴的视野，帮助提名搭建资源网络。在公众平台上对伙伴进行适当的媒体宣传，帮助伙伴增加社会影响力和拓宽筹集资源的渠道。

隐性支持是指所有被提名人在参与整个评选的活动中，以及“银杏伙伴”在整个3年的资助期内，甚至在资助期后，得到的不可量化的指导和自我成长的机会。具体包括：——推动公益青年加强与身边的导师或资深人士的互动，从而得到更多指导。引导被提名人花时间思考个人事业的目标、发展瓶颈和解决方案，从而制定个人事业发展计划并逐步实行。通过邀请专家面谈（包括专家评委面试环节）帮助候选人进一步理清思路，增强信心；并有机会与其他同伴交流。引导伙伴与其他伙伴协作，设计完成资助期内的考察和其他活动，进一步实践科学项目管理和资源动员协调的方法，增强与其他伙伴异地协作的能力。鼓励伙伴通过对新伙伴的指导，实践产生“无权威”影响力的方法。①

A. 提供连续3年，每年10万元的资金支持。

用公众的眼光来看，“银杏计划”是极其“反常规”的。30万元的资助金不是捐给任何一个公益项目，而是给青年公益人个人。“凭什么给他们？给他们不怕猫腻吗？还不如多捐助一个贫困儿童吧？”

而徐永光有他的解释：“中国的公益组织第一是缺人才，有人才就会获得资源。很多青年人对从事公益有很高的热情，但经常碰到理想和现实的冲突，为了面包只能放弃理想。公益行业发展需要人才，人才需要吃饭、需要有尊严的生活，那种做公益就要奉献，要喝西北风来做公益的思想很不靠谱。”②

需要强调的是，这笔资金并不对使用范围进行强制性规定，银杏伙伴可以根据自身的需求自行支配。这可以让伙伴们不用顾忌外部的压力，将钱花到自己最想花的地方，更重要的是这体现了南都对他们的信任，使得银杏伙伴的自信心、安全感、被支持感都大大增加。

B. 引导被提名人花时间思考个人事业的目标、发展瓶颈和解决方案，从而制定个人事业发展计划并逐步实行。

由于很多NGO人力资源严重不足，机构领导人也忙于平时繁杂的事务，这使得本就缺乏领导经验的公益人才没有时间反思自己的工作。银杏计划要

---

① http：//www.nandufoundation.org/html/yinxing_ intro.html.

② 《悉心培育未来公益领袖》，中国网，http：//finance.china.com.cn/roll/20121016/1069521.shtml，2012年10月16日。

求被推荐人填写相关的问卷和表格，这些问卷都是经过精心设计的，主要是引导他们反思自己的事业目标、发展瓶颈的解决方案等。同时，在南都的建议下，每年底银杏伙伴们也会提交一年的心得体会。银杏计划的资助给了伙伴们一个喘息、反思的机会，进而发现以前没注意的问题，如工作非常忙乱、目标不清楚等。银杏伙伴梅念蜀说："银杏计划让我能够缓一口气抓管理，使机构运营与管理迈上了一个新台阶。"

C. 引导伙伴与其他伙伴协作，设计完成资助期内的考察和其他活动，进一步实践科学项目管理和资源动员协调的方法，增强与其他伙伴异地协作的能力。

"自己做的时候总是感觉孤独无助，当我们看到还有很多伙伴和我们一起并肩作战的时候，我就不再孤单，内心充满希望"，一位银杏伙伴说道。银杏计划就是要为伙伴提供学习与发展的资源、搭建 NGO 互助网络，通过每年的学习与见面会，维系与加深网络，使伙伴在相互认识、相互认同、相互信任的基础上激发合作火花，使伙伴机构互访，建立合作网络。

项目运作过程中，南都非常重视对合作伙伴的吸引和尊重，充分发挥伙伴的自主性和能动性，把"银杏计划"真正打造成为一个开放的项目，人人可参与，人人可贡献。南都基金会周庆治名誉会长指出："这个平台以后是中国未来公益里很有价值的平台，一批最优秀的人都在这个平台上，他们能经常地互动、他们能碰撞、他们有好多未来的战略设计，这个是不得了的事情，我们应该加大对银杏计划的投入。"①

D. 资助和协助组织 1 年 2 次的伙伴集体活动，包括海外考察 1 次和国内其他形式的活动 1 次。

伙伴们每年一次的境外考察是银杏计划对伙伴后续支持的一部分内容，境外考察由伙伴们自己组织和筹备。伙伴们针对境外考察的目的地、考察领域和议题、考察时间、考察形式和推选协调人等内容进行讨论，以举手投票表决的形式进行民主决议。结合伙伴们的实际需求和组织的便利性等，伙伴们最终达成共识，小组现场推选协调人，商定考察目标、行程安排等事宜。

在这个网络活动中，不同领域工作的年轻人在一起，他们不仅可以开阔视野，进行最新信息交流，更重要的是在同伴的互动当中，能够学习领导和被领导的技巧和艺术，能够达成多方协商的氛围，同时能够感到同伴的支

---

① 《南都基金会二届五次理事会在京召开》，http://www.naradafoundation.org/html/Metting.html?type=meeting&cla=268966010292。

持，也就是人才支持力，需要一种体系。

E. 在公众平台上对伙伴进行适当的媒体宣传，帮助伙伴增加社会影响力和拓宽筹集资源的渠道。

在公益领域尚不成熟的今天，建立资源对接的平台对银杏伙伴来说是非常重要的。南都的原则是协助对接资源，但不直接给他们资源。从整个的选拔过程看，南都都在不断地创造机会，让他们能和一些资深的专家、媒体、企业等进行接触，能不能抓住这个机会变成资源是他们自己的事情。

通过媒体，持续在行业内和公众间引发对公益人才问题的关注，并通过已有的“银杏故事”加强对改善行业生态环境的倡导，为伙伴们营造良好的发展环境。通过银杏伙伴形象的提升、事迹的传播，使其更多地得到社会的关注、政府的支持，获得更多的发展资源。

（3）建立品牌、加强宣传

银杏计划希望影响到的人群，不仅仅局限在几十个银杏伙伴身上（见表1）。除了直接为当选的银杏伙伴提供基本生活社会保障、对个人发展的引导和基础的支持体系，该项目希望能使稍大范围的年轻人间接受益，并得到行业内外专家的支持，以及公众的认可。所以计划的实施需要项目的传播。项目的传播一方面是为了吸引更多的推荐人和公益青年参与进来，另一方面也要提升银杏品牌，使伙伴能更多地得到社会的认可，使公益人才问题获得更广泛的关注和参与。

表1　银杏计划项目为各相关方提供的价值和预期影响*

相关方	核心受益人（银杏伙伴）	间接受益人（被提名人和热心公益事业的年轻人）	行业内外的合作伙伴（领域专家、出资人、媒体等）	对公益感兴趣的公众
价值	基本生活社会保障对个人发展的引导基础的支持体系	激励与鼓励；增强与推荐人的互动	帮助公益年轻人成长的平台	对公益行业和从业者状况的普及知识
预期的影响	大部分伙伴在未来5～10年成为行业骨干	使得一部分年轻人能感受到社会对公益行业从业人员的认同有所增加；并从推荐人处得到更多指导，能留在或投身公益行业中	一部分合作伙伴能直接或间接帮助公益年轻人成长；或在此启发下开发其他支持公益人才的项目	一部分人对公益人的认同感增加；减少自己在参加公益活动时的盲目性

*林红：《银杏伙伴成长计划——探索支持公益人才的路径》，载杨团主编《中国慈善发展报告（2011）》，社会科学文献出版社，2011。

A. 推介会

银杏伙伴前期宣传的主要对象无疑是各地的公益人才以及核心推荐人。为了让更多人了解“银杏计划”并进一步传播支持公益人才发展的理念，2011～2013年，项目组奔赴各地举行项目宣讲会。宣讲会的顺利举行，得到了银杏伙伴及各地NGO合作伙伴的大力支持，扩大了与NGO的交流，增进了互相了解，同时进一步传递了“银杏计划”的项目理念。另外，银杏非常注重对核心推荐人网络的发展和维护。通过沟通，让他们了解项目的动态和理念，从而推荐合适的候选人，提高推荐人的质量。①

B. 银杏伙伴活动月

到目前为止，推介会的宣传效果已经达到。随着时间的推移以及项目影响力的不断提升，银杏计划在根据实际情况不断扩大影响的范围。2014年开始，银杏伙伴活动月取代了推介会。2013年5月，“了解社会，我做出选择——银杏伙伴公益活动月”由37位银杏伙伴联合发起，银杏伙伴公益活动月以北京为主会场，共覆盖全国12个省（市、自治区）。此次活动是3届银杏伙伴的第一次集体合作，也是中国青年公益实践者们的一次全新的、跨公益领域的探索实践。活动力图展现当下中国公益的新风貌，传递人人参与的公益理念，即公益其实是一种新的生活选择方式，目的在于重新认识自身与社会。② 银杏计划开始跳出公益界，影响到对公益感兴趣的公众。

C. 项目传播

媒体是项目传播、建立品牌的主要媒介。银杏计划持续在行业内和公众间引发对公益人才问题的关注，并通过已有的“银杏故事”加强对改善行业生态环境的倡导，为伙伴们营造良好的发展环境。通过与项目相关的传播，如与《社会创业家》联合策划推出《我的公益“薪”》专题、刘洲鸿秘书长发表的《让“正常人”来做公益》等，再一次引发了行业内外对公益薪酬和人才培养话题的热议。通过银杏伙伴形象的提升、事迹的传播，使其更多地得到社会的关注、政府的支持，获得更多的发展资源。

银杏伙伴在行业内有着比较高的知名度，但是社会公众并不了解。唤起社会对公益的正确认识需要让公众对他们的工作有所了解。因此，通过人物

---

① 南都基金会：《2013年“银杏计划”推介会在6地顺利召开》，http：//www.naradafoundation.org/html/2013－04/16046.html，2013年4月9日。

② 南都基金会：《银杏伙伴公益活动月总结》，http：//www.naradafoundation.org/html/2013－06/16231.html，2013年6月8日。

故事的传播，借助外界活动等，树立“胸怀天下，脚踏实地”的青年形象，使他们获得更多社会关注和合作机会。

3. 严谨的管理制度

南都基金会的宗旨和使命不是写在纸上的，而是体现在其所有的行动当中，而且得到理事会和所有理事的高度认可。他们只忠实于这个使命，而且身体力行。这个使命落实到执行团队南都基金会的执行团队。项目的执行并非易事，在项目执行的过程中，团队成员对整个过程都进行反复的斟酌和思考，同时脚踏实地地执行。

（1）持续改进

无论是立项调研还是项目设计，整个团队通过科学的方法持续改进，投入了大量的精力。在前期立项过程中，南都反复调研，通过各种途径进行收集信息：搜索同类或相关项目（如阿育王的社会企业家计划、NPI 的公益孵化器、壹基金的金典范工程潜力奖等），倾听公益青年自己的感受，邀请行业内外专家进行座谈，在南都内部召开讨论会议。通过循环往复的调研和持续的反馈，为确定目标群体的需求打下坚实的基础，表 2 是银杏计划项目的设计流程。

表 2　银杏计划项目设计流程*

流程	具体内容
一、分析项目的可行性	数据收集;问题分析;解决方案判定论证;机构资源配置
二、收集信息和反馈,调整基本原则	同类或相关项目;公益青年人;行业内外专家;南都基金会内部
三、完善项目设计概要	定位;目标人群;核心价值;基本内容、流程;选拔机制和规则;资助内容和形式;风险及相应措施;项目发展曲线;投入与产出;效果与影响
四、完善项目细节设计	推荐书和申请书模板;考察评选说明、访谈提纲和报告模板;专家评审会说明;银杏伙伴协议;项目传播设计;活动设计与安排
五、实施	扩展维护推荐人、专家网络;关注、考察被提名人;专家评审会;组织活动;后续支持

* 林红：《银杏伙伴成长计划——探索支持公益人才的路径》，载杨团主编《中国慈善发展报告（2011）》，社会科学文献出版社，2011。

项目设计必须再三斟酌。项目总监林红提到“每年的 1 月份到 3 月份我们都要针对项目进行回顾。我们要请专家，要不断地思考之前设定的愿景、使命现在还是不是有效，要不要调整；原则性的东西需不需要调整；还有具体的执行上需不需要改进；然后具体到每一个文件是不是要改，哪一个字要改。所以这个项目实际上说就是螺旋上升的。”① 由于每一个细节都可能有多种可选的方案，每一种都有它自身的合理性，所以每一个选择的决定，都是由南都基金会秘书处的同事们根据所有参与方都认同的基本原则，经过充分讨论而作出的。制定这些“标准”的基本方法是漏斗法加闭环反馈系统。漏斗法是指让所有的利益相关方，从具体案例或概念等不同的角度出发，充分发散思维，然后再按照一定框架进行讨论。闭环反馈系统是指在获得了最初的标准的基础上，听取不同经验、不同立场的人的意见和建议，然后修改，成为试行标准。就试行标准进行尝试后，再根据反馈修改。这些从共识和精华中抽取出来形成的标准，每一项都有其意义所在。②

（2）过程控制

南都基金会对整个项目的进展过程有着严格的控制。每半年，秘书处都会向董事会汇报前一阶段的实际工作，包括成绩和问题，以及下一阶段的工作计划。每个阶段的工作都有阶段性的目标和任务，以及完成各项任务的具体时间表。通过严密的过程控制保证项目的顺利进行以及目标的最后达成。

在时间控制方面，南都有自己的时间表，几条线是并行的。一条线是项目改进，一条是选人，还有一条是后续支持，每一条线都有自己的节奏。项目改进的线一般在每年的 1～3 月及 11～12 月。选人的线全年都接受申请，所以一旦接到推荐南都就会做背景的调查，比较集中的是从 5 月开始到 8 月、9 月。一般先从北京开始再到外地。先从北京开始的好处是我们每组可以多派几个人，大家可以再学习训练一次。专家评审会在 10 月。后续支持一般在 1 月到 3 月，同时 5 月我们增加了银杏伙伴论坛。6～9 月就是出国考察。整个过程还是比较合理、紧凑的。③

（3）财务控制

银杏计划的资金分两部分，一部分是支持到人的资金，每人每年 10 万元。不建议把大部分资金用于机构，或补贴同伴生活。南都有一个框架性的

① 引自对林红的专访。

② 林红：《银杏伙伴成长计划——探索支持公益人才的路径》，载杨团主编《中国慈善发展报告（2011）》，社会科学文献出版社，2011。

③ 引自对林红的专访。

引导：6万块钱用于个人的生活，其他的用于个人的学习参访。这可以让伙伴们不用顾忌外部的压力，将钱花到自己最想花的地方，更重要的是这体现了南都对他们的信任，使得银杏伙伴的自信心、安全感、被支持感都大大增加。项目总监林红说："我们千挑万选了这些人，我们就要充分信任他们，所以我们不会再去要求提交发票，或者其他的保证，其实我们设计项目的时候就是相信他们能花好这笔钱。虽然他们把钱花在自己身上，但是我们相信他们能够很好地利用这笔社会资源。他们打算怎么花告知我们即可，年初的时候有一个计划，年底有实际支出。其实很多事情阳光法则就够了。"①

第二部分是运行项目本身承担费用。南都针对银杏伙伴一年两次的集体活动，还有评审会等都是严格按照基金会的管理规定来做的。另外就是出国考察的经费，现在是由心平基金会支持，对他们的报账也要符合基金会的管理规定。

（4）风险控制

徐永光认为："从事公益这个行业，要通过创新的尝试去撬动更大的资源。有一些创新成功了，它就能改变社会，解决一些社会问题。但是有创新就会有失败的风险。"② 南都基金会秘书长认为："'银杏伙伴成长计划'项目本身不存在太大的风险，我们倒不是担心这些人不成材，最担心的是怕他们出现一些问题，影响银杏伙伴的声誉。"

以方红为例③，在方红打人事件的整个过程中，就建立了比较全面的风险控制机制。

首先，在资助之初，南都基金会是要跟银杏伙伴签署协议的，如果银杏伙伴无法完成成长计划，南都有权利终止协议；其次，银杏计划是一个领人的项目，在银杏伙伴每一次活动中都贯穿着正面的引导，比如徐永光讲道德零风险的问题，程玉讲个人在行使自由意志时要明确自己的初衷；

---

① 引自对林红的专访。

② 引自对徐永光的专访。

③ 2011届银杏伙伴方红与合作伙伴发生纠纷并动手打了对方。事件发生后，南都公益基金会（以下简称"我会"）立即对该事件做了仔细的调查，本着客观公正的原则听取各方意见并与方红本人进行了多次沟通。我会认为，方红打人事件之前的一系列纠纷超出了本次调查的范围，但是方红打人的行为和后续对事情的态度与银杏伙伴"胸怀天下、脚踏实地"的理念是不一致的，也与银杏伙伴平等、尊重、开放、多元、协商的文化不相容。根据我会与方红签订的《"银杏伙伴成长计划"资助协议书》，我会决定取消方红的银杏伙伴资格，并终止对其的资助。

还有，当观察到某些问题的时候项目官员及时与伙伴沟通。林红说：“方红，他和小桃子因为所谓的产权有一些纠纷，包括在网上有语言不当的对话等，我们都在跟他沟通，然后对他采取警告，包括跟他的推荐人沟通，希望他的推荐人对他进行开导、帮助。包括程老师也专门去郑州和方红进行谈话、开导。”①

同时，南都基金会拒绝了多家媒体的采访，主要是为了保护当事人。徐永光说：“虽然方红打人行为与银杏伙伴的文化不符，我们取消了方红的银杏伙伴资格，并终止对其的资助。但是我们还是希望可以保护这些公益人才，能让他们健康的成长、发展。”②

另外，南都的员工对风险还有非常深刻、独到的理解。

“我们要正面积极地去看待任何事情。它其实也没有什么好和不好，关键是你怎么看待它，并把它变成积极的因素。这个项目中就让我成长很多。我以前是项目经理出身，什么事都想的是挑战和风险，如何规避风险，怎么样让这个项目按照我们的预期轨道运行。但是到了这个项目之后，我学到很重要的一点就是你怎样积极地看待遇到的问题。我们不能老想着这是风险或者挑战，而是要在一个大的原则下，注重这个过程本身发生的有意思的东西，同时捕捉到它，然后改进到项目里。在这个过程中，会发生很多意想不到的事情，这些事情也许可以把我们引向更好的方向。对南都基金会来讲，遇见这样的事情还是很正常的，我们本身的文化里面就有‘允许犯错误，但不要掩盖错误’的理念。这都是在我们能承受范围之内的事情。其实一个好的东西，只有产生错误，再从中总结经验教训，这才是有价值的，或者对行业的一种倡导更有说服力的。”③

4. 良好的组织文化

(1) 优秀的团队和组织文化

“南都基金会自 2007 年 5 月 11 日成立，经历了两届理事会、两任理事长和三任秘书长。五年的发展历程中，南都基金会始终实践着支持民间公益的使命，朝着怀抱的社会梦想稳健前进。可以说南都基金会是一个朴素、有

① 引自对林红的专访。

② 引自对徐永光的专访。

③ 引自对徐永光的专访。

理想的机构，文化、理念和使命感厚重，富有开创、探索精神。南都基金会用有限资源在努力建立一个跟自身宗旨、理念和使命吻合的生态系统。”

“南都基金会在发展过程中很庆幸有一些优秀人才加入，像出身麦肯锡的程玉（南都基金会副理事长），在机构的学习气氛、能力文化提升和制度构建等方面都作了很大的贡献。像林红（南都基金会项目总监），她作为一个技术官员做事非常精确严谨，考察多少人需要多少小时的投入，一整年的工作，她是以小时精确计算的，这种管理能力太厉害了，我觉得一般人做不到。而且，这个环境本身也是一个培养人的环境，有利于团队整体上的提升。我觉得这样的一个团队，稍微不谦虚地讲，目前在业内基金会还是独一无二的，最强的。而且虽然是强手在一起，但是又非常和谐。大家的信心、热情，还有这种幸福感还是有的，所以我觉得很幸运，因为在这个行业最难求人才，在这样的环境下，南都基金会是人才济济。”①

南都的文化理念一直落实到每一个细节，而且是逐层渗透的。

“比如说尊重他人，我们和伙伴开会就不会把伙伴叫到南都来，我们可能更多的是到他们的机构，或者选择一家机构，大家一起在那里开会。这种细节，还体现在发一个邮件我们的口气，经常你都会听到有一个项目官员对另一个项目官员说‘你这个地方可能需要调整一下’，你这样显得好像很官方，或者显得跟人家距离很远，不平等。这些东西都不是说我作为项目设计人员我要跟他们说的，就是你一层一层的设计之后，这些东西就贯穿了，而且这些新来的项目官员，他也会理解到这一点，他认同这一点，他自己就会生出很多方法去执行这一点。再比如说，我们组织活动，大家一起准备，像我们的同事，不管是刘州鸿（秘书长）还是我们的助理，都和伙伴们一块搬桌子、椅子，擦椅子。有的伙伴还觉得很诧异，说领导都来搬桌子。反过来，伙伴们也就和基金会拉近了距离，有什么事情也会跟我们商量，大家一起解决。”②

（2）学习能力

南都基金会的项目执行团队从来都不是单枪匹马的奋斗，他们会通过各种渠道，不断学习，以专业的方式打造公益精品，同时提升团队的专业能力和整个机构的成长。

---

① 引自对徐永光的专访。

② 引自对林红的专访。

A. 向业内同行学习

在项目立项之初，南都就对同行业的相似项目进行搜集，如阿育王的社会企业家计划、NPI 的公益孵化器、壹基金的金典范工程潜力奖等，并提取出资助对象、目标、主要资助内容和产出等关键指标进行对比。在认真分析总结的基础上，根据自己的宗旨和项目目标，南都的项目团队开发出一套自己特有的公益人才支持项目。

同时，南都基金会积极同业内同行进行交流，围绕银杏计划，他们先后与美国派卡德基金会、赠与亚洲、汤森路透基金会、爱佑基金会、美国福特基金会、阿育王等多家国内外著名的基金会交流，认真听取同行的宝贵意见，同时寻找可能合作和支持。项目总监林红介绍："南都在整个项目过程中都在不断地学习。比如说，阿育王做了三十年，他们在寻找社会创业家方面给我们很大的启发，甚至访谈提纲的框架、问题，包括指导的原则、流程，都借鉴了很多；还有，IFP 也是一个十年期的项目。IFP 于今年召开十年总结大会，通过这次学习，我们更加注意到网络的重要性。IFP 的经验给我们的启发就是，也许三年之后的一些机制的设计可以巩固甚至激发网络，效果可能是要十年以后才能显现出来的。"①

南都基金会一直坚持"干中学，学中干"。他们根据自己的计划和预期效果，在不断地评估反思，在这个过程中努力地提升和学习，努力改善项目。

银杏计划是南都战略转型以后第一个项目。这是南都以一个新的姿态，不一样的方式开始做项目。这个项目等于是伴随着南都的成长，南都的使命、愿景渗透到了银杏的项目当中去了，反过来，因为这个项目有意设计的就是让全员参与，使南都和这个项目伴随成长。程玉说："我们每年走出去访谈、做背景调查，当你发现一群年轻人在这个行业做着非常有意义的事情的时候，对我们整个机构都是有感染力的，我们知道这个项目给我们机构本身带来了什么好处，我们也是在这个过程中成长，我们讲的专业化、对公益的理解和热情都在这个过程中不断变化。"②

B. 向专家学习

南都公益基金会会定期举行"公益专家座谈会"。他们邀请业内专家对

---

① 引自对林红的专访。

② 引自对程玉的专访。

项目进行重新评估，对重要环节进行审核，以持续完善进行中的银杏计划，为银杏计划的科学性提供智力支持。专家会在综合回顾项目进程、审视项目远景的基础上，围绕银杏计划的规则、伙伴网络建设、项目传播及评估等进行讨论。

林红说："各路专家其实是不断让南都从具体的事情中跳出来，站在更高的层次来看待这个项目。专家会议针对银杏计划每年召开一到两次，有的时候是为了解决特殊问题，有些就是方向性的问题。比如说杨团老师说这批人，他们之间相互沟通，相互理解，相互支撑的作用可能是更重要的。因为未来十年可能是中国历史时期内非常重要的一个阶段，那这些年轻人是不是能够共同去面对这个艰苦的状况？所以她就建议目标群体不应该太局限，应该放开，把边界打开，所谓的公益更宽泛一些。包括我们现在觉得已经超过支持阶段的人，也要考虑进来。不管她是不是指导我们的方向，但是这个提示让我们进一步认识到网络的价值。"①

C. 向银杏伙伴学习

虽然银杏伙伴是资助对象，但是在"平等、尊重、包容、多元、开放、协商"的环境中，南都基金会与银杏伙伴互相学习，在各个方面都得到了提升。

林红说："我们有一个银杏伙伴刘猛，'5.12'地震后，他在灾区建立了一个"妈妈之家"，专门援助丧子母亲。天下最伟大的爱就是母爱，那么天下最沉痛的哀伤就是丧子母亲的哀伤。为了转移她们的注意力，安抚她们的悲痛的心情，大家就让她们做各种手工的活比如刺绣、织毛衣等，但是效果都不好。刘猛根据他的观察，最后让这些妈妈们做一种特别难做的纸花，那个纸花可能要上百道工序，只要有一点问题就可能前功尽弃，这其实就是他的创新。因为你发现必须得让它足够难，足够聚焦，她才能忘掉那个，你让她织毛衣，这个对她们来说没意义，因为她们对那个太熟了，刺绣可能也不是挑战，所以他试了好多种，包括连折纸花都试了好多种，最后选到了就这一种是最有效，那这就是创新，虽然很小一点，但他很可能带来很大的改变。

"还有个例子，身患轻度脆骨病的王奕欧辞去稳定的工作，和同为罕见病患者的黄如方共同发起成立了瓷娃娃关怀协会，尽管困难重重，在社会各界的关怀下，协会依然以惊人的速度飞速成长。我们采访她的时候，我就问在

① 引自对林红的专访。

做这个事情时有没有遇到很大的困难。她说：‘我这人就是运气好，没有遇到什么太大的困难，总有人来帮我，大家都特别支持。’然后反过来，有时候我们采访的一些人，她们就说‘我这个困难太大了，谁都跟我作对’。我们突然就意识到，把自己放在一个什么位置很重要。也许，王奕欧不觉得自己有什么了不起，但是她实际上是可以吸引和动员很多能量来帮助她做这个事情的。其实这对我们南都基金会和项目组也有帮助。王奕欧教给我们的就是感激别人的帮助，把自我放小，我觉着这种东西对我们的影响其实也很大。”①

四 变革影像

1. 示范效应显现

项目总监林红认为：“银杏计划最重要的是资助人的理念。因为中国的资助行业总的来说正在学习，然后大家最习惯的、比较流行的方式就是资助项目，而且把这个事情看得特别重。这就相当于自己给自己放了一个盒子，你的初衷到底是什么，你想产生的改变到底是什么，这种方式到底是不是一种最好的方式，大家可能就没有去更好地思考这件事情。我觉得这个项目提倡的资助于人的理念对公益领域很重要。”②

继“银杏计划”实施后，北京企业家环保基金会推出关注环保领域青年人才的培养计划；友成基金会实施“小鹰计划”，目的在于培养优秀的应届毕业生、政府或企业的新员工，让他们成长为未来的公益领袖；人大、北师大等高校纷纷开设针对公益领域人才培养的 MPA 课程。此外，由民政部主办的“中国公益慈善创新型人才”培养计划启动，欲打造中国公益慈善事业的“黄埔军校”。公益人才培养问题开始在业内受到越来越多的关注和资源进入。尽管难以说这是银杏计划的影响作用，但是，彼此的影响以及对这一问题的共识却是肯定的。

2. 银杏伙伴个人成长成效显现

银杏计划使银杏伙伴个人得到了成长，银杏伙伴机构得到了提升，银杏

---

① 引自对林红的专访。

② 引自对林红的专访。

伙伴对行业的责任感也得到加强。银杏伙伴个人和机构都有成长。成为银杏伙伴后，银杏伙伴的自信心、安全感、被支持感、对行业的责任感都大大增强；银杏计划的资助给了伙伴们一个喘息、反思的机会，进而发现以前没注意的问题，如工作非常忙乱、目标不清楚等。经过一段时间的反思，银杏伙伴会采取一些行动，比如团队建设、自我梳理、开阔视野、修补家庭关系等。这些行动又会产生一些变化，比如银杏伙伴所在机构团队凝聚力提升、机构筹资额增加、机构影响力扩大。①

徐永光说："我们有一个伙伴，他在一个很不错的机构做公益。但是他的家庭关系特别紧张，父母天天拖后腿不让他干。他母亲天天说'你赶紧找工作啊'，他说'我这就是工作啊'，他母亲说'你这算什么工作啊'。在很多人的观念上这都不算正经工作。被选为银杏伙伴以后，他就做了一个旅游计划，带着父母玩了一个礼拜，整个花销也不多，5000 块钱。从此，这个问题就解决了，他妈妈就很放心了，很支持。你说这种投入有没有价值？我们就给了他 5000 块钱让他消费，他一个家庭的困扰、矛盾就完全消解了。他就可以没有后顾之忧地去工作了。有的银杏伙伴成不了家，拿这个钱成家了，结婚了，丈母娘也放心了，这就开了门了。这些问题，你说这个投入值不值？我就是把这些事情让行业了解，对于人的投入他是最有价值的，事实证明了银杏伙伴产生的效益已经远远超过我们最初的设想，原来只是想解决他们的生活困难，现在带来的是一个非常良性的个人的信心、能力的提高，业内环境的提升变化，包括家庭环境。这给他们带来的价值绝对不是十万块钱可以比较的，所以这样的投入很有价值。"②

银杏计划也使银杏伙伴个人的视野扩大。银杏伙伴杜爽参访韩国的 Haja Center 后兴奋地说："原来我一直想做的就是这样一个为青少年提供不同教育的地方！"银杏伙伴马俊河参访过台湾的桃米、无米乐等生态社区后说："我以前一直在说产业化治沙，现在在想文化治沙，但不知道咋搞。看到他们的做法，多多少少有点感觉了。"银杏伙伴梅念蜀说："银杏计划让我能够缓一口气抓管理，使机构运营与管理迈上了一个新台阶。""我对机构内部作了许多调整，减少了部分项目工作（2011 年几乎没有新申请项

① 南都基金会：《投资于人，培育未来公益领袖——2012 年度银杏伙伴揭晓》，http://www.naradafoundation.org/html/2012-10/15617.html，2012 年 10 月 12 日。

② 引自对徐永光的专访。

目），建立了招聘、面试、入职指导、绩效评估等一套人力资源管理制度。在5月、7月、9月，锲而不舍地进行了数轮招聘和试用，并在招聘启事中清晰地描述了机构核心价值观、岗位职责、能力要求、薪资待遇、工作制度以及管理激励措施。如今，一支新队伍逐步建立起来，团队成员较过去在素质和能力方面有了大幅提升，专业背景也比过去更加全面。”[①]

银杏伙伴的勇气增强，愿意为行业发展作贡献。梅念蜀说：“每当自己想偷懒时，同事都会笑称：多写点、多做点，银杏伙伴可要胸怀天下，脚踏实地！”银杏伙伴杜爽说：“自己做一个机构的时候很孤独。现在我们21位（2010年5位，2011年16位）银杏伙伴在一起是21位有着共建公民社会理想的21位伙伴，那个力量绝对不是1×21。……这样伙伴群体的建设，在中国的公益行业里一定是强有力的推动。”[②]

3. 银杏计划品牌逐渐形成

“银杏计划”自推出以来，受到行业的关注和认可：项目入选《2010年中国慈善蓝皮书》，作为非公募基金会项目创新案例在第三届非公募基金会发展论坛上进行展示和交流，受邀参选“2011京华公益奖”以及受邀参加多个国内外会议并作主题发言。12月，“银杏计划”荣获“2012零点金铃奖”。“金铃奖”是第一个由民间评选，为在民意倾听、用户倾听以及民意传播中有突出表现的机构而颁发的奖项。

心平基金会特别认可“银杏计划”支持公益人才的理念，愿意支持2011届银杏伙伴的出国考察。来自香港的“银杏计划”评委、社会企业家张瑞霖先生将向银杏伙伴捐款10万元，用于项目工作经费。

业内一提到银杏计划，基本都知道计划的使命、目标和定位，对该计划不仅有联想，更有好感和好评，认为其“创新”、“专业”、“独到”。

五 变革进行式

创新、变革，从来都不是一蹴而就的，尤其在公益领域产生变革性的影

---

① 南都基金会：《投资于人，培育未来公益领袖——2012年度银杏伙伴揭晓》，http：//www.naradafoundation.org/html/2012－10/15617.html，2012年10月12日。

② 南都基金会：《投资于人，培育未来公益领袖——2012年度银杏伙伴揭晓》，http：//www.naradafoundation.org/html/2012－10/15617.html，2012年10月12日。

响力，其任务的艰巨性非比寻常。虽然银杏计划已在业界获得高度认可，但它还在进行中。

与国家部委的奖励或表彰不同，“银杏伙伴成长计划”对受助人的资助不能免除个人所得税。南都基金会希望未来能解决这个问题，现在面临的最差的结果就是仍然需要扣除个人所得税。这不仅不利于民间组织的发展，也给项目的执行带来很多麻烦和困难。林红说：“我们希望大家能够重视这个问题，并且希望能发生改变，但是没有改变前我们只能遵纪守法。所以我们拨款就要拨很久，我们计划年初拨款，但是有的时候，由于各种原因，比如托管单位、发票之类的，这笔钱可能半年都拨不完，所以每一个工作的细节都是要大量的具体工作来支撑。”①

1. 面对分歧

在资助于人的项目上，南都基金会的理事会与秘书处之间是高度一致的，但也不免会出现一些分歧，这些分歧是达成共识过程中必然会经历的。在这些分歧上，决策团队与执行团队通过民主协商也达成了共识。

徐永光说：“我希望每年选出（银杏伙伴）的不要太少，还可以再提高一点。因为每年 15 个，10 年下来也不到 200 个，我是希望还可以给更多的年轻人这样的机会，这个机会还是蛮宝贵的，哪怕还不算很成熟，进来以后对他的成长帮助也很大。因为我们的设计计划是 200 人，既然是这样的计划，如果最后没有达到 200，我认为这个行业发展状态还是有问题的。”②

程玉说：“我的看法是相反的。我们不见得要快，关键是我们要磨合这套方法，哪怕我们做的人少，不管是多少人，我们在这个过程中，我们要把这套方法磨合出来。我觉得候选人要符合标准，因为我们的品牌是靠这些人的质量来决定的。我们也是在创立品牌。”③

林红说：“理事会会从一个战略的角度，从一个影响力的角度认为每年选 30 个比较合适。执行层就得根据自身能力状况来考虑这 30 个能不能达到，我作为项目总监，就要计算根据这个项目设计要投入多少人力，我们有多少人力，我们的经验知识在一个什么区间，因为一个创新的项目没有什么

① 引自对林红的专访。
② 引自对徐永光的专访。
③ 引自对程玉的专访。

项目经验，摸索的时间成本更大，还要做好走弯路的准备。最后我们算下来一年 10～15 个人相对合适。这就需要跟理事会交流，最后大家磨合觉得确实 10～15 个比较合适，而且也不会影响战略目标，从影响力的角度来说也没有受到太大影响，然后大家就 settle 了。我们调整的方式就是讨论，没有一言堂。”①

2. 效果评估是下一步要做的事情

2013 年 10 月，第一批银杏伙伴就要顺利毕业了，但是银杏伙伴实施三年的实际效果如何？它是否达到和产生了既定的目标和影响？

南都在 2012 年的工作报告中指出银杏计划“行业示范效应显现，人才培养成热门；银杏伙伴个人成长成效显现；银杏计划品牌逐渐形成，吸引更多合作伙伴加入”。南都认为评估也是学习中不断改进的一环，通过评估得到经验，然后又反馈到项目设计中，执行后再评估，这是一个螺旋上升的过程。但是，银杏计划作为一个投资于人的项目，其效果和影响是长期的，短期之内很难评估。

据项目负责人林红介绍：“南都从项目之初就建立了评估框架，并不断收集评估所需的数据。但从大的框架来说，评估的几个层面都面临着问题：第一个层面就是项目本身的执行情况，项目是不是用最经济的方式达到目标，还有什么改进的空间？第二个层面是伙伴自身的变化，评估的难度就在于一个人的变化是多种因素造成的，那怎么说这个是跟项目相关的？还有一个就是其内在的变化，我们的目标是增强伙伴的内在驱动力，但是内在的变化怎么衡量？第三个层面就是对行业的影响，这个层面的难度就是比较难收集数据。最后一个层面是对行业的启发，因为南都希望通过自己的实践也影响到这个行业，创立银杏伙伴这个项目其实就是给大家一个刺激，让他们 think out of box。这个项目如果运行 3 年、5 年甚至 10 年，那它对这个行业的观念会产生影响吗？”② 这些问题也是银杏伙伴成长计划要在以后继续不断深化创新的地方。

结束语

正如“责任中国”2011 年公益盛典提到的，南都公益基金会为天下培

① 引自对林红的专访。
② 引自对林红的专访。

育公民，为社会保育民间组织，为公益界贡献标准，为中国准备正面能量。南都公益基金会取财有道，散财亦有道。正所谓：亦仁亦德亦智信，千金尽散归苍生。

从银杏伙伴成长计划可以看出，整个项目突破了中国的公益领域捐款、赠物、扶贫济困的传统慈善模式，更变革了投资于项目的传统投资理念，直接投资于人，其资助理念、资助路径，可谓中国公益发展史上具有里程碑意义的项目，它对公益领域，特别是对公益基金会具有变革性的影响。尽管项目对整个公益界的影响现在还无法客观地给出，但是这种独立探索解决社会问题的方式，以及引领社会进步的精神，无疑是值得我们赞扬和学习的。

第三部分

典型案例

邓飞自述*

【编者按】邓飞的腾讯微博认证介绍是：香港《凤凰周刊》记者部主任，天涯社区“2008年最受欢迎的媒体和记者”铜奖获得者，近年来以一系列深度报道震惊海内外，如《沈阳蚂蚁梦》、《杀死阳宗海》、《狗日的普九造》。他的新浪微博认证介绍是：免费午餐发起人，香港《凤凰周刊》记者部主任。在公益界，邓飞开始为人熟知，主要是通过微博打拐、免费午餐、大病医保，还有中国水安全计划。2013年7月14日，在中国人民大学非营利管理方向MPA暑期专业课“非营利组织前沿问题研究”讲座上，邓飞介绍了自己如何由一个媒体记者，一个新闻记录者，变成了一个影响公益界及大众公益的行动慈善家。他认为，“一种工具”、“四种力量”、“做模型”以及“行动能力和倡导能力”是成就他的重要原因。

一　一种工具

邓飞所说的一种工具就是微博。

当邓飞看到那些饥饿的孩子时，他想到的是怎样去改变这种现状。因为这些孩子与邓飞的女儿一样大，“如果是我的女儿，运气不太好，没有出生在我的家里，（而是）出生在这里面，我该怎么办？我想到要去改变她，这

* 本文主要依据邓飞于2013年7月14日在中国人民大学非营利管理方向MPA暑期专业课“非营利组织前沿问题研究”的讲座整理而成。其他素材来自网络公开信息。讲座录音由董雪整理。

是一个（想法）。但是呢，我手里面有的资源除了《凤凰周刊》和一些记者朋友，我没有其他。但是我们有微博”。

在免费午餐产生以前，邓飞即参与了“微博打拐”，这是他首次参与的社会运动。2011 年春节期间，“微博打拐”成为值得关注的公共事件，该公共事件被视为微博传播史上值得铭记的事件。由中国社会科学院学者于建嵘教授发出的“随手拍照解救乞讨儿童”微博吸引了博友的广泛参与。2012 年 5 月 16 日，中华社会救助基金会与邓飞签订了关于共同合作设立“微博打拐公益基金”的协议。微博打拐公益基金由邓飞、薛蛮子、华楠等人发起，致力于实现四项成果。一，联合各类儿童保护组织，合作分享；二，普及拐卖和买拐同罪的法律知识；三，动员社会依法举报，支持警方打拐；四，引导开展新的科学技术创新助力打拐行动。[①] 微博使得该行动迅速“火热”起来，传递社会正义，使参与该行动的民众相互呼应、合作求解。通过微博，人们讨论行动中面临的问题，如除了寻找被拐儿童，还要注重保护儿童隐私，同时呼吁、联动 110 系统及正式法律程序。“微博打拐”行动经热心网友不断转发，形成强大的舆论传播力量，吸引了传统媒体的跟进与关注。这使邓飞意识到，通过微博可以发起倡议，倡导我们去保护孩子，通过微博可以将中国人民团结起来。“咱们中国人民是不团结的，只有在汶川地震的时候才可以把大家扭在一起，其他的时候（令人遗憾），我们的医院医生收红包、学校老师要我们送礼、农民打农药……”，“但是，孩子是中国人民最大的公约数。现在城里家庭只有一个孩子，我就看到了微博打拐，可以发起倡导，可以联合行动。”

没有微博，我们难以联合。有了这个工具，人们可以通过它联动起来。微博这一工具，让我们的信息流动起来，流通起来。鉴于中国人普遍运用这一工具，邓飞等 500 多名记者和国内数十家媒体联合中国社会福利基金会在微博上发起了“免费午餐”行动。“2011 年 2 月，我以‘2010 年度记者’的身份参加了天涯社区的颁奖晚会。我的邻座、一个叫小玉的支教女教师告诉我，她所在学校（贵州省黔西县花溪乡沙坝小学）的学生没有午餐，每天她一个人端着饭盒，没办法面对他们热望的眼神，不得不快步走进自己的宿舍去吃饭。最初我们是想帮助她所在学校的孩子们。”[②] 后来，他又去了

① http://www.csaf.org.cn/cn/index/show.php? itemid=907.

② http://baike.baidu.com/link? url = CyKdcSGV3zoITYdbsyMjBI1vQU5_NKvgwtV2i0vHzv-Hvi4SlrkLu1ZupGbJY8_aPkMmLqRyAc7Vt_eB9CWpu_.

更困难的学校。2011 年 4 月，邓飞联合中国社会福利基金会发起免费午餐行动，倡议人们每天捐赠 3 元为贫困地区学童提供免费午餐，帮助因家庭贫困而没有钱享受营养午餐的学生，同时呼吁更多爱心企业和人士加入到活动中，通过社会捐助的力量，对一些贫困山区学校简陋的厨房条件予以改善。项目主要通过微博传播，进行倡议与募捐。2011 年 4 月 ~12 月，免费午餐基金收入总额 18334878.16 元人民币；2012 年 1 月 1 日 ~12 月 31 日，收入总额 25438705.59 元人民币。①

微博使得免费午餐行动在全国范围内迅速扩展开来。免费午餐在微博等媒介的传播，体现出了媒体的特点，将图片和文字所具有的震撼力表现得淋漓尽致。通过图片和文字展现行动的意义和价值。免费午餐项目传播有一张黑白图片，小朋友吃到了免费午餐，纯洁地笑着，图片下配有这样一段文字“湖南横拉坪小学的学生吃上了第一顿免费午餐”。② 邓飞谈到微博的媒介作用时，异常兴奋，“首先，信息流通起来——（这是一种）展现！像我，我看到这些孩子，让我很震惊，我能够被打动，更何况其他人呢？第一步，就是信息流通。怎么流通呢？一是图片，我们把孩子面临饥饿困境的图片传出来，迅速地引起大家的共鸣”。

邓飞非常善于使用微博，并灵活运用其他媒介的作用。2013 年 8 月 27 日，他的新浪微博粉丝已达 390 万，每发一条微博，便有众多粉丝转发。2013 年 2 月 11 日，有网友在新浪微博发帖称山东潍坊“有企业将污水通过高压水井压到地下 1000 多米的水层，将地下水彻底污染”，并@邓飞，该消息经邓飞转发得到迅速传播，舆论一片哗然。这是 2013 年年初闻名的一项环保运动的起源。之后，个人、主流媒体开始关注中国地下水污染，也有了邓飞等人发起的“中国水安全计划”项目。邓飞在接受网易公益采访时谈到了此事的缘起，“今年大年初三晚上，我无意中看到一条微博，揭露山东潍坊一些化工企业深井排污，令地下水遭遇污染问题。我很愤慨，空气被污染，河流被污染，现在地下水也被污染，于是就转发，并询问大家是不是真的。让我没有想到的是，这条转发引发巨大反响，数以千计的人在评论中对我抱怨他们亲身经历的各类水污染问题”。

---

① 引自《中国社会福利基金会免费午餐基金 2012 年财务信息披露报告（2012 年 1 月 1 日 ~2012 年 12 月 31 日）》。

② http://baike.baidu.com/link?url=CyKdcSGV3zoITYdbsyMjBI1vQU5_NKvgwtV2i0vHzv-Hvi4SlrkLu1ZupGbJY8_aPkMmLqRyAc7Vt_eB9CWpu_.

邓飞说自己深深地感谢微博，微博使他认识到网络时代媒体记者全新的存在意义，“我可迅速组织人财物资源实现对钟家母女的千里大救援，实现微博打拐推动国家打拐，可以发起免费午餐浩大行动改变一个体系。一个记者，除了舆论监督，还可以自己动手建设”。[①]

微博这一工具今天已为大多数人熟知、熟用，2010 年被视为中国微博元年，微博即以裂变的方式扩张。有专家统计，2010 年国内 20 件重大事件中，由微博曝光的事件就有 11 起，微博成为网络爆料的主要工具。[②] 今天，微博不仅成为网络爆料的主要媒介，更成为公益发起、传播、募捐的主要工具和渠道。发起免费午餐的一部分女记者，鉴于中国农村留守儿童面临、遭遇性侵害却孤立无援，于是发起“女童保护”行动，尝试解决女童性侵害问题。免费午餐行动通过微博这一工具，实现了公益筹款创新。免费午餐行动第一次大规模微博捐赠，由广州企业家刘嵘通过微博支持后掀起了募捐高潮，刘嵘看到中国社会福利基金会“免费午餐”项目后，随即通过微博表示支持。刘嵘同时宣布，网友每转一次他的微博，他即捐善款 9 元，用于解决贫困山区孩子午餐问题。刘嵘先后发了三条微博，总计不超过 200 个字，在不到一天的时间内共被十万名网友转发。网友的热忱加上微博的力量，使得第一次微博募捐就筹得善款 90 余万元。[③] 免费午餐行动后发展为与企业合作，从而既有助于体现企业的社会责任，帮助企业获得良好的公众形象，又能获取企业捐赠。

二 四种力量

1. 爱的力量

邓飞认为，成就公益的第一种力量是“爱”。在邓飞的世界里，“爱”是最能影响和凝聚中国人民的力量之一。2012 年 7 月 19 日，继“微博打拐”、“免费午餐”之后，邓飞等公益人士发起了被人们称为第三个儿童福利项目“中国乡村儿童大病医保”。该项目着力推动三种模式：一是基金筹

---

① http://newspaper.jfdaily.com/xwwb/html/2011-12/28/content_723446.htm.

② 汪平：《微博传播力初探》，《今传播》2011 年第 9 期。

③ 引自免费午餐官网。

集，二是政府出资主导，三是爱心企业、企业家出资。他希望项目成功后，能够由首个试点地区、国家级贫困县之一的湖北省鹤峰县向全国推广。这不仅需要相关管理制度运行该项目，更需要公益项目的“燃料”——资金做支撑，这一支撑的背后是存在于中国人民内心深处的“爱”。

爱的力量远比愤怒的力量更有张力！“比如，我站在这里说，哪一个愿意跟我到街上去游行，去看？我估计，有三四个都是男孩。如果说，谁愿意明天跟我去山区，到西藏、青海，去看孩子，看灾区的小孩子？我觉得会有30个人跟我去。这是为什么？这是爱或者叫柔软（在影响人们）。以前的读者，称赞我们的志愿者，我们还吸引了大量的群体，学生。这是爱的力量，把中国人的爱的力量给激活了。”

传播“爱”就要学会讲故事，这样才能更大程度地引起人们的共鸣，“我给大家讲一个故事。在中国西部的大山里面，有一群孩子，他们的父母在城里面，他们是留守儿童，历史上称他们为留守儿童，这是历史上一个前所未有也不可能在有的历史现象，有6100万，这是人类史上的‘奇迹’。他们需要面对很多的困境，他们需要解决很多问题，他们每天需要行走几个小时，中午没有午餐——我们就可以打动你的心。首先，我们把（这样的事实讲出来）……这是我们现在要说的第一股力量，我发现了第一股力量，是爱，（它很）柔软。”“一定要学会讲故事。我以前对自己的特稿训练是这样写的，很多同事都不知道该怎么写。你应该有这么一个能力。”

2. 透明的力量

透明的力量，是邓飞发现的第二种力量。“我拿着大家的钱，我知道大家恨贪污腐败，恨我们偷走你们的钱。那我们就透明，那我就告诉大家，你的钱怎么来的、怎么走的、怎么用的，干干净净清清白白。很多捐款者都很感动，就觉得以前捐给很多组织，都问不到（钱的去向）。结果，我们公开透明，把所有的事情都摊开，大家能看见，我们就创造了新的东西，所以我们更有价值，越来越多的人信任我们——这就是透明的力量。”邓飞认为的“透明”，是中国公益的公信力，它不是一个孤立的事件，而是一个系统工程。免费午餐项目一启动，便建立了信息公开的渠道和机制。包括免费午餐官网、免费午餐微博，及时发布项目资金筹措情况以及支出情况，年度发布审计报告。他认为，免费午餐不仅在传递爱心，还在推广契约精神和信息公开。“打击贪腐最好的利器就是公开、透明和信息的迅速流动。”目前每一个免费午餐学校都须开设微博，须公开该校任何涉及免费午餐的信息，为管理团队核查提供参照。几百所学校每天通过微博发布自己的菜价、数量，接受当地群众、家长和网友志愿者、记者等的监督，一旦发现问题，调查就将启动并出具调查报告。在免费午餐官网上，每所学校都有翔实的信息：学校编号、学校名称、开餐时间、午餐状态、学校地址和邮编、学校微博。例如，河南鲁山桐树庄小学6月30日13：01发布了两条微博：①支出入库公示：2013年6月29日采购：大肉4斤×11计44元，大葱5斤×2计10元，洋葱10斤×1.2计12元，土豆10斤×1.6计16元，白糖2斤×4计8元，豆芽10斤×1计10元，电15度×0.8442计12.66元，合计112.66元，营养计划补助168元，现金结余8814.71元－工资支出600元×3计1800元，现金结余7014.71元。②出库公示：2013年6月29日菜品：大米炒菜绿豆汤，1、5年级调研考试，故应到56＋12人，实到68人。消耗大米17斤，大肉4斤，面粉2斤，绿豆2.8斤，大葱5斤，洋葱10斤，土豆10斤，白糖2斤，豆芽10斤，食用油2斤，食盐1袋，作料5元，香油0.25斤，燃料6斤，电15度，合计支出219.96元，库存计129.1元。

在乡村儿童大病医保项目启动仪式上，有人问邓飞："这个基金的账目，如何才能做到真正透明？"邓飞非常清楚，民间公益的一切力量来自于民众的信任和支持，它必须全程接受公众的监督，"所以，它不能贪污腐败，不能对公众傲慢，除非它活得不耐烦了"。①

3. 联合的力量

第三种力量是联合的力量，与当地政府合作，与项目学校合作，与企业合作，与媒体合作，优势互补。没有与它们形成联合，项目难以执行，公益效果难以体现。

免费午餐项目与各地学校建立了联动关系，为什么？"我们自己处理不好，我们也不可能自己带去午餐，那不是我们的优势，我们的优势是倡导、传播、筹款、说服。"项目出钱，由学校给孩子们做饭，但是，项目事先与项目学校有约定。

（1）就地取材。"食材不能到外面买，除了米，油没有了，可以采购，其他的食材尽量在乡村采购。为什么？一是可以到乡村买到新鲜的食材，再

---

① http：//news. chinaluxus. com/Wel/20120723/199704. html.

者农民不敢把打农药的菜卖给你，因为他的孩子也在吃。如果他打农药出问题了，愤怒的家长会去殴打他的，他不敢的，他也不愿意。另外，乡村也从我们的免费午餐项目得到了利益，我们就回报了乡村，就会得到乡村的支持，他会送东西给我们，会帮助我们。的确，后来校长告诉我，真的有农民把家里吃不完的送过来了。”

（2）教师必须与孩子们一起吃饭。这一点很多人不乐意，认为项目是为孩子们吃饭，不是为老师吃饭。邓飞认为，不给老师吃饭，老师就会有怨气。老师有怨气，项目就会很难办，就会给项目制造摩擦。再者，乡村老师的待遇很低，为什么不尊重一下老师？他们付出了额外的劳动，就应该得到回报。最重要的是，老师和同学一起吃饭，他们能够保证食品的安全和口感。免费午餐第一要解决安全问题，第二要解决口感问题。饭菜不好吃，学生把它丢了，喂猪了，捐款就会浪费。老师和孩子们一起吃饭，饭菜口感就会好，老师能吃，学生也能吃。

（3）通过微博公开信息。起初，免费午餐项目中，学校使用微博很不方便，信号不好，也不会撰写。邓飞给项目学校讲道理，通过微博发布项目信息，不仅是项目的责任，还能增加外界对项目学校的监督，也能帮助学校与外界建立联系。有位校长通过微博发布，学校没有篮球了，邓飞转发之后，就有人邮寄篮球给学校，多余的给了其他学校。学校与外界的渠道打开，建立了联系。此外，学校每天更新微博，如果信息不实，证明学校负责人有贪污，项目负责人可以报警，可以通过当地教育部门（发出警告），甚至可以取消项目学校的资格。一旦出现这类问题，“所有孩子们的家长都会恨他，说，他把我们的项目学校搞没了。如果校长（或负责人）不做这样的事情，他们会得到大家的表扬，会得到相应的奖励”。“之后，我们通过持续地公开、透明，捐赠者也很感动，看到我们做得这么细。把他们的钱真的是当钱，所以捐款人更加信任我们。”

（4）与乡共治。项目学校还要接受这样一条规则：要在乡村里请一些人参与到项目管治中，他们是村委会成员、老干部、老党员、退伍军人等，这些是乡里面的精英，把他们组织起来，“‘组织’上需要你们去保护你们的孩子，你们不管谁管？孩子是你们的，你们应该爱惜你们的孩子。所以我们应该把这些人动员起来，成立一个小组”。这个小组的功能是监督项目学校，监督校长，“我们告诉校长，你必须接受他们的监督，他们每个月来视察一次，你们的流水账是怎么弄的。这样就能保证乡村去监督学校”。邓飞很了解乡村文化，了解在这样的文化下，需要的是制衡，需要在其中设置利益制衡，这虽是土办法，但很有用，“我们有那么多项目学校，每天要开餐，孩子吃饭，至今没出现一起食品安全事故，没出现一起资金安全事故，就靠着这个土办法。这个土办法叫常识”。邓飞自嘲说，做公益目前还是“菜鸟”，用土办法很有用。

此外，免费午餐还与企业进行联合。“不像以前我们那么依赖媒体，现在我们造媒体，还联合其他网络公司”，例如，汤臣倍健官方旗舰店携手淘金币，7 月 25 日 ~8 月 24 日之间助力免费午餐，当网友捐出的淘宝币总数额到达一亿，汤臣倍健官方旗舰店将捐出 1 百万善款为中西部贫困地区学生提供免费午餐。此活动还设立卖家吸引买家的激励办法：如捐赠者选择“裸捐”，捐赠成功后直接获得由汤臣倍健官方旗舰店提供的爱心店铺优惠券。同时还可获得参与赢取裸体淘公仔的机会。这种联合，可谓多赢，实现了多方利益共享。“我做任何事情，都琢磨怎么去创新，我们不能按照传统的方法去做。为什么？因为，按人家的路径，你没有机会，只能创新。如果我们按照传统的方法通过银行账户让捐赠者去捐赠，就做不大。其实，我们有很多工具可用。比如，在淘宝店可以卖东西，公益组织能卖什么？在里面可以卖虚拟产品，点击一下，3 块钱一份。你可以买一份，也可以买 1 万份，随你买。”“为了吸引人，要考虑地域性，不同地域的人有偏好，比如，湖南人更关注湖南。”“我们还有很多办法，比如在手机壳上可以打上免费午餐的 LOGO，大家即可以消费，又可以做公益。再比如，我们做很多存钱罐，上面写免费午餐，大家把钱存进去，再把钱捐给我们……所以，我们现在组织了免费午餐公益产品研发中心，就是要研发这样的东西出来。”

免费午餐还开发了通过帮助增加客户与企业的黏性，提高客户对企业的好感，从而鼓励企业捐赠的办法。有很多企业主动要求与免费午餐开展合作。企业希望通过合作，拉进与消费者的关系，“有钱的出钱，有力的出力，什么都没有，有微博”。对公众或消费者来说，转发微博是件轻而易举的事情，大家都可以参与，参与门槛很低，“手一动，（转发一次）捐赠 3 元”。比如苏宁，与免费午餐形成合作，每转发一条微博，苏宁即捐赠一定数额，很短时间内就达到了苏宁拟定捐赠的 200 万元的额度。网友成了项目重要的资源。再如，2012 年 6 月 1 日凌晨，百度 2012 年六一儿童节 LOGO 在百度首页上线展示，随着 LOGO 一同上线的还有儿童节“你送祝福，我捐午餐”百度公益一小时活动官网导航。该活动由百度联盟携手百度基金会及联盟六十万合作伙伴，与中国免费午餐基金会合作，在6月1日11：00～12：00，网友只需点击百度首页“您送一份祝福百度捐一份午餐”的文字链接，或者点击百度联盟各网站上的广告链接，即可跳转至“公益一小时”活动专题页面。网友只需在专题页面中为贫困学童写一句祝福，百度就会以该网友的名义，向贫困学童捐出一份午餐。参与人数及活跃度远远超出百度预期。

邓飞所说的联合，不是简单的合作，而是建立在规则、目标、共赢之上的联合，是共治的联合，是符合国情、节约成本、提高效率的联合。在联合过程中，各有各的分工，彼此协作。在整个公益领域，任何一方都不可能以一己之力完成公益使命，需要分工、协作，不仅需要公益领域内部的合作，还需要与外部——政府、企业的合作。

诚挚、信任是联合的基础，“我们做人做事要诚挚，我们（就）会有很多的朋友。我们就可以开始行动起来，我们就要（像雪球一样）滚大，滚多。所以说我们不要想着我们（目前）有多少资源，有多少钱。我做免费午餐的时候，没一分钱。我做免费午餐第一个学校的时候，我就找了深圳的一个企业家，我问他要了两万块钱，两万块钱先开始。他当时就比较震惊。他说：你做这么大的事情，2万块怎么够呢？我说：就问你要2万块。我先把一个学校做起来，我可以滚雪球”。无论是免费午餐、微博打拐、大病医保，还是中国水安全计划，都体现了联合这一成就公益的力量。

4. 民主的力量

成就公益的最后一种力量，是民主。民主一词源于希腊字“demos”，意为人民。其定义是，在一定的阶级范围内，按照平等和少数服从多数原则来共同管理国家事务的国家制度。民主是以多数决定、同时尊重个人与少数人的权利为原则，共同管理事务的制度。免费午餐取得的成就得益于它有一个良好的管理，“民主是个好东西”，“只要是让大家民主的，自由的，平等的，他们就有很多的创造力”，“免费午餐这样大的团队，都是志愿者，我们组建一个管理委员会7个人，来自天南海北，不同的专业，不同的行业。怎么办？我们就要进行票选，我只有一票。这就逼迫我要说服大家，如果说什么事情都是我说了算，免费午餐早死了。因为我，再怎么成名，再怎么有能力，也比不过六七个脑袋。”“这7个人是我们从全国的志愿者中选出来的。”免费午餐首先设立核心志愿者的入选标准，符合这些标准的，可称为核心志愿者，每个人都有投票权，然后，从中选择7人，每年选一次，到期可连选连任。管理委员会是免费午餐基金的决策机构，管委会表决实行一人一票制。然后再选，建立执行委员会，监督委员会。免费午餐有着明确的管理章程，明确不同的机构角色、权利与责任，都很清楚。决策的过程，也是一个“大家吵架、拍桌子”的过程，最后彼此妥协，达成共识。“我们之间没有什么直接关系，又没拿你钱，（会）不服你。这么一群人，平等的人，怎么样形成合作，这就需要民主，需要规则。”

微信是管委会进行讨论的主要工具，邓飞认为这也是成就公益的一大工具。管委会成员通过微信讨论，“吵架”，“接受民主训练，它让我们变得更加的坚韧。每个人都想做一个‘独裁者’，因为谁都希望说话，然后被认同，鼓掌。但是我们要克制，尤其是我们已经形成了组织，更大的组织，所以说我们就按照这种方法（做决定）”。

三 做模型

公益项目类似于商业产品，要提高产品的效率，首先要实现标准化。标准化，不仅有利于自身项目的管理、复制、扩展，也有利于其他实施主体进行效仿。邓飞做公益的思路很清晰，“我们做的所有的公益活动，都是做模型”，免费午餐本是政府做的事情，免费午餐开发的模型便于政府效仿、在全国范围内推广。由于一些地方政府负责人或者“唯上”，上面重视什么，他们就做什么；或者“唯GDP”。教育、卫生、健康等需要投资，却没法给他们带来政绩，积极性就不强，不愿意做。政府目前没做，或者没有能力做，公益组织可以做。

“民间要自强、自立，要建立自己的能力，还要保持舆论监督，在行动上体现出来。我们的每一个项目都是模型，做好以后，交给政府参考。政府一看，觉得（做得）不得了。因为，我们看到的问题是很严峻的社会问题：孩子饥饿，孩子没钱治病，水安全，水污染，候鸟被大量屠杀，这都是社会问题，很严峻的，这也是我一个记者在训练期间，让我有了这样一种洞察力。”“我们可以影响政府，政府现在已经拿出钱来（做免费午餐）。我们还可以监督政府的执行情况。”

做模型，就是产品化，要了解捐赠人的需求并维护与捐赠人的关系。“我们做公益，一定要把公益做成一个产品，我们实际上也是在卖产品，实际上卖的是公信力，实际上是服务，我们对捐款人的服务。以前我们对捐款人不重视，好像一只猴子跑到山上去，山上到处都是玉米，不重视玉米，拿一个就丢。现在我们就把他们整合起来，做成一个数据库，做好他们的服务。有些捐款人，你要了解他们想了解什么，他们需要在你这边得到什么。有的什么都不需要，有的需要广告，有的需要声誉，有的需要良好的社会评价，有的希望带着孩子参加我们的活动。你要把他的爱和善良给激活。根据他们不同的需求，做成不同的数据（库）。捐款人开心了，满意了，你的工作自然也能做好。所以，一个是产品化，一个是了解捐款人的需求。"

做模型的同时，还要做品牌。邓飞将四个儿童项目打包成块，叫"中国乡村儿童联合公益"，准备将其做出一个品牌。免费午餐、穿衣、大病治疗等，在该品牌下，像"超市一样摆在那里，大家愿意支持什么，就支持什么"。"我们觉得全面帮助乡村儿童（留守儿童），是件伟大的事情。""（其他）事情交给大家做，我们出主意，谁愿意来执行，我帮你们传播，帮你们筹划，支持你们。"

现在，邓飞希望每个乡村孩子能有一个 PAD，能存储他们的课件，还有课外读物。他希望乡村孩子们得到的教育、信息和知识，不比其他孩子差，通过这种方式改变城乡教育不平衡的问题，还可以通过这种方式建立孩子们自主学习和自我管理的能力，从根本上解决乡村儿童受教育权不公平的现实。"希望工程是把学校盖起来，我们希望把学校填满，做明亮工程。带着我们的团队，填满它。"

2013 年，邓飞做的一个大项目是水安全项目——"中国水安全计划"，做这一计划也是在做一种模型。新生的这项计划包括七个环节[①]。第一个环节是"展示"，展示真相，撼动人心的力量；第二个环节是"曝光"，通过媒体曝光揭示污染状况；第三个环节是"压迫"，形成舆论热点，对肇事企业施加压力；第四个环节是"检测"，由民间对水样进行检测，迅速判断水质是否符合相关标准；第五个环节是"救济"，为水污染严重的村庄提供安全饮用水；第六个环节是"政策游说"，通过媒体发布报告并公布相关信息，推动水污染问题的讨论，推动法律和政策变革；第七个环节是"合作"，建立保护中国水资源的跨界合作平台。这一模型的构成，是一个覆盖

① http://gongyi.163.com/13/0418/12/8SO9MI5K009363IQ.html.

大众、企业、政府、媒体等多个利益相关者的模型，不仅对水安全计划本身来说是一个完整的模型，它建立模型的思路也可供公益领域参照。

四　行动能力和倡导能力

邓飞认为，做公益，仅有策划能力是不够的，一定要有行动能力和倡导能力。通过联合，通过透明，通过民主，形成执行团队，一起实施项目。既要在一线行动，也要倡导大众行动，倡导政府改变。“我们实际上已经在政治上给（政府）一定的影响。倡导，改变。但是，我们还需要有更多的行动。一方面我有倡导的能力、游说的能力；另一方面，我有行动的能力。”在地方层面实施项目，需要具备一定的切入便利性，如果难以在项目点开展项目，项目不仅会遭遇摩擦、冲突，还会阻滞项目的成效。先从有意愿，愿意支持和投入的地方切入。比如，水安全计划，需要政府投入一定的资源，“我们在一个县（实施），所有学校要装上净水设备，这个钱是政府出的，我们不出。通过这个方案，去影响政府”。

行动需要平台，需要培养更多的新生力量，需要更多的执行者。“我们可以去做一些研究，让更多的人能够学习到我们的方法，去做些改变。”“公益就是先形成自己的力量，形成自己的能力，去服务于一个个群体，抓住问题。所以，我们必须要行动。”

在邓飞的微博上有这样一段话：2013 年我将如此使用我的生命。①建立中国乡村儿童联合公益，统筹儿童公益。②联合多界，阻止中国地下水污染。至今，他将“5 月，习总要求我们牢固树立生态红线的观念。在生态环境保护问题上，就是要不能越雷池一步，否则就应该受到惩罚。我们不能阳奉阴违，我们必须采取行动！”的一条微博置顶。可见他期望能够通过中央政府的政策阻止中国地下水污染。

邓飞将公益融入了他的生命之中，促使改变是他的理想。他形容自己左手是公益，右手是媒体，相互促进。媒体可以将我们的公益织成一个网，各地都可建立执行机构，媒体能帮助他做公益，而公益又帮助他做媒体。“但是，我要做的事情，就是社会这一块。我们的人民有了自立的能力，自我建设的能力，我们可以去监督市场和政府。（社会）、政府、市场三角状态才是稳定的，是我这辈子的工作。把社会做好，做大，把公益社会哄起来，培养起来，我们就稳定了，国家才更美好！”

邓飞的公益观是一种变革观，一种影响众多人追随他的现实梦想。他的公益观是传统慈善与现代公益的有效结合，是一种工具、四种力量、造模型、行动能力和倡导能力成就了这种结合。乡村儿童目前面临多方面不公，涉及国家重大决策；阻止中国的地下水污染也涉及国家重大决策。这些问题在短期内并不能得到明显缓解，但邓飞期望以此激励自己，激励他人。他将2011年视为变革的一年，因为每个人代表着微力，代表着微小之力可以集合，我们可集合新的活力，新的力量。这是一种变迁，公益需要成长。邓飞内心深处的激情与他的公益历程昭显了我们这一时代令人尊敬的精神！

资助之道

——何进的思考与实践

一　资助困境

改革开放以来，第一家新生的公益基金会出现于 1981 年，2004 年新的《基金会管理条例》出台，催生了大量公益基金会。据中国基金会中心网统计，截至 2013 年 6 月 22 日，全国共有公益基金会 3185 家，其中公募基金会 1349 家，非公募基金会 1836 家。绝大部分公募基金会属于运作型（占 98.4%），只有 1.6% 属于资助型；非公募基金会也基本如此，运作型占 86.8%，资助型占 13.2%①。

在公益生态系统“合理的”分工体系中，基金会扮演着独特的角色——通过资金资助支持其他公益主体的行动。但是，中国的大部分基金会并不精通资助之道，深陷“资助困境”——不仅资助支出所占比例偏低，而且这些少得可怜的资助资金也得不到有效的利用。事实上，“资助困境”才刚刚显露，随着基金会数量的快速增加和所支配资金的急剧膨胀，这一困境将会愈加严峻。

大部分的基金会发起人，在不知什么是基金会的情况下就创办了自己的基金会；大部分做资助的基金会，在不知何为资助的情况下就开始了资助；许多基金会的项目官员在不知什么是基金会、什么是资助的情况下就开始实施资助了，甚至入行没多久，即开始审批项目，他们以为资助谁都一样，怎么给钱都一样，以为有钱不愁花出去，以为资助就是按领导的意愿分钱，以为资助是谁都能干得好的轻松快乐的“美差”……

---

① 康晓光、冯利、程刚：《中国基金会发展独立研究报告（2011）》，社会科学文献出版社，2011，第 150 页。

美国斯坦福大学教育学博士，先后任职于联合国开发计划署、世界银行，现任福特基金会驻华办事处代理首席代表、教育文化资深项目官员的何进，基于自己五十多年的学习和工作经验，创立了自己的资助之道。他的资助之道以及创立资助之道的途径和方法，对于解决中国的公益基金会面临的资助困境，具有巨大的启发意义和直接的借鉴意义。

本文尝试对何进的资助之道进行初步的总结。希望我们的努力能够有助于克服上述资助困境，进而使中国的公益基金会能够更加有效地推动中国的发展。

二　资助者的自我定位

“花好钱”

公益基金会资助者的基本职责，说白了，就是“花好钱”。

何进认为中国基金会的问题，“不是缺钱的问题，尽管钱仍然很缺，我觉得中国重要的是钱花得好不好的问题”。

“从资金上说，世界银行随便一做就是上亿美元的项目，我在福特一年也就是几百万美元的钱，这种钱能起多大的作用，这是我面临的问题。”“咱们现在更多的人在讨论钱少，而我的观点，是钱没花好，钱少是个事实，但不是最重要的，最重要的是首先把这个钱花好。”①

“通过资助推动积极的社会变革”

钱花得“好”与“不好”的根本标准是是否有效地推动了积极的社会变革。

何进将资助视为推动积极的社会变革的过程。

公益基金会应成为社会变革的火车头，而资助者应是一位合格的火车司机。

“平等、尊重、信任”

作为一个资助型基金会，要实现推动社会变革的目的，必须与资助对象、最终的受益者进行有效的合作。为此必须处理好三者的关系。

三者之间正确的关系是“平等”，背后是正确的态度——“尊重”、“信任”。

---

① http：//learning. sohu. com/20040906/n221900446. shtml.

在何进看来，申请者并不是“要钱”的，更不是“乞钱”的，而是某项事业的合作者、共同完成者、同道者。

何进鼓励合作者彼此平等、信任、尊重，强调不同部门之间、不同利益相关者在此基础上的合作，无论是草根组织，还是政府官员，还是项目受益者，大家平起平坐，在此过程中逐渐建立信任。

何进的“参与式”实际上体现的是其对合作者，包括受资助方的平等、尊重、信任、自主、开放的态度。

“我要满足的是受益者的需求，不是你我的需求”

资助的最终目的是造福于“受益者”。

国内大部分基金会认为资助是基金会自身意愿的一种延续和体现，或者是创始人个人兴趣的体现。何进认为，基金会进行资助选择时，出发点不应该是资助方的意愿，也不应该是与其开展合作的机构的意愿（如高校或NGO），而取决于共同服务的受益者的需求，基金会因社会需求而存在。

“你是主角，我是配角”

资助者是“配角”，他的功能是帮助“主角”——“受助者”，按照他们自己选择的方式，完成他们自己设定的目标。

何进说：“不要问我，你希望我做什么；你要告诉我，你要干什么。只要你做的事符合中国的利益，有助于积极的社会变革，属于教育和文化领域，又能满足‘实事求是、参与式、创新、可持续、易推广’，那我就会资助。”

“专注于发展，而不是慈善”

资助带给受益者的不是“鱼”而是“渔”。

定位发展，与何进受世行和UNDP两家国际组织的影响分不开，这两家机构强调发展和可持续的理念。

国内基金会目前还不完全理解“发展”的概念，更多在“授人以鱼”，不重视也不清楚如何“授人以渔”。何进认为，一些基本的慈善固然需要，但教会人们生存与发展的技能，“授人以渔”更有意义，作用更为深远。“可以这么区分，一块是慈善，一块是发展。给鱼是慈善，帮他们学会钓鱼是发展。”他强调资助重在“授人以渔”，是强调人的能动性、主动性、社会的能动性。

自觉承担社会责任

这一切的背后，是资助管理者的人格、心胸、人性、理想、责任。

何进的所作所为源自内心的那份情怀，那种一切为了使中国变得更美好的强烈愿望。

何进的个人兴趣、专业训练、职业生涯、强烈的责任感，使他专注于教育和文化领域。

他与教育有着不解之缘。

何进早年在国内从事教学工作，后赴美攻读高等教育博士，目前在福特基金会负责教育和文化项目的资助工作。

何进认为，教育的一大功能是缩小社会差距和缓解社会不公平，教育对个体发展、国民素质及整个社会的发展至关重要。人人享有平等受教育的权利，国家和社会需创造这样的条件使得人们充分地享受这一权利。

然而，在中国，教育机会与教育公平问题严重，而且不公平的教育又在加剧社会不公平。

三 资助的标准和目标

资助标准：十五字箴言

何进有着中美教育背景、丰富的大型发展类国际机构从业经验，结合其所学、工作所得，摸索总结出“十五字箴言”——“实事求是、参与式、创新、可持续、宜推广”，并作为他“项目审批规则”或“批准资助的核心标准”。

“每天会有很多人跟我说要钱。如何决定给钱不给钱？15字项目审批规则：实事求是、参与式、创新、可持续、宜推广。”“我们做事的前提是，你们是主角，你们来命题，怎么做你们定，钱由我们提供。”“就是为愿意创新的人提供资金，只要你有创新的想法和做法。”①

行动战略：“做小事，干实事，谋大事”

这一条，对何进自己和受助者都适用。

任何一个项目不可能解决所有问题，只能一步步来。但是，不是鼠目寸光，要心怀远大的理想，“做小事，干实事，谋大事”。

何进经常强调，“教育公平是大目标，管方向。大目标的实现要靠一个一个具体的小目标——即项目的近期目标的完成，这个目标必须与具体问题

---

① 搜狐财经，2011年5月14日，http：//business. sohu. com/20110514/n307541587. shtml。

挂钩。”何进会在各种互动、交流的过程中，慢慢地影响他人，尤其是受资助团队及一些利益相关者，让他们也慢慢接受并主动采纳循序渐进、分工合作、实事求是的分步走原则。

“要‘想大事，做小事’。”不可急功近利，理性理解成功，别想毕其功于一役，小事、实事是可以推动大目标实现的。

“三点一线”

“任何一个项目必须要有一盘棋，这样才能做下去。而怎么安放你的战士、你的部队，重要的是看你的路径。任何一个完整的项目说明图，应该包括这样三个方面，先说工作逻辑，再说工作路线，最后回到组织保证。”① 任何一个项目从开始设计时就应该明确陈述项目要回应的问题是什么，要达到的目标是什么，如何衡量项目是否取得成功，如何监测及评估项目，即“问题—目标—成功指标”三点一线，外加监测与评估。监测、评估是必需的，项目设计时就需考虑。一方面可以有目的地、有计划、有结果地去“走每一步”，另一方面可以更好地学习。监测评估本身不是目的，是学习，是为了让每个人在监测评估的过程中成长，学得更多，做得更好。

资助目标：十六字箴言

他强烈地希望，通过资助，实现“做事、练人、摸方法、出规则、创机制、做文化”。

四　参与式资助：项目申请—审批阶段

“与受助者一起工作”

何进认为，项目资助不是简单地将资金由资助者转向受赠者，而是一个共同构建目标的过程，是一个合作的过程。他在与受赠者一起工作时，注重培养合作伙伴的洞察力、规划能力和追求结果的能力。

而对于所有的受资助者、合作者，他都视其为一起做事业的伙伴，平等、尊重、信任、开放地对待他们，而不是高高在上、不可一世地“施予者”。对这些伙伴，何进常常扮演着亦师亦友的角色。一面是对伙伴们的严格要求与耐心指导，一面是与他们平等、开放地探讨与交流。

何进认为，“唯有实实在在地参与项目、参与行动，才能让每一个团队

---

① 何进在某次项目论证会上的发言。

成员及利益相关者真正地知情，进而实现意识改变、行为改变及能力增长。强调参与式，实际上是对每个个体的尊重，是希望通过每个个体扎扎实实地改变和成长来实现整个社会的改变与进步。”他说：“我强调的‘参与式’，是指超出一个项目负责人的参与式。任何人来找我申请项目，我会要求把这个团队带来，超出这个领导人范围。除此之外，我的参与式还要超出这个组织，让其他利益相关者参与进来，包括受助人、学者、政府、企业等。参与是一个理念，方法是没有穷尽的，我觉得是该找谁就找谁。”

“开发项目是一个漫长的过程”

何进资助的项目往往进行很长时间的项目前期分析和设计，进行项目“尽职调查”，实地考察，与利益相关者进行深度交流。

资助前期会遇到各种问题，最严重的问题是，有些项目申请者爱说空话、说大话，缺乏实干精神，眼高手低。为了避免这类问题影响资助效果，何进往往花很长时间和精力与项目申请者进行“磨合”。磨合过程也是建立信任、相互理解的过程，也是建立规范、规则的过程。

“我觉得提高资助效率，更多需要在项目前期下工夫。一些中国人不敢、不能、不愿说真话，不会说真话。所以，前期项目的磨合很重要，磨合阶段互相产生信任，互相理解规则，后面才能把事情高效地做好。中国话叫做统一思想，统一意志。我觉得这话说得特对，但不能是拿理论和权威去统一，一定是拿对问题的理解、对目标的认同去统一。所以，在项目前期有了认识上的统一，后面的效率就有保证了，俗话说‘磨刀不误砍柴工’，中国更多的时候是急着砍柴，不磨刀，反而影响效率和质量。”

项目前期磨合往往如同金蝉脱壳，过程伴随着痛苦，但带来的结果是令人欣喜的。很多受资助者感觉何进需要他们思考的问题太多，申请到资助不容易，“任何人跟我做项目都觉得磨合的时间很长，确实挺不容易”。[①]“但是，我可能看到大家的思考在深化，对问题、目标和行动方案的理解都在不断地提高，非常好！不过，从一般了解到真正理解，再从思想变化到行为改变不可能一蹴而就，是需要一个过程的。”[②]

何进的合作者常有这样的感慨——何进与他们沟通的时间超出了他们的想象，其他资助者从来没有何进这样的耐心和智慧。在沟通过程中，何进启

---

① 教育在线，http：//bbs. eduol. cn/thread－12119－1－1. html。

② 何进在对“农村高中非贫困失学项目”某次邮件的回复中如是说。

发受赠者反思机构发展，反思项目与机构使命的关系，反思项目设计的不足，以及实施团队需要具备的能力。

“实事求是”

何进将“实事求是”放在15字资助规则的首位，是项目设计、项目实施的基本。

何进希望合作者“是一说一，是二说二，严格按照客观现实思考或办事，从实际情况出发，不夸大，不缩小，正确地对待和处理问题”。具体说来，所谓“实事求是”，一是任何事情不唯权威、不唯理论、不唯权力，要尊重中国的实际情况。需要做就做，需要投入就投入，依据需求和现实问题而定；二是要有承诺，即信任。中国过去严重地破坏了信任，中国人之间需要建立起信任，这种信任感一旦建立起来，双方就是一种约定、一种责任、一种承诺。

基于实事求是，分析清楚问题，然后对症下药，给出解决方案。“好大夫都是对症下药。”① 任何项目都必须对症下药，否则就是乱下药或下错药，最终治标不治本，甚至产生更为恶劣的影响。何进将这一原则贯彻到自己的工作中，也影响、甚至要求受资助团队要做到实事求是、对症下药。

何进在回答基金会如何选择项目时说：“中国有好想法的人特别多，但有好项目的不多。资助方要用职业的方式带人做项目，项目设计、执行、评估等都要考量把握。考量项目在于它是否能说清楚现象背后真正的“病因”，要找准‘病症’和‘病因’，开出对症的‘药方’。”②

“创新、可持续、宜推广”

“创新、可持续、宜推广”是何进的资助标准。

“创新”指项目的理念、方法、效果都要有新颖独到之处，而不是简单地重复已做过的东西；“可持续”指项目资金用完后，项目的活动仍然可以继续运行；“宜推广”指项目的理念和方法“能够”也“便于”让其他人模仿或借鉴。简而言之，“创新、可持续、宜推广”就是要创造新的理念和方法，而且要让这些新的理念和方法延续下去，并且被其他人复制、模仿、借鉴，使更多的人从中受益，也就是说，要使有价值的创新在时间中持久延续，在空间上不断扩张，惠及越来越多的人。

---

① 引自何进在清华大学做讲座时用的PPT。

② 引自福特“歌路营《故事知道怎么办》”项目讨论会。

何进回顾道：“‘创新、可持续、宜推广’与我以前工作过的两家组织很有关系。我当时回国加入到联合国工作后，参与召开了‘环发会’和‘社发会’。这两个会都强调可持续，这个对我影响非常大。再说‘宜推广’。我读完博士回国，就一直在想，国际组织能帮中国就好，但是，它们帮的时候很好，帮完就完了，人走茶凉，项目本身缺乏持续性，也无法推广，我觉得特别遗憾。世行的那些标准、方法、经验让人学不来。其实，我最开始用的词是‘可推广’，后来改成‘易推广’，再变成‘宜推广’。这些是有区别的，我自己也在变化。”

“在世行、UN 的工作经验，让我慢慢总结出这 15 个字来。我不试图去满足所有的人，也没有能力去满足所有人。但当大家都有需要的时候，要作出区别，我就靠‘创新’。”“最开始，我只有八个字‘创新、可持续、可推广’。我刚来福特大约一个月，就有人来申请项目，问我有没有一个框架或摹本。我说没有，就告诉他这八个字。后来，做的时候，发现光有这八个字，没有信任不行，于是就加了‘实事求是’，后来又加了‘参与式’。”

“在这个中间，我再考虑‘创新’。中国是个很人情化的社会，往往一好就接着做，有项目一期，就有项目二期、三期接着做。”但是，何进不支持简单的重复，鼓励创新，允许失败。这对资助者来说，是需要勇气的，尤其是“允许失败”。追求创新，意味着对旧的、已有的进行善意的“破坏”，突破，它需要前瞻性，需要专业能力，意味着风险，意味着相对高的成本。此外，项目预算也是一个重要的考量。资助强度不应超过当时当地的“平均水平”，否则，即便创造了新模式，也很难被别人模仿和借鉴，就无法满足“可复制”和“宜推广”的要求。何进在给一位合作者的邮件中提到：“我希望你们认识到你们的项目不只是保证创新和自己的可持续，你们也有责任和义务，满足中国的更多更大的需求，所以要把预算做实。”

五　参与式资助：执行—验收阶段

“参与”不仅发生在项目设计和审批阶段，在项目执行阶段，何进与资助对象的沟通更加频繁、紧密、深入。执行阶段的参与，不仅仅是为了保证“十五字箴言”在项目实施过程中得到兑现，也是为了帮助合作者达到何进孜孜以求的、既定的、普适的目的——“做事、练人、摸方法、出规则、创机制、做文化”。

“做事、练人、摸方法”

要实现共赢，并且体现共赢，何进认为应该尽可能地“做事、练人、出方法”，这是受资助者在执行项目过程中能力提升的路径，也是受资助者的收益。

通过脚踏实地地做事，在此过程中锻炼自己，实现资助方、受助方及部分利益相关者的意识改变、能力增长等，并摸索、挖掘出更为有效的解决方法。何进资助的项目坚持“做事、练人、出方法”的原则，大多受资助者得到了“练人、出方法”。“我所资助的领域我都比较得意，因为我能看到这些人在变，行动在变。小至学校的孩子、老师、校长，大到司长、局长、厅长能变。比如，PHE 一期的时候，第一次三省（广西、贵州、云南）开会，去了三省的主管副厅长，还有很多主任。我们就用参与式的方法，开头不做厅长讲话、领导讲话的环节，就让大家自己介绍自己，最后搞得很活泼，很有意思，还做游戏什么的。开完会之后，那厅长就说还能这样开会，我们以后也这样开会。我最得意的就是人在变，新的方法、路径在出现，政策能不能变很多因素决定，但是有人、有方法、有路径变就能朝好的方向走。福特所有的项目，真正的就是能力增长。可能是一个孩子能力的增长，也可能是最高决策者做事方式的一种变化。”①

在与项目团队的工作过程中，何进也不断地对团队的各项能力发出挑战，“逼迫”团队挖掘和发展自身能力。在“歌路营《故事知道怎么办》”项目讨论会中，何进对项目团队提出“要尝试解决更多的问题，就要有更强的能力。要多去想、去找项目可用资源，包括媒体、专家、基金会、政府等。今后歌路营再申请项目，需要自己提升筹款能力，福特也许只支持项目资金的50%”。②

“创机制、出规则、做文化”

在“做事、练人、出方法”的基础上，何进同时提出资助项目还要实现“创机制、出规则、做文化”的更长远目标，实现更为深远的共赢。当然，这一目标比较难一些，需要的时间更漫长，但这些是终极目标，意义更为深远。

2005 年，湖南理工学院对何进进行专访时，何进说：“大家对贫困生的

---

① 引自作者对何进的访谈。

② 引自福特“歌路营《故事知道怎么办》”项目讨论会。

帮扶手段很简单，要么给钱，要么给物，仍然是一种传统的模式。我们做项目的主要目的，就是通过实践探索出好的操作模式，然后推广。为了探索一种从根本上让贫困生脱贫的模式。”① 何进所说的“模式”包括“机制、规则、文化”三个方面。其中，机制是指机体的组成部分和相互作用，以及作用过程中的程序；规则是指机体或群体里的所有成员一起遵守的条例和章程；文化是指知识、行为规范、思维方式、能力、价值观念等。他希望合作伙伴在实施和执行项目时，这三个方面都有转变，能够不断地进行机制创新、完善规则和丰富文化内涵。

何进指出：“当一种理念从没有到创建，人们从知道它到开始实行，再从实行到做得深入，三个环节循序渐进，每迈过一个都是跨越。而当你回头思考时会发现，事情做下来，锻炼了参与其中的人，人们探索出了新的或更有效的做事方法，慢慢地，也就构建起了一种‘机制’。哪怕一开始，它只是很小的试点，但它建立起的‘模式’能够给予周围人鼓舞和启迪，并能够辐射开来。也唯有此，那些一开始被称之为‘理念’的东西才得以生根、开花。”②

六　结束语

基金会不懂资助之道的背后，实际是基金会还没有真正明白自己为何存在，自己的使命是什么，自己与政府、企业、其他社会组织的区别是什么等一系列最基本的问题。迈克尔·波特指出：“最高效率地利用这些有限的资源能够创造出极大的社会价值，基金会正是完成这项使命的不二人选。然而，只要基金会创始人、托管人和员工们不愿意重新考虑他们该做什么以及如何去做，基金会便不能完成这一使命。”③

显然，何进很好地完成了自己的使命！

他跟随心性的指引，结合自己的工作，立足本土，兼收并蓄，创造了属于自己的独到的资助之道。人们可能会说，何进这样的资助官员是特例，并

---

① http：//campus. eol. cn/20050225/3129498. shtml.

② 麦可思教育专栏，http：//blog. sina. com. cn/s/blog_ 5a0151030100k5bz. html。

③ 〔美〕迈克尔·波特、马克·克雷格：《竞争论》，刘宁、高登第、李明轩译，中信出版社，2009。

不是每个人都能有他那样的教育背景，有他那样的职业经历，有他那样的能够“让自己做主”的得天独厚的福特机构文化。的确，他的经历也许不可拷贝，但是，他对中国的情感，对中国现实社会问题的强烈关注，他的资助理念和方法论却是可以为大家所借鉴的。实际上，何进的资助之道超越了个人经历，超越了具体工作领域，超越了国家和文化的限制，具有普适意义，任何基金会，甚至任何公益机构，任何资助者，在任何领域中，在任何国家，都可以采用，至少是借鉴。何进之所以能够创建和实践他的资助之道，是因为他的爱、宽容、责任感、知行合一、对理想的忠诚，这一切也是每一个从事或献身公益事业的人应有的品质。遗憾的是，这也是目前中国公益基金会的从业人员最为缺乏的品质。我们希望，本文的读者不要计较你与何进的差异——那些你无法复制的天赋、机会、履历，而要从他的思考和实践中学习那些“放之四海而皆准”的东西——具有普适性的人生态度、资助理念和方法论，并在此基础上，超越何进，创造出属于你自己的“资助之道”、“公益之道”乃至“成功之道”。我们相信，这一定是何进最希望看到的结果！

第三部分

典型案例

典型机构
典型项目
典型人物
▶典型事件

新媒体时代舆论控制权反转与公众参与环境治理

——中国地下水污染事件解析*

2013 年 2 月 11 日，有网友在新浪微博发帖称山东潍坊“有企业将污水通过高压水井压到地下 1000 多米的水层，将地下水彻底污染”，并@意见领袖邓飞。这一消息经邓飞转发得到迅速传播，舆论一片哗然。据新浪微博关键词搜索统计，当日新浪微博“地下水污染”相关微博条数为 490；而自 2013 年 2 月 11 日高压地下水排污这一微博消息曝出到 2013 年 3 月 11 日，短短的一个月时间内，相关微博激增为 1254128 条。尽管“高压水井排污”这一说法真伪难辨，当时尚缺乏科学严谨的调查数据作支撑，甚至 2013 年 8 月 31 日新华网题为“武汉掌握 300 多大 V 造谣公司曾炒作地下排污事件”的报道中提及“特大网络造谣传谣团伙”“参与炒作‘高压泵地下排污’等事件”，这样一条微博、甚至可能存在一定的造谣可能，却从此掀起了全国上下对各地地下水污染事件的关注和公众参与地下水污染治理的狂潮。一场貌似“闹剧”却转为“正剧”，这一切是如何发生的？

2013 年中国地下水污染事件从发端、掀起乃至今日仍难平息下来，不仅仅是围绕中国水污染事件的讨论，更重要的是掀起了中国人民对中国水污染状况的担忧，掀起了全国上下治理中国水污染的决心，推动着人们找寻造成中国水污染如此严重的原因，推动着中国水污染状况的改善。

同中国公众推动的 PM2.5 进入政府强制公开信息范畴并成为遏制空气污染的强制性约束指标一样，中国地下水污染事件成为中国环保运动史上又一重大公共事件。但是，与 PM2.5 事件相比，中国的水污染事件历时更为持久，波及的范围更为广阔，它是中国民间或大众成功推动的一大事件。由

---

* 本文中所有引用信息来自网络公开信息，此处不再一一说明。

于水污染事件关系到中国的经济发展模式，关系到政府的权威、公权力的使用，关系到企业的利益，关系到大众的利益，它在中国环保运动历史上的意义更为重大。

在这个仍在持续、难以画上句号的中国地下水污染事件中，各个利益相关者，包括政府部门、企业和大众，表现出不同的利益诉求，表现出不同的立场和态度。但是，从事件爆发至今，事件本身却有着越来越明晰的发展脉络。政府部门的态度和立场从遮遮掩掩，到明确治理污染；企业的态度和立场从不管不顾，肆意妄为，到被迫接受惩罚、治理污染，甚至被迫关停；大众及民间的态度和立场对地下水污染事件的兴趣和关注从小打小闹，零散无组织，到相对有组织、有目标地推动治理。这一发展脉络的显现结果是，大众逐渐清楚中国地下水污染的严重程度，逐渐了解造成地下水污染的核心原因，不仅付诸行动揭示污染，也开始遏制污染。

中国地下水污染事件的不断演变、发展，是多种因素共同作用的结果。在诸多作用因素中，舆论工具——互联网——是成就这一脉络的关键因素之一。新媒体时代下使每个人可能成为舆论的引导者、控制者，正是互联网所成就的。

尽管，今天说中国的环境保护已经走上了良治的道路还为时过早，但是，可以看出，它正在向这个方向发展。观察中国水污染事件的进展，有助于我们从这一事件反观中国其他公共事件的演变，反观今天中国的变化，反观有哪些因素在推动中国走向良治。

一　中国水污染事件发端与进展

1. 水污染事件中政府由消极应对变积极应对

（1）政府消极应对并进行舆论控制

2013 年 2 月 11 日，网友曝光高压地下水排污一事后，16 日，邓飞在微博中称，山东方面已来到北京开始处理水污染事宜，试图阻止媒体曝光。18 日，潍坊市环保局发放环保紧急通知，要求企业做好应对媒体的接待准备。3 月 1 日，当地媒体人曝出潍坊水污染事件后，接连收到市委宣传部通知，禁止报道评论转发相关信息。19 日，河北新乐污水处理厂排“酱油”，但当地环保部门坚称正常。22 日，邯郸企业偷排污被举报，环保局称村民故意闹事。同日，四川眉山市彭山县南河河道出现上千只被抛弃的死鸭。彭山环保局对水化验后，称该水域水质未受污染。27日，河南日报记者在鹤壁浚县皇安纸业的厂外找到污水源头，该地30~40米深的饮用水被严重污染，当地政府却回避此事。4月9日，昆明东川区的小江，河水呈乳白色被称为"牛奶河"。村民直接用河水浇灌导致西瓜减产，但当地环保部门坚称"符合水质标准"。7月6日，河北邢台南和县的澧河成了黑水河，环保局副局长称排一会儿就好。

一些政府部门面对污染事件，不仅不承认，还推卸责任。7月4日，因当地玛瑙染色加工业发展，阜新地下水变"绿茶"，官方称谁污染谁治理。7月12日，浙江飞云江支流金潮港沿江，不断有"白色乳状水"涌入，如"牛奶瀑布"，瑞安市环境保护局相关负责人表示，污染源为当地洗涤、造纸等非法加工点，似乎此事与自己无关。15日，河南修武县马坊村，村中儿童绝大多数血铅中毒，一个村民所指的污染源却是官方认定持证排污的铅厂。

（2）政府态度转变并邀请公众参与

媒体曝光后，个别地方政府表现出积极的态度，并欢迎公众参与监督。例如，2013年2月17日，济南环保、供水部门回应，济南目前地下水源地水质良好，市民如发现向地下排污企业，可向环保或供水部门举报。7月1日，山东省环保厅将对污水直排环境问题进行督察督办，工作进度通过媒体一月一通报，鼓励社会公众通过"随手拍"等方式举报污水直排口。15日，江西省环保厅效仿山东做法，与团省委和江西电信联手，鼓励即日起，广大网友可以拿起手机，将身边看到的有关环保的人和事，包括破坏环境的行为拍下来，参与此次活动。

（3）政府行使职能

有个别政府看到了问题的严重性，不仅持积极态度，亦行使行政职责。2013年2月17日，潍坊政府排查700多家企业，称未发现地下排污情况，并悬赏十万元征集排污线索；山东环保厅表示已组成调查组赶赴潍坊暗访，未发现排污情况。3月5日，水利部部长陈雷回应山东深井排污，称网传与实情出入大。并表示，最近环境保护部、国土资源部和水利部正在加大力度，采取有效措施，全力以赴打击非法排污的问题，切实保护好地下水资源，让人民群众喝上纯净的水、放心的水、安全的水。3月7日，全国人大代表、潍坊市市长刘曙光表态说，"政府绝对不会与有污染的企业站在一起。可以负责任地讲，到目前为止，都没有发现有企业打井向地下排污的情况。欢迎大家到潍坊实地考察”。3 月 29 日，麻城市环保局副局长承认政府整治不力。4 月 8 日，兰考县田庄小学被污水环绕，违规化工厂被查封。4 月 11 日，昆明召开新闻通报会，副区长林华与环保局局长王杰云公开道歉，决定加强完善选矿企业尾矿治理设施。

4 月 27 日，环保部态度坦诚，公布华北地区确实有企业通过渗井、渗坑向地下排放污水，并下发《华北平原地下水污染防治工作方案》，对偷排污企业进行重罚或追究刑事责任。6 月 4 日，人民网发布消息，环境保护部、国家发改委、工业和信息化部、司法部、住房城乡建设部、工商总局和安全监管总局联合印发《关于 2013 年开展整治违法排污企业保障群众健康环保专项行动的通知》，决定本年度 5 月至 11 月在全国组织开展整治违法排污企业保障群众健康环保专项行动。6 月 8 日，佛山市长调研指出，不治污就让位。6 月 19 日，最高人民法院、最高人民检察院联合公布《关于办理环境污染刑事案件适用法律若干问题的解释》简称《法释》。《法释》明确规定私设暗管渗井认定犯罪，造成财产损失超 30 万元追责环保官员。同日，经国务院批示河北省廊坊 2 家钢铁公司处理方案，文安县县长免职，时任廊坊市发改委主任路建军等 9 名责任人被行政记过或给予党内警告。6 月 25 日，中国疾控中心专家团队长期研究成果《淮河流域水环境与消化道肿瘤死亡图集》数字版出版，首次证实癌症高发与水污染的直接关系。

2. 水污染事件中污染企业由肆意妄为变接受惩罚

（1）企业肆意妄为继续排污

然而，在水污染事件不断曝光的情况下，仍有企业在疯狂排污。3 月 27 日，南京栖霞区 7 家污染企业疯狂排污，活鱼入水 10 分钟就死。5 月 17 日，天津巨龙造纸不怕点名继续排污。6 月 6 日，河北 6 家上榜“黑”企仍在排污。

（2）企业接受处罚

个别企业遭惩治，虽然网友对被罚金额非常不满，指出如此低的污染代价，企业当然会肆无忌惮地排污。5 月 9 日，环保部通报今年进行的华北六省市地下水污染专项检查结果，受检查的 2.6 万多家企业中，55 家企业存在利用渗井、渗坑或无防渗漏措施的沟渠、坑塘排放、输送或者存贮污水的违法问题。环保部通报，目前各级环保部门对 424 家企业责令限期改正；对

88家企业处以罚款，总额达613万余元；另有80家企业的违法问题已经立案，正在履行处罚程序。6月21日，中石化南化公司上环保黑名单。其原因包括废水超标排放、水污染物偷排、废气超标排放、堆场粉尘污染等7宗罪，已立案查处，罚101万元。

3. 水污染事件中公众由开始关注变积极参与

（1）网友不断曝光

自2013年2月11日，某网友爆料家乡企业将化工污水注入地下，并@邓飞（目前此条微博已被删除）后，网友不断曝光各地存在的地下水污染问题。15日，网友爆料石家庄辛集水污染严重。17日，网友提供《山东环境办公室关于对2011年第二季度全省重点环境信访案件后督查的通知》，其中涉及潍坊等地区众多企业排污情况。3月22日，河南、天津、河北唐山、安徽合肥多地被公众曝光水污染现象。4月16日，市民反映锦阳川河流沿线有多家石材加工厂，将未经沉淀的石粉浆排向河道，流入饮用水源地卧虎山水库，导致河水都成了白色的。石厂工作人员回应是沉淀池泄漏。

（2）呼吁政府官员履职

不仅曝光，网友还直指政府部门一些官员，要求其履职，“以身试水”。3月11日，河南叶县城关乡沟里村的农民在河南省环境保护厅门前拉横幅请厅长“喝纯净水”。18日，阳春在线全体网友请阳春市环保局局长下河游泳。23日，河北网友投诉麻城市麻溪河污染严重，变身牛奶河流，市民喊市委书记下河游泳喝牛奶。4月10日，荥阳市枯河河水漆黑如墨，百姓呼吁负责的官员下河游泳（荥阳市环保局监察大队中队长禹朝辉表示污染源是上街区503厂排放工业废水）。15日，一群怀疑澧河被污染的市民到市环保局“讨说法”。5月23日，陕西省商洛村民愿自掏腰包1万元请商州区环保局局长泥水河里游泳。6月3日，山东邹平水污染惹起民怒。

（3）NGO提起公益诉讼

2013年3月19日，潍坊市昌乐县养猪场污染引用水源，水里发现活虫子，地下水粪大肠菌指标超标50多倍，中华环保联合会提起公益诉讼，要求猪场停止污染，并索赔700余万元用于环境治理修复。

然而，NGO提起公益诉讼并不顺利。法院以需要请示上级法院为由，未作出立案决定。6月28日，《消费者权益保护法》把公益诉讼的主体限定为消协，《环境保护法修订草案》把环保诉讼的主体限定为环保联合会一家组织，引起国内众多同行不满，认为这是我国公益诉讼进程的严重倒退。

4. 水污染事件仍在持续

今天，水污染事件仍在持续，但是我们看到具有实质性的进展却显得相对缓慢。我国的水环境问题相对复杂，在现有经济技术条件和经济实力的条件下，国家仍将经济发展放在首位，解决水环境问题需要经过一个缓慢的过程。今天各地仍然频繁曝出水污染事件，主流媒体也加入到揭露水污染的行动中，公众更多局限于小规模的曝光、讨论、论证，尽管形成了强有力的舆论场，但存在大量公众难以左右的主客观因素，使得水污染事件进展缓慢。

二 旧媒体时代舆论控制特点与环境治理困境

1. 舆论控制权掌握在政府部门和企业手中

旧媒体时代，报纸、电视、广播是中国的三大主流媒介，它们通过发布新闻、传递信息，提供资讯，引导和控制着中国的舆论走向。

这三大主流媒介的主要使用者和控制者是政府和企业，政府主要发布政府指令、政策、规则，企业主要发布有利于企业的信息。大众主要是这些主流媒体的受众，由于获取信息的渠道单一，也几乎没有发布信息的渠道，大众只能被动地从主流媒体获取信息和资讯，主流媒体发出的声音成为“最强音”。那时的最强音主要是宣传正面信息，负面信息或资讯被遏制或阻塞。

这种情况下，舆论引导或舆论导向主要由政府和企业掌控，它们能够通过控制信息传播和发散，而影响人们的思维，控制人们的行为，使其符合政府和企业的意愿。可以说，旧媒体时代，舆论控制权主要掌握在政府和企业手中。公众几乎无权利或机会维护自己的环境知情权、监督权和环境生存权。

2. 旧媒体时代公众参与环境治理困境

尽管理论上讲，环境治理是政府的职责之一，政府除了对环境问题进行评价、界定，制定环境政策，约束和引导企业行为外，还需建立便于公众参与的机制，特别是信息公开、信息对称机制，以维护公众利益。公众参与是环境治理的一项重要原则，即公众（包括个人、团体或组织/NGOs）基于信息对称，参与与环境保护有关的决策，督促有关部门实施相应的环境政策，以保障自身的权益，并促进环境问题的解决和环境改善。然而，旧媒体时代的环境治理一直是政府主导甚至控制，公众参与只能依赖传统媒介传递的信息进行有限参与。

改革开放后，中国经济快速转型，工业化、城镇化加速，市场趋利明显。在巨大的经济利益驱动下，政府部门特别是地方政府，片面追求 GDP，大力扶植地方企业，一方面帮助增加税收，一方面帮助解决就业问题。大量环境污染问题出现。然而出于政府自身权威及财力的考虑，政府对污染企业基本采取“支持加放任”的态度，对企业排污听之任之，造成巨大的水污染隐患。

旧媒体时代水污染舆论控制权与环境治理的特点表现为，政府和企业利益主导，而忽视公众参与并忽视公众切身利益保障。政府和企业通过传统媒介控制与污染有关的信息、新闻和资讯，舆论控制权掌控在政府和企业手中，致使各方利益达成不均衡，政府滥用公权力，一定程度上也造成政府形象和权威的损害；而污染企业却得益于与政府利益捆绑，通过非法手段获取利润，公众难以获得充分的信息，公众监督权难以实现；公众切身利益严重受损。旧媒体时代水污染舆论控制权与公众参与环境治理可用图 1 表述。

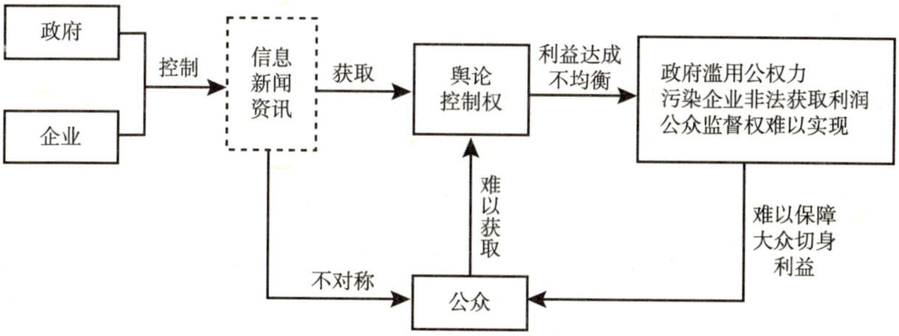

图 1　旧媒体时代水污染舆论控制权与公众参与环境治理

三　新媒体时代舆论控制权反转与公众参与环境治理

舆论是指公众在各类媒介上公开表达的对某种社会现象和社会问题的具

有一定影响力和倾向性的共同意见。人们给舆论的一种比较确切的定义是：舆论是指在一定社会范围内，消除个人意见差异，反映社会知觉和集合意识的、多数人的共同意见。也有学者认为，舆论是在特定的时间和空间里，公众对特定的社会公共事务公开表达的、基本一致的意见或态度。舆论强调“意见”和“态度”。[①] 舆论控制权是指具有一定影响力和倾向性的共同意见具有主导地位。

1. 由水污染事件看新媒体时代舆论控制权反转

新媒体时代，以互联网为核心技术载体的新媒体，颠覆了传统媒体的功能和信息传播方式，每个人都可以成为自媒体，每个人都可以成为信息的制造者、传递者，人们在互联网上可以进行多向、网状交流，交流频繁且有深度，信息传播之快、更新之快超越人们的想象。再加上信息表达具有极度的开放性，原来由政府和企业主导、控制舆论的状况发生了转变，甚至，在新媒体时代，舆论控制权开始掌握在公众手中，舆论控制权发生反转。

在此次水污染事件中，政府和企业已经难以全面控制信息、新闻和资讯，公众可以通过互联网进行信息、新闻、资讯的传递。即便政府和企业极力想控制信息流，也难以全面控制，只能部分控制，或者短期内控制。在这种情况下，公众在一定程度上获取了舆论控制权，引导舆论，推动舆论透明和独立。

早在 2013 年 2 月，媒体即开始介入水污染事件，进行独立调查和报道。2 月 18 日，媒体曝光潍坊市临朐县多家铝材厂、淄博市寿光伟光化工有限公司、梅花味精等多家企业涉嫌污染。2 月 24 日，河南南阳、湖南浏阳河地区、北京密云等地陆续被媒体曝出水污染问题。2 月 25 日，新华网记者赴潍坊先达化工有限公司实地核查排污情况，由于设备有限，未获得具体数据。3 月 15 日，据新民周刊“水与癌”调查，浙江绍兴重污染企业排污 20 年无人管，造成多个癌症村。3 月 16 日，《中国经营报》记者奔赴山东、河北等地进行调查，山东民间关于深井排污的舆论持续发酵并非空穴来风，而对于这种污染地下水的行为更确切的定义应该是“打井排污”，而非“深井排污”。《中国经营报》记者赴河北辛集采访，爆料工厂在厂区打井排污，本地产小麦没人要……此时，主流媒体也对公众意见的形成和表达推波助澜。

---

① 李良荣：《新闻学概论》，复旦大学出版社，2001，第 49 页。

此时，舆论表达和舆论监督虽未成为“最强音”，但渐成“强音”。信息传播、管理具有一定的不可控性，政府、企业行为随之发生转变，由于舆论控制权向公众手中反转，政府开始被迫或有意识地、合理地运用公权力，而污染企业也被迫接受惩罚，合法地获取利益，而公众的监督权部分得到实现，公众利益开始被政府、企业所关注。新媒体时代水污染舆论控制权反转与公众参与环境治理如图2所示。

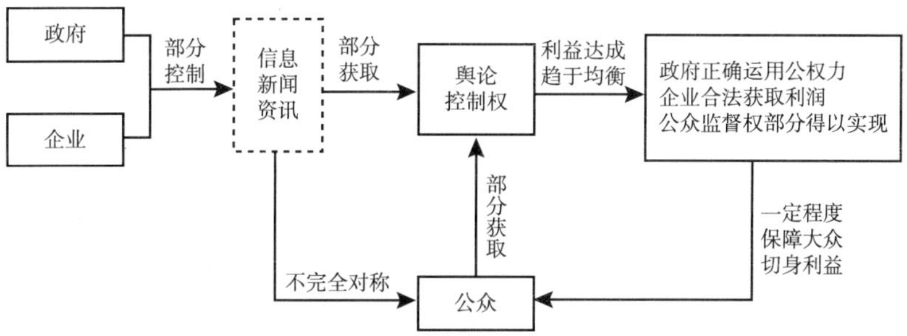

图2　新媒体时代水污染舆论控制权反转与公众参与环境治理

舆论控制权反转需具备几个先决条件：

（1）具有方便、便捷、不受控制的舆论平台；

（2）信息主导者具有民间性质；

（3）信息主导者的教育背景较好；

（4）信息主导者具有完全的自主性；

（5）信息讨论的水平较高、讨论的范围较广，所进行的讨论和分析较为深入、专业；

（6）信息具有真实性；

（7）政府和企业对信息流动和扩散的干预、控制和封锁的力度小；

（8）主流媒体认同并且加入到信息传播和信息加工的过程中；

（9）所讨论的议题与民众生活、生活方式及生活理念息息相关，关乎公共利益。

在此过程中，互联网媒体不断传递的民间情绪、观点，引起广泛关注，进而延展到道德层面、法律层面以及发展模式和行政管理模式的讨论，形成巨大的网络舆论和民意表达、民众参与环境治理的方便快捷的“舆论场”，民众在这一舆论场中拥有一定的舆论“强音”和舆论控制权，也成为政府公开的“内参”。所形成的“舆论场”借助主流媒体的介入，产生极强的威力、压力和推力，强化民众的舆论控制权。在舆论控制权反转的过程中，政府、企业变得越来越“理性”和“现实”，它们的行为或者被纠正，或者被监督、被控制。

舆论控制权的反转过程，也是不断改变人们思维方式和价值观念的过程，有助于推动社会转型的发生。尽管从地下水污染事件的发展至今还难以预料我们的工业产业结构、经济增长模式是否会随之发生转变，但是，可以预见，人们在此过程中，对自己的生活方式和生活理念的认识在改变，人们所认为的“什么对”或“什么重要”或“什么紧迫”在改变。地下水污染在中国早已有之，尽管缺乏相关信息，并且很早即已被专家、学者所讨论，甚至得到一定的论证，但都未引起足够重视，更重要的是，未在舆论上形成“一边倒”的声音和“一边倒”的气势，未在社会上形成广泛的共识。而今天，得益于互联网的作用，特别是微博的作用，得益于以上先决条件的必备，围绕中国水污染问题的讨论速度呈爆炸性、几何式增长，促使中国的水污染事件至今未平息，舆论控制权发生反转，舆论导向向有利于维护公共利益的方向发展。

当然，目前舆论控制权一定程度上并不是公众完全占据了上风，现在的舆论“最强音”也未能迫使政府和企业发生根本性的转变，目前舆论控制权仍掌握在公众手中。当政府进行有效的舆论控制时，偶尔出现舆论控制权掌控在政府、企业、公众之间，出现三者“平分秋色”的局面。

2. 水污染事件中公众的力量

互联网使得言论自由成为可能，互联网成为反映民意和表达民意的平台，社会舆论以互联网为载体形成新闻舆论，而新闻舆论以互联网为载体引导社会舆论。通过互联网，公众结成强大的社会力量参与到环境治理中。

公众在此过程中，实现了一定的知情权、批评权、言论自由权。当然，这种情况下公众实现的权利并不稳定，如果互联网遭遇堵塞，如果信息在源头上即被控制，公众的权利并不能自然实现。与此同时，公众在参与环境治理过程中，对政府和企业的监督并不具有强制性。

（1）遏制政府公权力滥用，促使其行使行政职责

水污染事件爆发之初，个别政府部门要么不回应舆论，要么敷衍舆论。“潍坊地下水污染事件”后，2013 年 2 月 17 日潍坊市针对微博爆料人“不

掌握具体线索”的爆料，回应称，“截至目前，潍坊市环保局已排查企业715家，暂未发现帖文反映的问题”。新华社记者对此提出质疑：“两天排查715家企业，是打电话、听汇报还是现场排查的?”“倘若没有令人信服的进一步回应，即便潍坊市悬赏再多、再言之凿凿，恐怕也很难赢回公众的信任。”中国网记者刊文《有干净的公权力才有干净的地下水》。[①]

公权力是指维护公共利益为目的的公团体及其责任人在职务上的权力，它是基于社会公众的意志而由国家机关具有和行使的强制力量。本质是出于社会统治地位的公共意志的制度化和法律化，具体包括立法权、司法权、行政权、军事权、监督权等。政府不正确、合理地使用公权力，唯GDP论，袒护、纵容污染企业，即出现政治生活经济化和经济生活政治化，政府和企业均以追逐自我利益权力为中心，而不是以维护公众利益为中心，出现权力异化，这不仅是滥用公权力，更是在伤害人民大众的利益。潘岳曾言：“全世界很少有政府像中国政府这样在发展全局中行使着这么大的权能，肩负这么大的责任；由于现在的问责制度和激励机制不健全，一些地方官员往往只会盯着GDP，无视污染排放。”[②] 2005年左右，台湾民众对台湾地区土壤污染整治状况感到担忧，质问政府部门：“社会大众深一层感受到的、忧心的还是政府部门对污染土壤普查的速度不够快，对污染行为人的追索不积极”，“开发者如此视《土壤及地下水污染整治法》为无物。政府公权力如此‘助纣为虐’的配合，如此唯利是图的怠忽职守，试问台湾地区的土壤及地下水污染，如何能期望有确实开始整治及完成的一天?”[③]

滥用公权力会挫伤政府的公信力。而以牺牲环境、民众健康和公共机构公信力为代价换取“发展”必然不可持续。而地下水作为一种更新和净化相当缓慢的自然资源，其污染给生态环境、民众健康、日常生活所造成的损害更为持续和难以逆转。一些政府已开始行动，扭转以往的态度和行为。例如，《新京报》2013年8月2日报道，据环保部通报，昌乐县纪委已对当地环保局局长给予行政警告处分并调离工作岗位，对监测站站长予以记过处分，对环境监察大队大队长给予记大过处分；2013年8月22日，《广州日报》报道，广州市地下水资源保护与开发利用调查评价项目开始招标，总

① http://views.ce.cn/view/ent/201302/19/t20130219_24122729.shtml.

② http://views.ce.cn/view/ent/201302/19/t20130219_24122729.shtml.

③ 国政评论，财团法人国家政策研究基金会，2005年8月17日，http://old.npf.org.tw/PUBLICATION/SD/094/SD-C-094-033.htm。

预算资金1275万元。将在两年时间内，对广州全域7434平方公里开展水文地质测绘，绘制广州市1:10万水文地质图。并开展污染源调查和地下水开发利用调查。在此之前的5月17日，四川省人民政府也原则上同意《四川省地下水污染防治规划（2012～2020年）》的实施，包括开展全省地下水基础环境状况调查评估工作、开展以地下水饮用水水源地保护为核心的工业、城镇、农村等环境综合整治和保护典型工程项目，启动地下水污染修复试点和影响地下水环境安全的土壤整治工作，建立健全全省地下水环境监管体系。[①] 2013年5月22日，中新网报道昆明处理"牛奶河"污染事件5名政府官员被问责。[②] 人民网2013年8月1日报道，环保部公布第二季度34个重点环境污染事件处理情况。在该报道中，环保部的申明表明了公众舆论对政府施压的效果，"环保部称，2013年第二季度，人民群众和新闻媒体陆续反映了一些环境污染问题。环保部督促地方查清事实，依法进行了查处，并将第二季度重点环境污染事件处理情况予以公布，接受社会监督"。[③] 我们有理由相信，环保部每季度公布重点环境污染事件处理情况将成为常态性工作。

（2）监督污染企业

2013年2月12日，邓飞在微博上发起"地下水污染调查"；8月28日，由孙谦、邓飞、沈颢、马军、何兵等环保界、法律界、媒体界的知名人士，联合中华社会救助基金会发起中国水安全公益基金，基金建立曝光、检测、追责、救助、游说、合作和综合修复等7个行动模块。其中，监督污染企业，寻找真相，查找证据，是模块中的重要内容。之前，"绿色和平"发布《噬水之煤神华鄂尔多斯煤制油项目超采地下水和违法排污调查报告》，指出，该项目与民争水，导致取水地农牧区生态环境严重退化，且项目利用渗坑违法偷排超标污水。实际上，早在2010年5月《半月谈》就刊发了《地下排污：致命威胁悄悄逼近》的报道，但未引起社会各界关注，2013年年初的爆料经互联网，特别是微博的传播，引发了地下水污染事件的蔓延。《人民日报》官方微博表示：除挖渗坑、渗井偷排外，有的企业用高压泵将污水注入地下，南方一些企业甚至将污水排入地下溶洞……如果你生活的地

① 川府函【2013】148号，http://www.sc.gov.cn/10462/10883/11066/2013/5/20/10262878.shtml。

② http://www.chinanews.com/gn/2013/05-22/4844224.shtml.

③ http://society.people.com.cn/n/2013/0801/c1008-22407743.html.

方有类似情况，请告诉我们，我们将进行调查。不做地下水污染的“难民”，我们都该有所作为！①

公众多以志愿者的方式加入到监督污染企业的行动中，有出资支持的，有参与调查、曝光的。大家都自发、自觉地利用互联网、新媒体对企业、对资本行为进行监督。从今天如火如荼的打击水污染罪魁祸首的民众行动来看，监督污染企业已是民心所向，无论污染企业怎么躲避，寻找何种保护伞，公众通过监督污染企业参与环境治理的脚步已难以阻止。

（3）影响决策

公众有权参与环境决策。然而，就今天的中国地下水污染事件，还未体现出公众参与决策。目前，中国的地下水污染及其隐含的地下水危机未引起公众的足够重视，普通公众远未意识到一个巨大危机正在逼近。水资源研究者周晨认为，地下水保护的主力，应该是公众，需要公民的深度参与。在美国，自下而上的污染防治机制在地下水污染防治工作中起到了决定性的作用。公民不仅对污染有较强的警觉性，而且习惯于用诉讼来保护自己的权益，一旦企业有污染行为即会毫不犹豫地起诉。公众与政府、企业之间形成了制衡机制，在巨大的舆论压力面前，企业也不得不自觉控制污染排放，政府亦不得不承担起应有的监管责任。

当然，大多数情况下，公众参与并不意味着公众直接作出决策，政策制定可以细分为政策规划、方案草拟、方案比较、政策确定四个阶段。公众参与主要是在前三阶段对政府的决策施加影响，而不改变政府作为政策最后拍板者的责任。② 就治理中国的地下水污染而言，互联网为民众提供了绝好的公众影响政策决策的渠道。如前所述，目前所形成的“舆论场”对政府而言可谓是一种公开的“内参”。即便公众缺乏体制内的渠道来影响决策，一定程度上他们也不需要进行请愿、抗议、罢工、示威、骚乱等，通过互联网形成的网络舆论，就可起到影响决策的作用。昆明市政府针对本市环境污染状况，市政府“以坦诚、开明的态度召开各类恳谈会，组织市民到外地实地参观考察”，“保持对公众的信息畅通，让公众知情、信息对称。”2013 年昆明东川小江水污染整治方案的出台，就是一个很好的例证。东川区政府、环保部门向社会及公众致歉，并已令流域内 45 家企业中的 34 家进行停业整

---

① http：//finance. huanqiu. com/china/2013 - 02/3647230. html.

② 王绍光：《公众决策参与机制：一个分析框架》，http：//www. niwota. com/submsg/7663872。

改。东川区副区长林华说："通过小江水污染事件我们认识到，执法的思想再不提高，就无法堵住污染的源头；监管的力度再不加大，就无法避免违法的行为；工作的措施再不强硬，就无法杜绝事件发生。"①

3. 水污染事件中公众参与力度和参与能力仍显不足

公众参与除了强调公众对社会问题和社会议题的关注外，更多强调的是公众与政府间的互动，通过公众多方位的"输入"而影响政府的各种政策及具体实施的"输出"。王绍光在他的文章中提到："公众可以输入什么呢？概括地说，在政策形成过程中，公众有三类资源可以输入。第一类是'民意'，即民众的政策偏好；第二类是'民智'，即民众针对政策方案提供的建言；第三类是'民决'，即民众对政策备选方案的取舍。"但是，公众的输入有一个前提，那就是政府的信息公开，这是公众参与的前提。

在水污染事件中，公众参与力度和参与能力明显不足。这不仅与公众自身的专业性、知识储备，所拥有的监督、检测水环境状况的设备缺乏外，还与政府信息公开不足有关。"如果一个政府以保密为由，不对公众发放其运作信息，公众参与是无从下手的。""公众与政府的互动有四个关键环节，即'信息公开'、'听取民意'、'吸取民智'以及'实行民决'。在政策制定的不同阶段，这四个环节发挥着不同的作用。信息公开在所有四个阶段都至关重要；听取民意的作用主要体现在政策规划阶段，偶尔也会影响方案比较阶段；吸取民智在方案草拟与方案比较阶段尤为凸显，实行民决则只有在政策的提出和拍板阶段才能显露身手。"②

信息公开是实现民众知情权的基础，也是保障知情权的体现。水污染问题严重，中国水污染问题难以解决，信息公开不够是一大障碍。2008 年实施的《政府信息公开条例》对政府信息公开有明确规定，但是一些政府部门在具体工作过程中存在无视该条例的问题，封锁消息，对公众实行信息屏蔽。例如，2012 年 1 月 15 日广西龙江发现重金属镉超标，河池、柳州两地官方对信息公开的态度和执行情况却大不相同。③ 尽管民众一再呼吁，地下水污染监测数据不能只作内部决策参考用，而应毫无保留地向公众公开，事

---

① http://www.chinairn.com/news/20130416/134002970.html.

② 王绍光：《公众决策参与机制：一个分析框架》，http://www.niwota.com/submsg/7663872。

③ http://news.163.com/12/0129/14/7OUOI9GJ00014JB6.html.

实上并未全面公开。

此外，治理地下水污染本身就存在很大的难度。专家称，地下水不同于地表水。一旦有污染物进入，治理难度极大。在技术上，想要完全净化已被污染的地下水极其困难。时间上，治理过程也极其漫长。地下水埋藏在地下一定深度内，缺氧、温度低、无光照、流动缓慢、水交替周期长，一旦受到污染，污染物、水和介质间的相互作用过程很复杂，恢复周期长。再加上治理成本之高难以想象。中国公众与环境研究中心主任马军认为，“要想净化已渗透到深层的地下水污染需要1000年时间”。而部分法律条款又缺乏实际约束力，如我国规范地下排污方面的法律主要是《水污染防治法》，北京师范大学法学院教授冷罗生在接受《法治周末》记者采访时表示，这部法律却因为科技含量高、立法中难以把握、固定而缺乏实际约束力。①

而深受水污染之害的老百姓，又没有发言权，没有打官司的能力。环保公益组织虽然有机会提出意见，并让决策者听得到，但受困于法律的规定，不能作为原告对违法企业开展诉讼，而只能“依法支持”相关诉讼行为。环保公益诉讼的受限，客观上抑制了公众对水污染防治的参与。这种制度设计的后果，让环境污染的违法者和防治者处于更加不平衡的境地。

有中国地质调查局专家指出，中国90%的地下水遭受不同程度污染，64%污染严重。在全国水资源调查评价的197万平方公里平原区浅层地下水中，太湖、辽河、海河、淮河等流域地下水污染最为严重。而据国土资源大调查计划项目《华北平原地下水污染调查评价》显示，华北平原浅层地下水综合质量整体较差，几乎无Ⅰ类地下水。其中，直接可以饮用的Ⅰ—Ⅲ类地下水仅占22.2%，且沿地下水流向下游逐渐变为以Ⅳ类地下水为主，至中部平原下游和滨海平原主要分布为Ⅴ类地下水。这说明在华北平原人口稠密地区地下水污染已经到了一个很严重的地步。

在中国水污染事件中，即便舆论控制权实现了反转，但是，公众维护自身权益的机制和路径却受到阻碍。例如，公益诉讼却难以决策权、参与权并未真正实现的话，舆论控制权的掌控也是短暂的，其威慑力和影响力也是有限的。需要专业的观点和视角与严谨、理性的解决方案，否则，一场“正剧”又会变为“闹剧”。网络舆论的非理性成分占据主导的话，不利于地下水污染问题的解决。

---

① http://news.sohu.com/20130306/n367946605.shtml.

公众只有了解到更为真实、全面的地下水污染数据，才能积极地履行监督的权利，有效参与到污染防治中来。2013 年在中国地下水污染问题上掀起的这场“宣战”，仅有民众的呼吁和媒体的监督是不行的。舆论压力是治理地下水污染的重要组成部分，但舆论并不能在实体程序上起到水污染防治和惩治的作用。舆论压力只有转化成政府部门和企业的具体行动，才会遏制和逆转地下水污染现象。但这种顺理成章的结果一定会发生吗？

第四部分

大事记

大事记

政策法规

1. 民政部发布《完善救灾捐赠导向机制的通知》，以“硬制度”要求公益慈善组织公开透明

2012年11月27日，民政部发出关于《完善救灾捐赠导向机制的通知》，指出要加强救灾捐赠信息公开和社会监督，指导公益慈善组织按照有关规定在募捐前向社会公布捐赠者的权利义务、资金使用计划、总体成本预算等。在资金使用过程中计划有调整的，应当及时向公众公布调整后的计划。面对公益慈善组织整体外部治理不佳的现状，政府发布规范性文件，以“硬制度”的方式要求公益慈善组织公开透明。

2. 云南取消行业协会双重管理体制和“一业一会”限制，对社会组织管制谨慎开口

2012年12月1日起实施的《云南省行业协会条例》取消了行业协会双重管理体制和“一业一会”限制，并限制公职人员兼任要职。弱自主性、强依附性、弱挑战性是中国社会组织的特点，此与其自身发育及外部环境紧密相连，而政府的管理措施起到核心作用。

3. 政府将社会力量纳入流浪人口救助体系

2012年12月22日，民政部发布《关于促进社会力量参与流浪乞讨人员救助服务的指导意见》，鼓励社会力量参与提供专业救助服务。《意见》确定了社会力量参与流浪乞讨人员救助服务的具体内容，明确了支持引导社会力量参与流浪乞讨人员救助服务的政策措施。一直以来，中国流浪人口救助由政府全权包揽，从管制、遣返到救助的体系缺乏人性化和专业性，意见的出台将弥补流浪人口救助方面的不足。2012年11月16日贵州毕节5名流浪儿被发现垃圾箱生火取暖中毒身亡，2013 年 1 月兰考民办收养场所发生火灾造成 7 死 1 伤，这两起悲剧的发生将流浪人口救助这一城市管理的顽疾暴露于公众面前。

4.《社会工作者职业道德指引》发布，弥补行业自律缺失

2012 年 12 月 28 日，民政部发布《社会工作者职业道德指引》，旨在推动社会工作者职业道德建设，引导社会工作者积极践行专业价值理念、规范专业服务行为、履行专业服务职责。中国社会工作行业还处于发展初期，尚未形成有效的行业自律体系，《指引》将弥补当前行业自律的缺失。

5. 政府加快社会组织管理体制改革，厘清三部门关系

2013 年，《国务院机构改革和职能转变方案》发布，提出要加快形成政社分开、权责明确、依法自治的现代社会组织体制。李克强指出，《方案》核心是转变政府职能，简政放权，转变职能在于厘清政府与市场及社会之间的关系。即市场能做到的交给市场，社会可以做好的交给社会，政府管住管好应该管的事。2012 年中共十八大报告曾指出，要加强社会建设，必须加快推进社会体制改革。要围绕构建中国特色社会主义社会管理体系，加快形成党委领导、政府负责、社会协同、公众参与、法治保障的社会管理体制，加快形成政府主导、覆盖城乡、可持续的基本公共服务体系，加快形成政社分开、权责明确、依法自治的现代社会组织体制，加快形成源头治理、动态管理、应急处置相结合的社会管理机制。2013 年 10 月 22 日，《人民日报》发表《打开社会活力的闸门——深化改革进行时之五》一文指出，在今日中国的改革棋盘上，政府、市场、社会的“三元体制”已然形成。在一些领域，有形之手因“无力”而失守，无形之手因“无利”而失灵，社会作为“活力之手”，正可发挥关键作用。社会改革将成为下一个突破口，决定着未来 30 多年的发展走向。今天，我们需要进一步解放思想，重新认识和发现社会，把这一道活力的闸门打开。

6. 公益信托管理办法完成初稿，此前因诸多相关登记部门无法达成一致而搁置

据媒体 2013 年 1 月报道，中国银监会与民政部等相关部门多次沟通公益信托制度问题，共同研究起草公益信托管理办法，已完成初稿。在国际上，公益信托是一种有效地帮助公益事业发挥应有的增值、保值、传财、风险隔离等重要功能的方式。然而，我国公益信托制度已经滞后。2001 年颁布的《信托法》对公益信托作出了 15 条规定，但与之相适应的管理制度一直未能出台。中国银监会认为，该会2006年即组织研究信托登记制度问题，由于涉及诸多相关登记部门且无法达成一致，因此暂时搁置。

7.《北京市慈善事业促进办法（草案送审稿）》发布

2013年1月5日，北京市政府法制办公布《北京市慈善事业促进办法（草案送审稿）》，公开向社会征求意见。草案规定，慈善组织未按规定公开慈善信息的，由民政行政部门给予警告，责令限期改正；拒不改正的，可处5000元以上3万元以下罚款。草案另指出，鼓励基金会将募集的财产依法分配给其他慈善组织运作项目，提高捐赠财产的使用效率。

8.《关于加强义务教育阶段农村留守儿童关爱和教育工作的意见》出台，以保证将留守儿童纳入教育等基本公共服务体系

2013年1月10日，教育部等5部门联合下发《关于加强义务教育阶段农村留守儿童关爱和教育工作的意见》，《意见》指出，要做好留守儿童关爱和教育工作，建立16周岁以下留守儿童登记制度，以保证将其纳入教育等基本公共服务体系。从改善留守儿童教育条件、提高其教育水平和逐步构建社会关爱服务体制着手。据教育部公布的数据，目前义务教育阶段留守儿童达2200万人。他们本应享受义务教育等基本公共服务，实际上却有大量留守儿童并未真正受益，他们在教育、亲情关怀、生活照顾、安全保护等方面面临一些突出问题。《意见》鼓励、动员和组织社会各部门和各界人士参与关爱留守儿童工作。

9. 各地陆续对四大类社会组织实行直接登记制度

根据2013年3月15日公布的《国务院机构改革和职能转变方案》，行业协会商会类、科技类、公益慈善类、城乡社区服务类四大类社会组织可直接登记。此前多地进行了直接登记的探索，已有19个省份开展或试行了社会组织直接登记，取消业务主管单位审批。2013年4月至11月，北京、天津、安徽、贵州、湖南、南京、青岛、四川等地先后响应《方案》，对四类社会组织实行直接登记制度。在双重管理体制下，找“婆家”业务主管单位一直是社会组织登记遇到的难题。这有利于符合规定的四类社会组织的快速发展，使其能够配合政府将部分公共服务职能向社会转移。目前，对四类组织之外的社会组织，还未放开。

10. 民政部已提请制定《儿童福利条例》

2013年3月，全国人大代表、民政部部长李立国表示，民政部已经提请制定《儿童福利条例》，并创造条件适时提出修订与儿童权益保护有关的法律法规。民政部社会福利和慈善事业促进司副司长徐建中表示，当前中国儿童福利领域的行政法规和规范性文件数量较多，但规范之间的衔接及资源整合不够，对困境儿童的保障缺乏系统安排，且已有法律法规多为原则性规定，缺乏程序性规定，可操作性、可执行性不强。

11. 上海发布《关于进一步促进本市社会医疗机构发展的实施意见》，鼓励社会资本办医疗机构

2013 年 3 月 25 日，上海市政府发布《关于进一步促进上海市社会医疗机构发展的实施意见》，从拓宽社会医疗机构发展空间、优化社会医疗机构审批管理、改善社会医疗机构的执业环境、促进社会医疗机构持续健康发展等四个方面提出了 28 条举措，鼓励支持社会资本办医疗机构。长期以来，社会资本兴办医疗机构普遍面临经营压力大、发展空间小、技术人才缺乏、监管机制不健全、社会氛围不佳等困难和问题。2012 年，国家曾出台鼓励引导社会办医的 58 号文。2012 年 8 月，北京曾出台“十八条”鼓励社会办医。

12. 广东省社工委公布《2013 年广东深化社会体制改革工作要点》，探索“去行政化”改革

2013 年 3 月 28 日，广东省社工委公布《2013 年广东深化社会体制改革工作要点》，拟推进 38 项改革，内容主要涵盖民生事业体制、社会组织体制、基层社会管理体制、社工和志愿者服务体制以及加强和创新社会管理。在社会组织体制改革方面，包括重点推进行业协会商会“去行政化”、“去垄断化”和公益慈善类社会组织“去行政化”改革，完善政府购买社会服务制度，推动政府向社会组织购买服务资质评判标准化等方面内容。38 项的改革不是强制性的要求，也没有设置严格的时间表，各项改革不要求在本年内完成，也不要求全部都选，但选定的项目必须在年内进行研究、试点或探索。

13. 民政部门将建立社工薪酬保障制度、建立评价和激励措施，推进专业社工发展

2013 年 3 月 13 日，民政部部长李立国指出，民政部门将通过开发社工工作岗位、建立社工薪酬保障制度、建立评价和激励措施来推进专业社工的发展和社会作用的发挥。社工被誉为“社会工程师”，在一些国家具有极高的美誉度和社会地位，但在中国还未被公众认知和广泛接受。

14. 修改红十字会法被列入立法预备项目，多项内容亟待修订、补充、完善

2013 年 4 月，十二届全国人大常委会第二次委员长会议分别通过了全国人大常委会2013年立法工作计划、监督工作计划。修改红十字会法被列入立法预备项目，视情况在2013年或者以后年度安排审议。现行红十字会法于1993年颁布实施至今已经过了20年。专家认为，红十字会定位问题、与政府之间的关系问题、总会与分会职责等，都亟待修订、补充、完善。红十字会法的修订，不仅影响红十字事业，对整个社会组织与公益事业发展的环境都将产生影响。

15. 公益诉讼制度拟写入《消费者权益保护法》，但不放宽公益诉讼的主体资格

2013年4月，《消费者权益保护法》提交十二届全国人大常委会第二次会议审议。这是自1993年10月消费者权益保护法正式出台20年以来首次修订。修订法案拟赋予消费者协会公益诉讼的职能和权利，引发社会争议。有人士指出，应充分借鉴发达国家的公益诉讼经验，尽量放宽公益诉讼的主体资格，应将个人、NGO组织、律师协会等民间力量纳入其中。

16. 民政部公布关于四川芦山7.0级强烈地震抗震救灾捐赠活动的公告，放开对公益慈善组织接受或募集善款权利的限制

2013年4月21日，民政部公布民政部关于四川芦山7.0级强烈地震抗震救灾捐赠活动的公告，允许公益慈善组织接收或募集善款。此前汶川地震、玉树地震后，民政部曾下发系列文件，限定接收捐款的单位，要求公益慈善组织将接收的捐赠汇缴给政府部门，遭到社会及公益领域广泛质疑。

17. 云南省发布《云南省社会组织年度检查暂行办法》，规范社会组织的内部管理和信息透明

《云南省社会组织年度检查暂行办法》于2013年5月1日起施行。该办法是根据《社会团体登记管理条例》、《民办非企业单位登记管理暂行条例》和《基金会管理条例》制定的，但更具操作性。《办法》规定，本年度未开展业务活动，或者不按照章程规定进行活动的；拒不接受或者不按照规定接受登记管理机关监督检查或年检的；财务制度不健全，资金来源和使用违反有关规定的；基金会、公益慈善类社会团体和申报公益捐赠税前扣除资格的社会团体未规范进行信息披露的；侵占、私分、挪用社会组织的资产或者所接受的捐赠、资助的；年检中隐瞒真实情况，弄虚作假等被视为年检不合格情形。年检结果分为合格、基本合格和不合格。

18. 广东佛山、珠海、东莞等地公布具备承接政府职能转移和购买服务资质的社会组织目录，草根组织数量甚微

2012～2013年，广东省佛山、珠海、东莞市均公布了具备承接政府职能转移和购买服务资质的社会组织目录，从中难见草根组织身影。2012年6月，广东省民政厅下发《关于确定具备承接政府职能转移和购买服务资质的社会组织目录的指导意见》，规定社会组织应具备的资质条件分为必要条件和优先条件，其中必要条件包括合法身份、完善治理结构等，优先条件包括评估等级在3A以上、具备免税资格等。2012年8月28日，佛山市政府网公布了首批社会组织目录，57家有资质的社会组织中，行业协会46家，占80.7%。2013年8月29日，东莞市民政局公布第一批名录，75家有资质的社会组织中，行业协会和商会占57.3%。2012年12月19日，珠海市民政局公布第一批目录，95家有资质的社会组织中，行业协会和商会69家，占72.6%。

19. 青海省实施《关于进一步支持慈善事业发展的指导意见》，加强对慈善组织监管

从2013年5月24日起，青海省实施第一部关于促进慈善事业发展的文件——《关于进一步支持慈善事业发展的指导意见》。《意见》从构建全方位慈善监管体系、建立完善慈善信息公开制度和加强慈善组织年检工作三个方面提出明确要求。按照“谁接收、谁管理、谁公开”的原则，建立慈善组织信用制度，重点加强对信息公开、财务报表和重大活动的监管，定期进行社会捐赠资金的收支情况审计，并向社会及时、如实公布审计结果，提高慈善组织的社会公信力，推动形成对慈善组织的行政监管、舆论和公众监督、行业自律相结合的监管体系。

20. 文化部印发《文化部社会组织管理暂行办法》，统一规范社团、基金会和民非

2013年5月23日，文化部印发了新修订的《文化部社会组织管理暂行办法》并规定于2013年6月1日正式实施，原《文化部社会团体管理暂行办法》（文办发〔2004〕22号）同时废止。与被废止的《文化部社会团体管理暂行办法》相比，新修订的《文化部社会组织管理暂行办法》根据《社会团体登记管理条例》、《基金会管理条例》、《民办非企业单位登记管理暂行条例》规定，将原来只规范社会团体改为将社会团体、基金会、民办非企业单位纳入统一规范管理范畴。

21. 杭州拟将企业社会责任评价体系上升为地方标准

多地政府发布企业社会责任评价体系，以制度化规范企业行为。江苏常州和南京、山东、上海、浙江杭州和宁波江北区、湖南长沙、深圳等地出台企业社会责任标准、准则、评价体系，通过制度化规范企业行为。但目前多为指导性文件，以“政府引导”为主，不具有强制性，也无惩罚性，个别地方制定了奖励机制，如对表现良好的企业给予税收、用电用水用地、融资贷款等方面的扶持。2013 年 7 月杭州拟将企业社会责任评价体系上升为地方标准，使之成为全市企业的基本准则。

22. 云南省系列社会管理改革开先河

2013 年 7 月 18 日民政部和云南省政府共同举办“推进社会建设创新社会组织座谈会”，会上发布了《关于大力培育发展社会组织加快推进现代社会组织体制建设的意见》、《云南省公益慈善事业促进条例》、《政府向社会组织购买服务暂行办法》以及《2013 年省级政府购买社会组织服务目录》。社会管理改革在全国范围开先河。其一，云南省提出，除依据法律法规需前置行政审批及政治法律类、宗教类的社会组织外，其他均可直接向民政部门申请登记，这比国家设定的四大类可直接登记的范围更宽。其二，云南省提出“云南省的政府部门将退出公益慈善募捐市场，除发生重大灾害外，政府不再参与社会募捐”。其三，云南省提出“现职公务员一律不得兼任行业协会商会、基金会、民办非企业单位负责人”，堵住“组织部门同意的”还可以继续兼任的口子。其四，云南省提出“不再限制基金会的工作人员工资福利和行政办公支出”，突破影响基金会吸引专业人才和健康持续发展的限定条件。其五，“在县级民政部门申请登记社团和民办非企业单位的，开办资金由 3 万元减至 1 万元；申请成立非公募基金会的，原始基金由 200 万元降至 100 万元”，降低社会组织进入门槛。另外，“对于社会团体、基金会设立分支或代表机构，民政部门也不再审批备案”，对社会组织放权等走在部门前列。

23. 国家将出台鼓励民间资本参与社会事业的政策意见

2013 年 8 月 7 日发改委指出，下一步国家将多方面采取措施，加大工作力度，着力保障改善民生，提高公共服务水平，加快出台鼓励民间资本参与社会事业的政策意见，将按照“社会政策要托底”的要求，把协调推进社会事业、社会政策和社会改革作为加强公共服务和社会建设的重要手段。统筹推进国家基本公共服务体系建设，创新公共服务提供方式，加快出台鼓励民间资本参与社会事业建设发展、政府向社会组织购买服务的政策意见。加强创新社会管理，推动基层公共服务资源整合和综合性公共服务设施统筹建设，做好源头治理。继续推进收入分配及教育、医药卫生、文化等社会事业各项改革。积极发展社会领域产业，推动出台促进社会养老服务、健康服务业、创意产业发展的政策意见。扎实开展社会发展领域专项建设规划中期评估。

24. 民政部推动医疗救助与慈善事业的有效衔接

2013 年 8 月 12 日，民政部出台《关于加强医疗救助与慈善事业衔接的指导意见》，要求各地探索建立医疗救助与慈善事业的衔接机制，实现政府医疗救助和社会慈善事业的优势互补。该指导意见强调政府与慈善组织的合作需进行具体的引导，以及政府通过委托、补贴等方式对慈善组织进行激励扶持，在推动医疗救助与慈善事业衔接机制所应采取的具体对策和措施上做出了突破。根本而言，政府职能与慈善事业的衔接，主要在于如何实现两者的资金、信息、专业人员、政策趋势等方面的资源共享，而以往的政策更多笼统强调发挥慈善事业在社会保障中的功能，并未涉及政府如何与慈善事业互动。

25. 国家养老新政首次明确社会力量的主体地位

2013 年下半年，中央密集出台养老政策。继 2013 年 8 月 16 日国务院总理李克强主持召开国务院常务会议，确定深化改革加快发展养老服务业任务措施后，2013 年 9 月 13 日国务院发布《关于加快发展养老服务业的若干意见》，多处明确提出要“创新体制机制，激发社会活力，充分发挥社会力量的主体作用”，这是首次在国家养老政策文件中明确社会力量的主体地位，将对增加市场活力起到直接的推动作用。一方面，加大对社会办养老机构的支持力度，全面开放投资渠道。鼓励境外资本、个人和社会力量投资养老服务业，举办养老机构。另一方面，在保障公办养老机构托底作用的基础上，开展改制试点。公建民营和公办民营将成为政府办养老机构的运营管理主要模式。

26. 国务院发布《关于政府向社会力量购买服务的指导意见》

2013 年 9 月 30 日，国务院办公厅公布《关于政府向社会力量购买服务的指导意见》，主要包括四个方面。一，充分认识政府向社会力量购买服务的重要性；二，正确把握政府向社会力量购买服务的总体方向；三，规范有序开展政府向社会力量购买服务工作；四，扎实推进政府向社会力量购买服务工作。意见明确政府向社会力量购买服务的目标任务：到2020年，在全国基本建立比较完善的政府向社会力量购买服务制度，形成与经济社会发展相适应、高效合理的公共服务资源配置体系和供给体系，公共服务水平和质量显著提高。

27. 浙江通过《社会组织建设规范》地方标准的审定

2013年11月1日，浙江省召开地方标准《社会组织建设规范》审评会。浙江省民政厅的相关负责人表示，与会专家认为该标准的制定和实施可规范社会组织建设，使其在教育、科学、文化、环境、卫生、医疗、社会服务与救济等领域发挥积极作用，一致同意通过对该标准的审定，建议标准起草工作组根据评审委员会的意见对标准文本进行修改，尽快报批发布。以地方标准的形式规范社会组织建设，将推动政府在社会组织建设中发挥常态化、制度化、规范化作用。

28. 国务院支持社会资本举办非营利性医疗机构

2013年10月14日，国务院印发《关于促进健康服务业发展的若干意见》指出，在坚持公立医疗机构面向城乡居民提供基本医疗服务的主导地位的同时，加快形成多元办医格局，鼓励企业、慈善机构、基金会、商业保险机构等以出资新建、参与改制、托管、公办民营等多种形式投资医疗服务业。大力支持社会资本举办非营利性医疗机构、提供基本医疗卫生服务。各地要清理取消不合理的规定，加快落实对非公立医疗机构和公立医疗机构在市场准入、社会保险定点、重点专科建设、职称评定、学术地位、等级评审、技术准入等方面同等对待的政策。对出资举办非营利性医疗机构的非公经济主体的上下游产业链项目，优先按相关产业政策给予扶持。鼓励地方加大改革创新力度，在社会办医方面先行先试，国家选择有条件的地区和重点项目作为推进社会办医联系点。

29. 广州发布《广州市社会组织管理办法》（草案征求意见稿）

2013年10月17日，广州市民政局发布《广州市社会组织管理办法（草案征求意见稿）》向社会征求意见。《办法》允许行业协会、异地商会、公益服务类、社会服务类、经济类、科技类、体育类、文化类等八类社会组织直接登记；规定现职国家公务员不得在行业协会、异地商会、民办非企业单位、基金会中兼职，离退休后确需兼任的应当严格按照有关规定审批；允许“一业多会”；为确保社会组织透明度，规定社会组织应当建立信息公开制度和内部信息披露机制，至少每年度向组织成员公布一次其重大活动、财务状况、工作报告等信息；社会组织接受捐赠、资助的，应当在接受捐赠、资助后15个工作日内向社会公布接受捐赠款物的信息，并在年度报告中披露使用捐赠、资助的有关情况；明确禁止强迫单位和个人捐赠或强行摊派的行为。

30. 广州发布《广州市社会组织公益创投项目管理办法》激发社会组织活力

2013年10月28日，广州市民政局、市财政局联合印发实施《广州市社会组织公益创投项目管理办法》，预计首期投入1600万元通过公益创投鼓励、支持社会组织参与公益服务。

31.《中共中央关于全面深化改革若干重大问题的决定》推动事业单位分类改革

2013年11月12日，中国共产党第十八届中央委员会第三次全体会议通过《中共中央关于全面深化改革若干重大问题的决定》。《决定》指出，加快事业单位分类改革，加大政府购买公共服务力度，推动公办事业单位与主管部门理顺关系和去行政化，创造条件，逐步取消学校、科研院所、医院等单位的行政级别。建立事业单位法人治理结构，推进有条件的事业单位转为企业或社会组织。

32. 十八届三中全会提出创新社会治理体制新观点

2013年11月12日，党的十八届三中全会提出了创新社会治理体制的新观点、新要求、新部署。2013年12月16日，民政部部长李立国在《求是》杂志发表署名文章《创新社会治理体制》指出：一，充分认识创新社会治理体制的重大意义；二，实现政府治理和社会自我调节、居民自治良性互动；三，鼓励和支持社会组织参与社会治理，激发社会活力；四，建立畅通有序的诉求表达、心理干预、矛盾调处、权益保障机制；五，健全公共安全体系。

政府行动

33. 多地启动志愿服务记录制度试点，志愿服务与国际接轨

民政部2012年底确定136个地区为全国志愿服务记录制度试点地区，要求建立多种志愿回馈激励机制，将志愿服务与升学、就业等方面的优惠政策挂钩。此前，2012年10月30日，民政部印发了《志愿服务记录办法》，这是我国第一个对志愿服务记录进行科学、统一、规范的文件。办法对志愿服务记什么、怎么记、谁来记、怎么用予以明确规范。一直以来，中国志愿者管理工作不够完善，对志愿者的激励不系统、不及时。在国际上，对志愿服务信息进行记载、管理，并辅以有效的激励机制是推行志愿服务的通行做法。这也是一种尊重志愿者奉献的体现。

34. 中央财政再次安排2亿元左右专项资金购买社会组织服务

2013年中央财政再次安排2亿元左右支持社会组织参与社会服务，将资助社会组织开展社区服务、养老服务、医疗救助、灾区群众救助等领域的社会服务活动。这是中央财政自2012年以来第二次安排专项资金支持社会组织参与社会服务。目前中国在政府采购公共服务的采购主体、资金来源、项目评估、监管体系等方面的标准尚未建立，服务类采购在政府采购规模中占比较低。有人士指出，在政府向社会组织购买服务的过程中，必须坚持竞争性原则，防止社会组织成为“二政府”。

35. 北京市财政出资8000万元购买社会组织服务，政府购买规模持续增长

2013年，北京市财政安排8000万元购买由社会组织提供的500个公共服务项目。2010年以来，北京市社会建设工作领导小组连续三年使用社会建设专项资金购买社会组织服务项目，累计投入近2亿元，购买社会组织服务项目1029个。其中，2010年出资4000多万元，购买近300项服务；2011年出资5000万元，购买363项服务。2012年出资5000万元，购买300项服务。2013年购买社会组织服务重点依然围绕社会基本公共服务、社会公益服务、社区便民服务、社会管理服务、社会建设决策研究信息咨询服务5个方面，在类别上新增城乡一体化建设、外来人口公共服务、社会体制改革、城市精细化管理、现代社会体制改革等5个研究类项目，共计45类。

36. 环保部要求及时向公众发布空气质量信息，履行信息公开职责，保障公民知情权

2013年1月14日，环境保护部发出通知要求各地认真做好重污染天气条件下空气质量监测预警工作，要求通过广播、电视、网络和报纸等媒介，向受影响区域的公众及时发布空气质量信息，保障群众的环境知情权。保障公民知情权是提高政府工作透明度、对政府进行有效监督的前提，是政府的义务。两年前PM2.5尚处于“保密阶段”，北京市环保局曾以“只供科学研究”为由拒绝公开。目前，大多政府信息仍属被迫公开，且还有很多有待公开。

37. 《中国社会组织》创刊

2013 年 1 月 25 日，由民政部主管、中国社会组织促进会主办的《中国社会组织》杂志创刊，主要读者为社会组织从业人员和社会组织负责人，以及社会组织登记与管理部门工作者与研究者。办刊宗旨为以构建社会主义和谐社会理念为指导，宣传贯彻党和国家关于社会组织管理工作的方针、政策，开展社会组织理论研究，反映社会组织改革实践，促进社会组织管理创新，推动社会组织健康发展。

38. 第八届“中华慈善奖”揭晓，注重获奖者传递“正能量”

2013 年 4 月 19 日，第八届“中华慈善奖”在北京揭晓。本届评奖未设置最低捐赠门槛，注重获奖者的善心善行所传递的“正能量”，更体现慈善理念。中华慈善奖是中国慈善事业领域的最高政府奖，自 2005 年设立以来已颁发 8 届。此前，“中华慈善奖”曾因参评标准设置最低 100 万元捐赠门槛，侧重颁奖给拥有实权、有背景的企业和个人而饱受争议，被指以金钱论英雄，破坏慈善理念。

39. 民政部出台民非优惠政策，鼓励社会力量举办有规模、有特色的民办非企业单位

2013 年 4 月，民政部决定在全国范围内开展民办非企业单位塑造品牌与服务社会活动，旨在用 3 ~ 5 年时间，初步建立与经济社会发展相适应，结构合理、功能完善、作用明显的民办非企业单位组织体系。民办非企业单位是某一领域从事社会事业的民办公益服务机构，是推动我国公益事业发展的重要力量，民办非企业单位的兴起已经成为社会发展的趋势。此次活动鼓励各地结合实际开展有针对性的政策创制，积极协调相关部门，出台或落实购买服务、税收减免、票据使用、人事保障等配套政策，完善平等准入、公平竞争的政策环境，为民办非企业单位提供多方位支持。活动将增强服务的规范化、精细化、标准化，引导民办非企业单位积极回应民生热点问题，提供多样化、专业化、高品质的社会服务。

40. 劝募师、会员管理师、社会组织管理师被拟纳入国家职业分类大典

2013 年 4 月 18 日，在国家职业分类大典修订行业专业委员会第十五组（居民服务、修理和其他服务业）第二次会议暨第十九组（公共管理、社会保障和社会组织）第一次会议上，劝募师、会员管理师作为社会组织新职业，经专家组评议审核，同意原则通过，拟纳入大典社会公共服务人员类别。另外，社会组织管理师拟纳入大典专业技术人员类别，近期行业专业委员会将组织对其进行评审。劝募师、会员管理师、社会组织管理师的明确使社会组织职业分工更细化、科学，将加快社会组织职业化发展。

41. 广州民政指出网络募捐未经许可属违法

2013 年 5 月 30 日，“《广州市募捐条例》实施一周年”座谈会上，广州市民政局指出，广州行政区域内的社会组织发起网络募捐时，应依法申请募捐许可。没有经过民政部门审核许可，就在微博或网络发起公益募捐，这种做法目前在广州已被确认为违法行为。根据《条例》，违法募捐的组织或个人将被处以一定数目的罚款；假借募捐名义骗取财产的，由公安机关给予治安管理处罚；构成犯罪的，依法追究刑事责任。近年来网络兴起的公益募集与传统公益募集分庭抗礼，未受政府有效监督，主要为公众监督。对网络募捐不能只进行有效监督，还需进行有效引导，否则会遏制公众捐赠资金进入公益领域。

42. 民政部政务微博“@民政微语”开通，塑造服务型政府形象

2013 年 6 月 27 日，民政部政务微博“@民政微语”同时在腾讯、新浪两大网络微博平台开通。该政务微博以民政部新闻办公室身份在网络平台认证，主要发布有关民政工作的重要政务信息，依照法律、法规、政策面向公众提供的服务类信息，以及民政文化、历史沿革、经验借鉴等知识，回应公众普遍关注的有关问题、突发事件及处置情况。政务微博作为政府在互联网上的一个窗口，不仅带来传播手段的创新，更重要的是政府执政理念、观念由单向管理转向互动服务的创新，促进了公众知情权与参政权的发展。

43. 社会组织企业年金新政出台

2013 年 7 月 23 日，人力资源社会保障部、民政部下发《关于鼓励社会团体、基金会和民办非企业单位建立企业年金有关问题的通知》鼓励社会组织建立企业年金制度，并强调各级民政部门可将企业年金实施情况作为社会组织评估工作的考量指标之一。社会组织企业年金制度的确立，是民政部、人社部贯彻党的十八大关于加快形成现代社会组织体制、改革社会组织管理制度、引导社会组织健康有序发展的重要举措，也是推动社会组织完善内部治理结构、解除社会组织专职工作人员后顾之忧的重要配套政策之一。在实行现代社会保险制度的国家中，企业年金已经成为一种较为普遍实行的企业补充养老金计划，又称为“企业退休金计划”或“职业养老金计划”，并且成为所在国养老保险制度的重要组成部分。

44. 国务院常务会议研究推进政府向社会力量购买公共服务

2013 年 7 月 31 日，国务院总理李克强主持召开国务院常务会议，研究推进政府向社会力量购买公共服务。会议明确指出，“凡社会能办好的，尽可能交给社会力量承担，加快形成改善公共服务的合力，有效解决一些领域公共服务产品短缺、质量和效率不高等问题”，并要求各地方制定政府购买服务指导性目录。在发达国家和地区，购买公共服务是政府履行公共管理职能的一种主流模式，政府资助是社会部门资金的重要来源。在美国，对于提供公共服务不经济的领域，政府也会以外包的形式让慈善组织发挥作用。在香港，有近 90% 的社会福利服务是由非政府机构承包。根据香港社会福利署的资料，最近几年，香港政府提供给非政府组织的资助大约占福利署年度总开支的 20%。

45. 环保部与民间环保组织建立沟通机制，希望共同抗衡强势部门

2013 年 7 月 31 日，环境保护部举办首届全国环保社会组织培训班，主题为“共同学习和探讨生态文明建设新路”，共有 45 家环保社会组织的主要负责人参加了培训。此次培训班在参训组织的遴选上，突出优中选优的原则，注重邀请在社会上有影响力和认可度高的环保民间组织参加。这是多年来环保部第一次主动召集民间环保组织进行培训。与会者认为这是环保部的一种姿态，试图与民间环保组织建立一种更为良好的沟通机制。环保部官员致辞谈到环保 NGO 要组织化、规范化，提高能力和水平。希望更多环保 NGO 联合起来，这样才能与强势部门抗衡。

46. 新举措简化社会组织登记及年检程序

2013 年 8 月，民政部联合财政部、国资委等相关部门在民政部社会组织登记大厅为社会组织“一站式”办理开户和会费领用证业务。广州市民政局也推出社会组织管理十大便民措施，宣布社会组织可在网上登记及年检，减少书面提交材料内容，使当地社会组织登记程序大为简化，有望促进更多社会组织获得身份。不到一个月时间已有 3 家社会组织通过网络进行登记。

47. 北京市民政局对下属的 21 家社会组织进行政社分开改革

2013 年 8 月 9 日，北京市民政局表示，北京市民政局下属的 21 家社会组织将逐步进行“政社分开”改革。北京市社区服务协会等 6 家协会作为先期试点，民政局不再为其拨付工作经费，公务人员从社会组织中退出。目前已有 800 多名公务人员从社会组织中退出，确因工作需要兼职的需按有关规定和程序报批。未来，6 家协会通过项目申报从购买服务的政府处获得资金支持，并将逐步面向社会招聘专业的管理人员和工作人员。社会组织在机构、人员、财务等方面与行政机关脱钩，有助于厘清政府与社会组织的职责权限，逐步实现去行政化。

48. 深圳市召开第二届中国慈展会，民间组织参展数量增加

由民政部、国务院国资委、全国工商联、广东省人民政府和深圳市人民政府联合主办的中国公益慈善项目交流展示会于 9 月 21 日在深圳开幕。慈展会以“发展·融合·透明”为核心理念，以“慈善，让中国更美丽”为主题，吉祥物为美丽的蝴蝶，表达了主办方希望展会能发挥“蝴蝶效应”的美好愿望。为期 3 天的展会汇聚了中外具影响力的公益慈善机构，同时，一批企业和地方政府积极参展。本届慈展会推出了八大主题展区，分别聚焦救灾救助、社会组织、企业社会责任与基金会、国际合作、慈善金融和媒体创新、生态公益等中国慈善领域关注的议题。其中，展出规模最大的是社会组织展区，参展的 NGO 有 629 家，比上届的 260 家激增约 1.5 倍。这也表明中国官方与民间组织在公益慈善领域的互动不断加强。

49. 广东政府加强培育社会组织

2013 年 10 月 16 日，继 2012 年拨款 8700 万元用于资助省内 374 家社会组织后，2013 年广东拟再拨款 9000 多万元，择优选择、分类扶持省内不超过 400 家社会组织，给予其 10 万 ~30 万元不等的省级培育发展社会组织专项资金。

50. 发改委召开“气候变化领域 NGO 对话会”

2013 年 11 月 4 日下午，联合国气候变化华沙会议召开前期，国家发展改革委员会应对气候变化司组织召开气候变化领域 NGO 对话会。NGO 代表围绕华沙会议的成果及其对未来谈判的影响、气候变化与大气污染问题的关系、国内应对气候变化特别是能源方面的政策和行动与政府官员进行交流，并对我国应对气候变化工作提出了建议。在历年的国际气候变化谈判中，NGO 都参与其中。

行业建设

51. “青年影响社会”评选激励青年人公益

2013 年 1 月 12 日，由上海团市委、市社团管理局、市慈善基金会、市青年联合会共同主办的“青年影响社会”2012 年度“中行杯”上海十大青年公益先锋暨十大优秀青年公益项目颁奖仪式举行。当今青年处于以“金钱”与“个人”为主流价值观的社会中，注重个人利益，缺少关注社会利益的情怀。“青年影响社会”自2010年首次举办，以寻找榜样式的人物、发现更多坚持走在公益前沿的青年公益领袖，挖掘、引领、培育和助推公益项目，为青年公益组织和从事公益事业的青年人搭建了更大的平台。

52. “中国透明慈善行动”启动，助行业提高慈善信息透明度

2013年3月，中民慈善捐助信息中心联合以郑州市为代表的一批省会城市，试点开展“中国透明慈善行动”，以提升慈善行业的社会公信力和可信度，促使其健康有序地发展。该行动以中国慈善信息平台为依托，面向全国慈善行业开展慈善信息的收集、分析、评估和发布等活动，帮助行业提高慈善信息透明度。所发布信息包括组织的基本信息、治理信息、业务信息、财务信息及组织动态。

53. 中国慈善联合会成立，跨部门合力推慈善行业规范化和专业化

2013年4月19日，全国慈善领域的联合性组织——中国慈善联合会成立，国务院原副总理回良玉任中国慈善联合会名誉会长，民政部部长李立国当选首任会长。99名团体理事和个人理事中，慈善组织占45%，捐赠企业和个人占30%，社会各界人士占15%，政府部门代表占10%。联合会将着力在四个方面扮演好角色，履行好职责。一是慈善主体的联合体；二是慈善行业的代言人；三是慈善事业的助推者；四是慈善秩序的守望者。联合会将推动制定和协调实施有关慈善行为、组织制定和人员资质等方面的行业标准，提升慈善事业的规范化、专业化水平。加强慈善主体诚信建设，推进行业公开透明，努力减少且杜绝有损行业形象、伤害公众利益的行为。

54. 中国基金会4.20救灾行动及救灾自律联盟成立

2013年4月20日雅安地震发生后，中国扶贫基金会、南都公益基金会等多家基金会奔赴抗震救灾第一线，开展紧急救援行动。4月28日，基金会中心网与多家基金会共同发起成立“中国基金会4.20救灾行动自律联盟”，自愿加入自律联盟的基金会成员41家，其中公募基金会29家，非公募基金会12家，联盟秘书处设在基金会中心网。2013年8月28日，基金会中心网三周年大会宣布中国扶贫基金会执行会长何道峰为自律联盟首任主席，41家基金会自律联盟成员承诺将全程公布接受、拨付和使用捐款的情况，接受捐款人和社会监督，接受政府监管，承担一切相关的法律责任。有评论认为，行业自律是中国公益建设的首要问题，公益行业的升级和净化都离不开行业自律，同时行业自律更应该推动行业内组织能力的提升，其核心目的是带动组织自治水平、经营能力、管理能力、规划与应变能力乃至行业公信力的提升。

55. 多家基金会率先及时支持民间组织参与4.20抗震救灾

截至4月23日8点02分，全国范围内66家基金会筹措善款达4.38亿元人民币，用于灾民救助和后续灾后重建工作。同时，大量民间组织活跃在抗震救灾现场。南都公益基金会、腾讯公益慈善基金会、正荣公益基金会、中国扶贫基金会在灾后一周内率先设立雅安灾后救援及重建民间组织资助计划。

56. 第七次中华慈善百人论坛召开，讨论慈善与社会体制改革

2013年5月29日，第七次中华慈善百人论坛在无锡举行。论坛围绕慈善与社会体制改革主题，就社会体制的定义与功能、政府的角色与功能、慈善行业的角色与功能、路径与解决方案等话题，进行充分深入交流和探讨。论坛发布了中国灵山中华慈善百人论坛主旨报告——《现代慈善与社会体制改革》，并达成了第七次中华慈善百人论坛"无锡共识"。

57. 中国社会福利基金会成立联合劝募中心，为公益机构提供全国性公募平台

2013年5月28日，中国社会福利基金会成立联合劝募中心，开始招募符合一定条件的公益机构，为其提供全国性公募平台、组织劝募培训、开展劝募活动。大部分NGO不具备公募资格，这成为其资金紧张的关键，影响生存和发展。该中心以项目合作方式，将全国性公募平台向更多民间公益机构放开，不定期对申请机构进行评审。

58. 中国扶贫基金会与凤凰卫视发起"发现新公益"项目，创新行业分工协作

2013年7月31日，中国扶贫基金会与凤凰卫视联手打造"发现新公益"活动，成为公益新项目萌发的孵化器，也是公众深入直观了解新公益项目的可靠平台。在公益领域，无论是基金会还是草根组织都可以以其独特的方式扮演角色，基金会可寻找、选拔和资助优秀的草根组织及项目，草根组织则具灵活性和创新性，及时回应社会需求。这种创新方式有助于社会资源有效利用并激活和培育社会力量。

59. 中国民间公益救灾协作平台成立

2013年8月24日，华夏公益服务中心、南都公益基金会、蓝天救援队、益云等近百家公益组织发起成立中国民间公益救灾协作平台。通过该平台，灾民在遭受突发灾害时，可由智能手机客户端发出“信号弹”，说明灾情，平台救灾地图即刻显示经纬度，民间救灾组织可据此及时响应。该平台发布，有望解决协作救灾中的信息不对称、物资需求不匹配等问题。

60. 基金会中心网发布中基透明指数一周年报告

2013 年 8 月 29 日，“自律·变革·发展——基金会透明暨基金会中心网三周年大会”发布中基透明指数 FTI 一周年报告。报告显示，FTI 发布一年来，指数分值上升明显。截至 2013 年 8 月 26 日，有 1858 家基金会在向民政部门提交的年检报告中按规定披露了资产负债表、业务活动表的财务数据，披露率达 84%，比去年增加 29%。

61. 中国民间公益组织基础数据库建立

2013 年 9 月 21 日第二届中国公益慈善项目交流展示会上，南都公益基金会、中国公益 2.0、中山大学中国公益慈善研究院共同发布中国民间公益组织基础数据库，包括机构名称、所在地、领域、规模等，该数据库有望为草根民间组织提供技术传播、资金募集等多方面的支持。此前，我国没有覆盖全国范围且专门以民间公益组织为对象的数据库。信息完整的数据库可帮助资助方进行决策，高效地找到合适的资助对象；有利于民间组织之间加强合作、资源共享；同时，可以为相关研究提供便利。

62. 敢问路在何方——新时期金融扶贫论坛推动金融扶贫发展

2013 年 10 月 17 日，中国扶贫基金会主办、中和农信项目管理有限公司承办、中国小额信贷联盟与中国小额信贷联席会协办的“敢问路在何方——新时期金融扶贫论坛”在京召开。论坛探讨了如何进一步健全农村金融环境，构建好中国的金融扶贫支持体系、新时期的金融扶贫工作面临的机遇与挑战等问题，回顾了在过去十多年的时间里，我国贫困地区金融政策、小额信贷等金融产品、金融服务的发展历程，肯定了小额信贷以及其他资金互助形式对于处在贫困线以下的地区的微小企业、农户产生的积极影响。

63. 第五届中国非公募基金会发展论坛召开

2013 年 11 月 14 日，以“理性公益，多元发展——非公募基金会在社会建设中的角色和定位”为主题的第五届中国非公募基金会发展论坛年会在北京举行。论坛以“研究”为特色，邀请了中国人民大学、公域合力管理咨询、中国社会科学院社会政策研究中心、北京大学法学院非营利组织法研究中心和北京工商大学经济学院财税研究中心组成两个研究团队发布了

《非公募基金会在社会建设中的作用》和《中国非公募基金会税收政策研究报告》两份研究报告，并推出《中国非公募基金会税收优惠与征管制度实用指南》。

活动方式和资源

64. 中国扶贫基金会公益未来项目支持大学生参与公益

2013年2月27日，中国扶贫基金会启动公益未来项目，以期通过整合社会资源，支持高校公益社团发展，带动大学生参与公益，促进青年大学生了解公益慈善，培育现代公益理念，推动中国公益未来的发展。公益未来项目以大学生社团为切入点，包括社团管理信息系统及交流展示平台、社团领袖培训班、高校公益论坛、社团公益基金、全国性项目等五个方面的内容，计划在五年支持全国1000个高校公益社团的发展，带动500万人次的大学生参与公益，培训2000名学生公益社团领袖。

65. 八家民间组织联合提交《残疾人教育条例（修订草案）（送审稿）》修改意见稿

2013年3月19日，壹基金、北京青少年法律援助与研究中心等八家民间公益组织正式向国务院法制办联合提交《残疾人教育条例（修订草案）（送审稿）》修改意见稿。《意见》综合了壹基金海洋天堂网络中的特殊残障儿童服务机构以及家长们的意见，以及广泛的残障类型人士和公益律师们的意见。修改意见稿首次落实了“残疾人教育指导委员会”的概念、组成和权责，特别强调该指导委员会需要有1/3的代表是残疾人。

66. “乡村童园”项目启动，关注农村留守儿童早期教育

2013年4月14日，贵州省青少年发展基金会微基金正式发布“乡村童园”项目，计划三年内在贵州、广西等西南贫困农村设立超过100所村级公益幼儿园，使学龄前留守儿童能免费享受学前教育，实现教育公平。据调查，中国农村目前留守儿童数量超过了5800万人，由于缺乏早期启蒙教育，农村留守儿童普遍存在怕见生人、缺乏自信的特点，在认知、语言、人际交往等方面与城市接受早教的孩子存在明显差距。“乡村童园”一律设立在行政村，目标群体为3~6岁的学龄前儿童。项目利用农村小学撤并后富余的校舍或民房作为授课游戏场地，为幼儿园教师工资、交通补贴、师生午餐、教学设备、课程设置及远程培训等提供经费支持。

67. 民间组织联动救灾，提升救灾效率

2013 年 4 月 20 日雅安地震发生后，民间组织迅速响应，组成多个救灾联盟，分工明确，未出现各自为战的混乱局面。例如，壹基金与 28 家民间机构在雅安建立“民间联合救灾工作站”；成都本土数十家草根组织成立“4.20 联合救灾部队”；170 余家机构加入华夏公益联合会，由联合会搜集、核实灾区信息，统一发布。专家评价，较汶川救灾时期，民间组织专业化、组织化、网络化、合作化程度都有很大提高，救灾效率明显提升。

68. 2013 年度“桥畔计划”启动，支持初创期草根教育公益组织

2013 年 4 月 28 日，由北京市西部阳光农村发展基金会和正荣公益基金会共同发起的“桥畔计划”确定对 27 家草根教育公益组织进行 2013 年度支持，支持资金总量约 95 万元。“桥畔计划”致力于为初创期教育公益组织提供基础支持，搭建共同学习和交流的平台。该计划着重为初创期的潜力教育类草根公益组织提供每年不超过 5 万元的非限定性运营经费支持，支持其行政办公、管理人员工资、网站开发及维护、学习交流等费用开支。2010～2012 年，桥畔计划先后共支持了 26 家教育公益组织。

69. 公益慈善话题首次被纳入海峡论坛

2013 年 6 月 15 日，由国家十多个部委主办的第五届海峡论坛在厦门召开，论坛首次纳入公益慈善议题。本届议题包括“志愿精神与公益实践”和“企业社会责任与企业文化构建”等内容，在两岸公益交往历史上还属首次。

70. 智能手机应用软件打造公益生活

2013 年 6 月，由爱盟公益打造的“行善”APP 上线，展示多个公益项目，公众可以通过走路的方式积攒正能量，对感兴趣的项目经由“正能量”换算进行“捐赠”，而捐赠资金来自爱心企业，平台将即时公布各自进度和细节。该 APP 打造运动即公益的生活理念。另外，2013 年 7 月 17 日，20 多名大学生组成的“米公益”团队合作创建创业项目，通过自主研发的有趣和有益手机 APP，让用户以健身、娱乐的方式积攒公益捐赠，如连续 1 天完成自己设定的伸展运动，就可以兑换企业向贫困山区希望小学的孩子们捐出的一支铅笔。随着移动互联网的发展，手机 APP 占据了人们生活的重要位置。智能手机应用软件可以使个人简单持续地参与公益，更接近公益生活。

71. 首届广州市慈善项目推介会举行，便利捐赠者与项目执行者对接

2013 年 6 月 26 日至 6 月 27 日，由广东省广州市政府主办、广州市民政局承办的首届广州市慈善项目推介会举行。与以往的公益慈善主题展会不同，此次推介会由政府搭台，社会广泛参与。广州市政府负责组织活动而不干预项目，由捐赠者与项目执行者进行直接对接。

72. “融益贷”公益金融创新项目落地，为社会组织提供信贷支持

2013年8月14日“融益贷”公益金融创新项目宣布启动。“融益贷”是参照深圳建行小微企业贷款思路和模式就社会组织领域的创新金融管理服务所研发的专业支持性服务产品，以金融支持规范化解决社会组织的政府购买支付延时和机构发展资本支持问题，创造了中国社会组织在银行信用贷款的首个记录。

73. 公益组织借助手机支付功能筹款

2013年9月，壹基金与支付宝联手推出“钱包里的公益”项目，捐赠人通过使用手机支付宝钱包内置的“壹基金月捐”APP，可实现随时、随地、随心捐赠。几乎同一时刻，腾讯公益基金会也利用微信的支付功能进行了首次公益筹款试水，将筹款宣传与捐赠支付捆绑在一起，用户可以在十几秒内实现捐款。

74. 27家公益机构发出联署立法建议信

2013年9月下旬，中山大学性别教育论坛、广州市海珠区启创社会工作发展协会、广州市灯塔计划青少年发展促进会等机构组织联名发出立法建议信，提议应将未成年人性侵害防治纳入立法考虑范围。目前在全国还没有专门为防治未成年人性侵害立法的先例，这次27家公益机构联名倡议，希望能够通过政策倡导推动广州市立法机构在这方面先行一步。

75. “雅安模式”搭建救灾资源对接、协同参与新平台

4.20芦山地震后的2013年4月28日，芦山抗震救灾社会组织与志愿者服务中心成立。5月12日成立“雅安服务中心”，下设县（区）服务中心和乡镇服务站。雅安服务中心入驻了中国扶贫基金会、壹基金、南都基金会、腾讯公益基金会等44家社会组织，有效联系社会组织238个，支持和服务了79个社会组织在灾区长期开展教育、卫生、扶贫、救灾等服务工作。截至2013年11月4日，累计对接社会公益项目493个，资金合计约11.46亿元。服务中心改变了以往救灾中政府大包大揽的旧模式，形成了政府牵头、社会力量为主力、民众参与的新“雅安模式”，为政府、社会组织和民众搭建了平等对话、资源优化对接、协同参与的新平台。

76. “善行100”发动全民公益

2013年11月2日，中国扶贫基金会与大润发超市共同启动“2013善行

100”大润发甘肃定西温暖行动，在大润发旗下的74家超市门店设立“善行100”公益体验站，由中国扶贫基金会统一组织志愿者，向超市顾客及过往路人介绍公益项目并筹集善款，帮助灾区及贫寒地区的孩子们度过寒冬。中国扶贫基金会联合腾讯公益慈善基金会发起“善行100”全民公益活动，倡导志愿筹款100小时、提供资源100小时、捐赠善款100元，以清晰、方便易记的“数字口号”，鼓励个人、企业、机构在公益中各展所长。

77. 18家公益机构联名呼吁修改《沐浴业管理办法（征求意见稿）》

2013年10月11日，商务部《沐浴业管理办法（征求意见稿）》向社会公开并征求意见，其中第九条规定：“沐浴场所应在显著位置设立‘禁止性病、艾滋病和传染性皮肤病患者入浴的标志’等警示标志。”该条款引发社会广泛争议。11月4日，南京天下公、NGO发展交流网等全国18家公益机构联名致信商务部，指出《沐浴业管理办法（征求意见稿）》中，关于“禁止性病、艾滋病和传染性皮肤病患者入浴”的条款涉嫌歧视，呼吁将禁止性信息改为提示性信息。

78. 百度健康公益联盟推动普惠医疗体系建设

2013年11月19日，百度公司联合上万家专业医疗机构在京举行“关爱凝聚力量平等成就健康”主题发布会，宣布成立百度健康公益联盟，专注于儿童医疗救助。因医疗资源有限及患儿自身贫困，贫困儿童往往得不到及时救治。联盟整合医疗资源，搭建救助平台，促进医疗资源均衡，为构建健康的医疗生态系统起到积极的推动作用。

79. 中国民间救援组织走向国际彰显国家软实力

2013年11月20日，“中国红十字蓝天国际救援队”走出国门，赴菲律宾参与台风“海燕”灾后救援工作。从某种意义上讲，国际人道灾难救援是一个国家展示国家形象和提升自身软实力的方式。我国社会组织参与国际人道主义救援，可以传播中国国家的文化、价值观和内外政策等方面，彰显亲和力和影响力。

组织建设

80. 前国务院总理朱镕基发起成立基金会

2013年1月，前国务院总理朱镕基发起设立的实事助学基金会在民政部登记成立。该基金会由朱镕基同志捐赠其全部著书版税设立，原始基金为

2000万元，以扶贫济困、助学育人为宗旨。作为原国家领导人参与慈善事业的尝试，意味着中国慈善事业可能开拓一个新的卸任领导人承担社会责任的风潮。

81. 北京星星雨教育研究所成立20周年

1993年3月15日，中国第一家专门为孤独症儿童服务的教育机构——北京星星雨教育研究所在孤独症家长田惠萍的努力下正式创办。星星雨克服缺乏政策支持的困难，以及所面临的经济、技术压力，一路艰难发展，并发起成立自愿、自律、自主、自治的行业联盟——心盟孤独症网络。

82. 北京青少年发展基金会组建社会监督志愿者队伍，对项目善款进行监督核查

2013年3月，北京青少年发展基金会表示于下半年组建社会监督志愿者队伍，邀请10名长期捐赠者对“学子阳光”、“希望之星1+1”、“善薪计划”等项目的善款落实情况进行监督核查，使公益善款管理更加公开透明。社会监督志愿者主要对管理较为复杂的大众个人零散捐赠进行监督，可以与受捐助者直接联系，询问捐助情况等。

83. 中华环保基金会成立20周年

中华环境保护基金会成立于1993年4月，是中国第一个专门从事环境保护事业的全国性公募基金会。基金会自成立以来，涉足环保主要工作的多重领域，包括环保公益表彰、应对气候变化、节能减排、生态保护、清洁能源、饮水安全、垃圾分类、环保宣传教育、环保扶贫、公益资助、生物多样性保护、植树减碳、大学生环保科技支持、小学生环保科普教育等，同时，完成了从运作型基金会向运作型和资助型兼具的基金会的转变。

84. “中国公益慈善人才培养计划”启动

“中国公益慈善人才培养计划”由民政部指导，安利公益基金会、中民慈善捐助信息中心共同发起，旨在培养公益慈善领域领袖人才和专业人才，搭建资源对接平台，助力公益慈善机构发展。2013年5月“中国公益慈善人才培养计划”首期培训在北京启动，共有50位来自基金会、慈善会系统、草根NGO的负责人和骨干参加了两次集中学习。

85. 浙江首家专注食品安全的NGO成立

2013年6月，啄木鸟食品安全中心在杭州市上城区民政局登记注册。它是国内第一家专注于食品安全的公益组织，由一群关注食物健康的人士发起成立，专注于食品安全信息公开和食品安全常识普及，并通过食品安全志愿者培育、食品违法监督、民间食品安全检测等方式为行业发展提供支持。同时，计划建立食品违法企业数据库。

86. 北京首个非公募基金会转“公募”

2013 年 10 月 30 日，北京新阳光慈善基金会在北京大学光华管理学院召开“公募”发布会，宣布获得公募资质，成为北京首家非公募转向公募的基金会。这对于整个公益领域有着重要意义。例如，大量民间公募基金会产生，有利于以“增量”方式增加官办公募基金会与民间公募基金会间的竞争。

研究与出版

87. 《中国非营利组织法专家建议稿》出版

2013 年 1 月，由北京大学非营利组织法研究中心所著的《中国非营利组织法专家建议稿》正式出版。该书以保护公民结社自由、规范非营利组织发展、规范政府的监管活动为出发点，对各种非营利组织的设立、变更、组织结构、财产、组织监管、法律责任等进行了细致规范，对学术界争议较多的管理体制、涉外非营利组织、政府支持、许可主义与准则主义等问题进行了梳理和论证。

88. 《中国基金会发展报告（2012）》出版

2013 年 2 月，由民政部民间组织管理局副局长刘忠祥主编的《中国基金会发展报告（2012）》正式出版。报告定位于让研究者可以从中获取有效信息，基金会领域从业者能看到较为宏观的基金会发育格局，而社会公众也能从中了解基金会各方面的情况。

89. 《中国自闭症人士及其服务现状调查（华南地区）》发布

2013 年 4 月 2 日国际自闭症关注日，壹基金与深圳市自闭症研究会联合发布《中国自闭症人士及其服务现状调查（华南地区）》。报告首次比较全面系统地对自闭症人士及其家庭、服务、社区环境等进行深入的调研分析，全面地呈现自闭症群体及其服务体系的现状。此前，还未开展全国自闭症谱系障碍人士的人口普查。报告力求用数据说话，真实展现自闭症群体的现状，以此作为推动建立自闭症人士及其家庭的福利保障制度，推动自闭症社会服务体系建设的基础。

90.《中国环境发展报告（2013）》出版

2013年4月11日，由民间环保组织“自然之友”编撰的第八卷年度环境绿皮书《中国环境发展报告（2013）》正式发布。《中国环境发展报告》重视以公共利益的视角纪录、审视和思考中国环境状况，主要以数据和事实说话，强调实证性、真实性、专业性。《中国环境发展报告（2013）》力求呈现2012年中国环境保护与可持续发展领域的基本态势，以科学的数据、缜密的思考分析2012年的环境热点事件。报告收录了来自政府、民间组织以及国际社会的多份文件和报告。

91.《慈善蓝皮书（2013）》出版

2013年5月31日，中国社会科学院社会政策研究中心发布2013年《慈善蓝皮书》。蓝皮书指出，中国慈善公益界最显著的特征是社会救助与社会问责网络微公益向公民自由结社及追求社会公正、公平的微公益社会运动转化。非公募基金会数量超过公募基金会数量。慈善蓝皮书特别强调，传统的企业慈善行为正发生转变，出现了捐“智力”、捐“平台”、捐“技术”和公益创投等捐赠形式。

92.《中国社会工作发展报告》出版

2013年8月21日，由民政部社会工作研究中心组织编写、社会科学文献出版社出版的《中国社会工作发展报告（2011～2012）》发布。报告显示，2011～2012年，制度化建设成为推动我国社会工作发展的主要力量和显著特点，我国社会工作发展迎来社会政策时代。形成了以社会工作人才队伍建设为政策焦点、以纲领性制度建构为主要特点，多部门协作推进的局面。另外，2011～2012年中国社会工作发展的一个新动向、新特点是向更为具体广泛的实务领域和更多类型的人群拓展。

93.《小额信贷在中国》丛书出版

2013年9月12日，《小额信贷在中国》系列丛书出版暨新时期金融扶贫论坛新闻发布会在北京燕山大酒店举行。为了厘清小额信贷行业当前的问题，并寻求这些问题背后的答案，中国扶贫基金会资助研究和出版《小额信贷在中国》系列丛书，分别为《国际实践中的小额信贷》、《农村信贷配给与小额信贷体系建设》、《以小额信贷促进社会公平》、《艰难前行中的中国公益小额信贷》、《中国扶贫基金会小额信贷发展史》。丛书对中国小额信贷领域现状与问题的不同观察和理解，展示了国际成功小额信贷经验为中国提出的借鉴与思考，希望为政策制定者提供全面信息，促进行业的理性思考与治理改进。

94. 《中国民间组织报告蓝皮书（2013）》出版

2013 年 9 月 17 日，中国社会科学院发布《中国民间组织报告蓝皮书（2013）》。报告认为，我国民间组织从增长数量来看，不但走出增长低谷，而且开始步入快速增长阶段。这说明以广东等地为代表的全国范围内十余个省市的直接登记管理制度改革探索取得了切实的成效，“入门难”问题的破解，大大释放了民间组织的发展活力。同时，在谈到官办社团组织强烈的行政色彩时，“蓝皮书”以中国红十字会频遭网民抵制为例，发出了“官办社团去行政化和去垄断化的改革刻不容缓”的呼吁。

95. 《2012 年度中国慈善捐助报告》发布

2013 年 9 月 21 日，中民慈善捐助信息中心发布《2012 年度中国慈善捐助报告》。报告显示，我国年度捐赠总额连续两年下降。2012 年红十字会接收社会捐赠同比减少了 23.68%。专家认为，具有强烈行政色彩的以红十字会为代表的官办组织面临公信力危机是影响整个社会捐赠量的重要因素之一。中国慈善需要有一个更加健康更加规范的未来，用公信力取信于捐赠者和公众，用专业性和有效性造福弱者；大量的公益组织共同服务于每个需要关注的社会角落，并各自专注于自己最擅长的一个领域。

96. 《现代慈善与社会服务——2012 年度中国公益事业发展报告》出版

2013 年 9 月 21 日，中国公益研究院发布《中国公益慈善行业专业人才现状调查研究报告》。报告指出，2012 年，中国的现代慈善体系基本确立：大额捐赠走向常态化；首届中国公益慈善项目交流展会举办使行业沟通机制愈发顺畅；网络微公益平台让民间力量参与公益项目日益便捷；宗教机构从事公益活动受到政策支持；公益主题节目开始在全国各大电视台播出。2012 年，中国的社会服务进一步走向专业化和组织化：十八大报告提出要建立现代社会组织体制以助推社会体制改革；社会组织直接登记注册的试点在全国铺开；中央财政首次拨出 2 亿元专款支持社会组织参与社会服务；国内首家私立非营利性儿童综合医院宣告落成。

97. 《2013 年度中国慈善透明报告》发布

2013 年 9 月 22 日，中民慈善捐助信息中心发布《2013 年度中国慈善透明报告》。报告显示，2013 年度中国慈善透明指数为 43.11（总分为 100），与 2012 年相比，透明度提高了 33.1%，增长幅度较大。《报告》分析指出，2013 年度中国慈善透明度明显提升，主要原因有三点：一是公众的质疑成为透明度提高的有力推手。二是政府敦促慈善行业在透明度方面加强自律，利用信息平台来加强社会各界对社会组织的监督。三是行业组织采取成立自律联盟、加强政社合作、走近公众视野等方法推动透明。

98.《中国网络捐赠研究报告》发布

2013年9月22日，国内首份《中国网络捐赠研究报告》由阿里巴巴集团与瑞森德联合发布。报告旨在梳理网络捐赠在中国的发展历程及未来趋势，整合了阿里巴巴、新浪微公益、腾讯三大网络筹款平台的基础数据，结合网络筹款典型案例、发起形式、参与主体等展开的网络捐赠综合研究。报告显示，至今已有5.6亿人次的中国网民参与了网络捐赠，参与人数最多的平台已吸引超过1600万人参与网络捐赠。报告认为，网络捐赠平台打造了人人参与的公益新模式，网民、基金会、公益组织、网商形成了良性的互动。网络捐赠平台也成就了网络捐赠的便利，不仅降低了公益组织的筹资成本，也为政策创新提供了有益的探索与尝试，更推动了公益组织的规范与透明。网络捐赠的普及在一定程度上将引领公益机构的内部变革。第三方支付和移动手机支付将成为网络捐赠的重要引爆点。

99.《北京市慈善事业发展报告》发布

北京市民政局以政府购买服务的方式，委托首都慈善公益组织联合会编写了《北京市慈善事业发展报告》，于2013年9月27日首次向社会发布。报告旨在向社会介绍北京慈善事业发展取得的成果、积累的经验，有利于促进政府加强顶层设计，完善与慈善相关的政策法规；有利于慈善组织了解北京市慈善发展状况，针对现实需求有的放矢地开展慈善活动；有利于促进社会公众对首都慈善的认识和理解。同时，也为学界开展学术研究提供数据和案例。

100. 中国社会科学院发布《企业社会责任蓝皮书（2013年）》

2013年11月14日，中国社会科学院发布《企业社会责任蓝皮书（2013年）》。报告评价了国企100强、民企100强和外企100强共300家企业的社会责任管理现状和社会责任信息披露水平。

公民行动

101. 公民发起的“光盘行动”席卷全国

2013年1月，来自不同行业的青年人结合线上与线下方式，发起了杜绝浪费的“光盘行动”，得到各界积极响应。习近平就内参作出批示，要求坚决杜绝公款浪费现象，使厉行节约、反对浪费在全社会蔚然成风；《新闻联播》、新华社、《人民日报》等主流媒体纷纷鼓励抵制浪费；各地旅游协会、餐饮业协会等也纷纷发出反对浪费的倡议书；不少餐饮企业也加入到光盘行动中来，鼓励消费者进行绿色消费；广大公众更是广泛参与，改变自身的生活态度与习惯。

102. 广州多地环卫工人罢工争取权益，政府承诺予以改进

2013 年 1 月开始，广州市荔湾区、白云区、越秀区、番禺区等地方接连发生环卫工人不满薪酬过低的罢工事件。广州市长回应指出了广州环卫体制存在的问题和环卫工们的现状，承诺将针对存在问题予以改进，包括考虑在招投标中对环卫工权益作出约定。环卫工人被誉为城市美容师，从事道路清扫保洁、公厕管理及粪便处理、垃圾收集清运处理等脏、累、苦工作。一直以来，环卫工人不仅属于低收入人群，生存状况不佳，饱受社会歧视。有评论指出，这一事件中，工会形同虚设，若沟通、协调、谈判机制未能建立，环卫工人的集体抗争还会继续。

103. 全民关注水污染

2013 年 2 月 11 日起，一条微博引发地下水污染问题渐入公众视野，掀起全民关注水污染狂潮，公众、媒体、意见领袖、专家学者、NGO 在事件进展过程对事件作出反应，成为公民环保运动的又一中心点，推动水污染的广泛治理。

104. 广东中山连续 26 年举办慈善万人行活动，以民族文化促慈善公益事业发展

2013 年 2 月 24 日，第 26 届中山慈善万人行活动举行，包括万人巡游、花车巡游、国内外大型民间艺术表演及慈善捐款等活动内容。万人行最初源于民间自发行为，后运行模式演变为“政府主导、红十字会牵头、社会各界参与”。2009 年中山市一份调查问卷显示，94.9% 的民众不同程度地了解和参与了“慈善万人行”。2013 年慈善万人行活动共吸引了 156 支队伍逾 2 万名群众报名参加，募集善款近 9000 万元。

105. 彭州、昆明现群体行动抗议化工项目，制衡政府与企业行为

2013 年 4 月 29 日，成都市市委市政府部署近期工作时对“彭州石化”项目表态，政府在正式验收前不允许投产，后引发网友强烈反应。5 月 4 日，近 3000 名昆明市民聚集在昆明市中心的南屏广场，抗议 PX 炼油项目。

此前，厦门、大连、宁波、什邡、启东等地均发生类似事件。公众在抗议化工项目上马的同时，质疑政府作为。《人民日报》评论，“散步”绝非解决问题的最佳途径，“一有矛盾就上街”更非治理常态。有利益的表达才有相对的利益均衡，通过有效沟通达成共识，以协商方式解决问题，才可能实现社会利益最大化。如果找不到各种利益诉求的平衡点，不仅是重化工项目，类似垃圾焚烧站、移动通讯基站、高压变电站等，同样会遭遇民意的狙击。

106. 网络集体行动抗议“性侵女童案”

2013 年 5 月 8 日海南万宁的小学校长带女生开房事件被媒体曝光后，20 天内 7 起小学教师涉嫌猥亵性侵幼女案被媒体曝光，引起社会热议，全国众多律师、普通网友纷纷发起以 PS 照片、转发留言等方式的支持行动，形成全民抗议“性侵女童案”的网络集体行动。10 月 24 日，最高法院发布关于依法惩治性侵害未成年人犯罪的意见。

107. 余姚水灾 NGO 集体“哑火”

2013 年 10 月 7 日，“菲特”强台风袭击导致浙江余姚市遭遇百年不遇水灾，全城 70% 以上城区被淹，83 万人受灾，145 个行政村和社区被洪水围困。然而，政府公共应急救援服务严重缺位，甚至引发群体性事件。同时，此前曾活跃于不同灾难现场的民间公益组织，也“销声匿迹”。有评论认为，该现象与舆论关注度低有关，人民网一周舆情（10 月 7 日 ~ 11 日）分析指出，有关余姚水灾中国网络自媒体信息供给远低于雅安地震，使得浙江余姚成为“信息孤岛”；另有评论认为，该现象与缺乏本地 NGO 有关。

108. 新浪微博启动“微博益起来”促微公益常态化

2013 年 10 月 17 日，新浪微博启动“微博益起来”大型公益活动，通过微博平台强大的资源整合能力和微公益的品牌号召力，集结网友、名人明星、媒体企业等各方力量，通过如感恩话题、公益跟捐、公益转发等各种途径，选取公众信赖的公益项目推荐给爱心网友并制定成熟的用户公益参与激励体系，鼓励名人明星、媒体企业、网友公益行为常态化。

企业（家）

109. 腾讯 404 报错页面“激活”CSR 策略

2013 年 1 月，QQ 空间将网页报错变成 404 公益，嵌入失踪儿童照片及信息，被网友称为“最有爱 404 公益”。腾讯将本无商业价值页面打造为公益活动平台，低投入赢高赞誉，是“超级实惠”的 CSR 策略。

110. 企业 CSR 报告趋详细

2013 年 3 月，立邦涂料（中国）有限公司、中国太平洋保险公司、浦发银行等发布企业 CSR 报告，报告内容趋详细。有些除了分享 2012 年度责任外，还将践行 CSR 的思考总结于报告中，带动整个行业履行 CSR；有些涵盖公司治理、风险管理、普惠金融、低碳金融等多个方面。

111. 361°联合中国扶贫基金会开展“买一善一”公益项目

2013 年 4 月 1 日，361°与中国扶贫基金会联合发起 One cares One “买一善一”公益项目。消费者每购买一双 361°指定的单品鞋，361°就同步以消费者名义向受捐助的贫困小学生捐出一双童鞋。消费者在购买的同时，被赋予捐赠的荣誉，361°的公益行动同时被消费者所认知，实现双赢。

112. 《中国瓶装水企业社会责任倡议书》发布

2013 年 4 月 9 日，由华润怡宝食品饮料（深圳）有限公司、中国饮料工业协会、新华社/新华 08 网共同发布 2013《中国瓶装水企业社会责任倡议书》。近年来国内水源污染事件频发，部分企业水源地遭受质疑，饮水安全存在隐忧等问题。2013 年 3 月，国家领导将“让群众喝干净的水”确立为发展的重要命题。同时社会呼吁水生产企业勇于承担社会责任。该倡议书从产品、消费者责任及环境、公益责任方面以向国内瓶装饮用水企业发起了全面承担企业社会责任的倡议，体现了企业的法律责任、道德责任及慈善责任。

113. 工业经济联合会发布企业社会责任指标并集中发布企业社会责任报告

2013 年 5 月 26 日，中国工业经济联合会在京举行 2013 中国工业经济行业企业社会责任报告发布会暨社会责任评价指标体系发布仪式，首次向全社会正式发布了我国首个《中国工业企业社会责任评价指标体系》，评价指标体系设置了社会责任价值观与战略、社会责任推进管理、经济影响、社会影响、环境影响三级共 98 个指标。会上，来自 20 个省、自治区、市，涉及电力、煤炭、钢铁、石化、有色、矿业等 87 家行业企业集中发布了本企业社会责任报告，其中中央企业 27 家，地方国有企业 41 家，民营和外资企业 19 家，其中 48 家企业为 2012 年中国 500 强企业。

114. 全国律师协会首次向社会发布律师行业社会责任报告

2013 年 8 月 26 日，全国律协首次向社会发布《中国律师行业社会责任报告》，展示了中国律师积极履行社会责任，推进社会主义民主法治建设，服务和保障民生；积极参政议政，服务法治国家、法治政府建设；参与社会管理创新，依法化解社会矛盾、维护社会和谐稳定；开展多元化公益服务，慈善捐助、回报社会；行业协会引领公益法律服务发展等方面所取得的成就。在当代法治国家，律师都要求受到良好的文化教育、专业的理论学习，具有高尚的职业道德，律师也被赋予了推进社会正义、维护公共利益的崇高使命，因此律师更应当履行社会责任。

115. 诺基亚中国发布早教“手牵手计划”报告

2013 年 10 月 29 日，诺基亚与银则咨询 InnoCSR 发布了名为中国早期教育事业公益项目案例分析：手牵手计划报告。发挥优秀企业公民的社会责任和影响力。

海外力量

116. 福特基金会庆祝北京世妇会召开 20 周年项目招标

2013 年，为庆祝北京世妇会召开 20 周年，福特基金会北京办事处启动一项资助计划，拟资助 10 个项目，每个项目不超过 25000 美元，资助个人或者机构讲述北京世妇会给他/她们带来的影响。1995 年联合国第四次世界妇女大会在北京召开，成为世界妇女运动的转折点。各国政府通过《行动纲领》对推进性别平等作出了庄严承诺。空前数量的妇女运动代表、积极分子和倡导者相聚在一起围绕社会性别问题进行了讨论和动员。

117. 救助儿童会发布 2013 年度《世界母亲状况报告》

2013 年 5 月，救助儿童会发布 2013 年度《世界母亲状况报告》，这是救助儿童会连续第 14 年发布《世界母亲状况报告》。报告发布基于的理念是，母亲的状况决定了孩子的未来——如果母亲健康、受过良好的教育并拥有经济能力，她们自身和孩子都最有可能得到生存和发展的机会。报告提供了涵盖 176 个国家和地区的“母亲友好指数”排名，衡量指标包括孕产妇健康、儿童死亡率、母亲受教育程度、母亲收入和政治地位等，中国排名第 68 位。

118. 美媒曝光“最差慈善机构”，为中国慈善问责提供启示

2012 年年中开始，美国 CNN 电视台联合《坦帕湾时报》、调查报道中心对美国慈善机构的腐败现象进行了长达一年的调查。调查结果于 2013 年

6月13日发布于CNN网站上。对“50个最差组织”的调查为中国慈善问责提供了启示，这种方式帮助公众和企业作出明智的选择。

119. 年度“全球派对”慈善晚宴举办促进高端人士参与慈善热情

2013年6月27~29日，旨在为全球贫困儿童募集救助资金2013年度“全球派对”慈善晚宴于伦敦、纽约、北京、香港等120个城市的360个地点进行。活动邀请了36万名高端人士参加，并且呼吁他们捐出与自己1个小时工作所得等值的款额，所得捐款将为全球360个儿童慈善机构提供支持。该慈善晚宴通过长期、持续运作，对全球范围内高端人士形成了大规模的影响力。

120. 盖茨基金会专设中国赛区支持研发推广“下一代厕所”

2013年8月22日，盖茨基金会宣布，“全球厕所创新大赛”为中国专门开设的“厕所创新大赛—中国区”项目正式启动。从这天开始到2015年，盖茨基金会将在中国捐赠500万美元，以资助中国的包括科研机构、企业、发明家在内的各类创新力量，参与“下一代厕所”的研发生产，以促进节能、环保、舒适、廉价的“下一代厕所”尽早服务于全世界。目前，人们所熟悉的“冲水式厕所”依赖于大量水资源，并需建立昂贵的排水和污水处理系统。全球仍有25亿人缺乏满足基本安全、卫生需求的厕所，其中约10亿人只能露天大小便。盖茨基金会致力于通过高效率、低成本的研发推广，促进该问题解决。

121. 英特尔出资千万，支持芦山灾区社区发展创新

2013年9月19日上午，英特尔与中国扶贫基金会联合发起“公益同行·社区发展计划”，并宣布“i世界·社区发展创新基金”启动。“i世界·社区发展创新基金”将专注于芦山地震灾区的社区发展，注重改善社区经济、文化状况、解决社区共同问题。该基金分别在技能与就业方面提供培训，助力培养一批有较高社区工作技能和综合发展能力的社区优秀人才；通过社区人才的培养和社区相关组织进行关注和支持，培育符合当地发展需求和特色的社会组织；根据社区需求进行文化建设，关注学生教育，以及关爱留守儿童、老人、妇女的技能培训等方面；开展包括社区、学校减灾防灾，组织社区能力建设培训，社区震后重建过程中增加减灾防灾规划和设施，搭建“灾害回应”行动网络；开发网络平台，为社区发展提供信息化支持，同时推动信息技术在社区社会创新领域的作用。

致　谢

非常感谢中国扶贫基金会执行会长何道峰先生、专职副会长王行最先生、秘书长刘文奎先生、副秘书长陈洪涛先生、品牌传播部副主任王鹏先生、品牌传播部品牌活动处长李文很先生为本报告提供的一如既往的前期及后续支持。感谢社会科学文献出版社社会政法分社社长王绯女士对本报告的出版给予的有力支持，同时，感谢编辑高质量的工作。也非常感谢朱碧丹女士继续为本报告设计精美的封面和版式。

报告在撰写过程中，得到了南都公益基金会理事长徐永光先生、副理事长程玉女士、项目总监林红女士，中国人民大学公共管理学院刘鹏博士，邓飞先生，福特基金会何进博士，中和农信项目管理有限公司总经理兼中国扶贫基金会副秘书长刘东文先生，中和农信项目管理有限公司品牌总监王静艳女士等相关人士的大力支持，以及大量未提及的专家学者及公益界朋友的支持，包括信息资料的提供、个案访谈时的支持，以及提供诸多有价值的意见。谨向他们致以诚挚的谢意！

此外，特别要感谢四年以来一直关注和支持《中国第三部门观察报告》的公益界同仁、专家学者、关心公益事业的公众和媒体，以及相关政府部门官员，正是他们的认可和鼓励，使我们看到了报告真正的价值和意义，激励我们更努力地走下去。

最后，衷心地感谢中国扶贫基金会四年来为本报告提供的支持与资金资助。

图书在版编目（CIP）数据

中国第三部门观察报告. 2014/康晓光，冯利主编. —北京：社会科学文献出版社，2014.1
ISBN 978-7-5097-5455-9

Ⅰ. ①中… Ⅱ. ①康… ②冯… Ⅲ. ①社会团体-研究报告-中国-2014 Ⅳ. ①C232

中国版本图书馆 CIP 数据核字（2013）第 303365 号

中国第三部门观察报告（2014）

主　　编 / 康晓光　冯　利

出 版 人 / 谢寿光
出 版 者 / 社会科学文献出版社
地　　址 / 北京市西城区北三环中路甲 29 号院 3 号楼华龙大厦
邮政编码 / 100029

责任部门 / 社会政法分社（010）59367156　　责任编辑 / 李　响
电子信箱 / shekebu@ssap.cn　　责任校对 / 姬春燕
项目统筹 / 王　绯　　责任印制 / 岳　阳
经　　销 / 社会科学文献出版社市场营销中心（010）59367081　59367089
读者服务 / 读者服务中心（010）59367028

印　　装 / 北京季蜂印刷有限公司
开　　本 / 787mm×1092mm　1/16　　印　　张 / 17
版　　次 / 2014 年 1 月第 1 版　　字　　数 / 288 千字
印　　次 / 2014 年 1 月第 1 次印刷
书　　号 / ISBN 978-7-5097-5455-9
定　　价 / 60.00 元